U0541042

哲人丛书

杨武金 著

墨子

北京大学出版社
PEKING UNIVERSITY PRESS

图书在版编目（CIP）数据

墨子 / 杨武金著. -- 北京：北京大学出版社，2025.6. --（哲人丛书）. -- ISBN 978-7-301-36316-4

Ⅰ. B224-49

中国国家版本馆CIP数据核字第2025R3X432号

书　　名	墨子 MOZI
著作责任者	杨武金　著
责任编辑	魏冬峰
标准书号	ISBN 978-7-301-36316-4
出版发行	北京大学出版社
地　　址	北京市海淀区成府路205号　100871
网　　址	http://www.pup.cn　　新浪微博：@北京大学出版社
电子邮箱	zpup@pup.cn
电　　话	邮购部 010-62752015　发行部 010-62750672 编辑部 010-62753154
印 刷 者	北京中科印刷有限公司
经 销 者	新华书店
	880毫米×1230毫米　32开本　9.375印张　225千字 2025年6月第1版　2025年6月第1次印刷
定　　价	68.00元

未经许可，不得以任何方式复制或抄袭本书之部分或全部内容。
版权所有，侵权必究
举报电话：010-62752024　电子邮箱：fd@pup.cn
图书如有印装质量问题，请与出版部联系，电话：010-62756370

1992年10月落成的大型墨子铜像

左：墨子画像，台湾中国文化大学吴承砚教授于 20 世纪 60 年代绘制
右：墨子像，2000 年中国邮政发行

左：世界第一平等博爱主义大家墨翟，墨子画像，清光绪三十一年，《民报》创刊号
右：墨子画像，孙士华先生于1991年绘制

墨子画像,选自滕州市墨子纪念馆大型壁画《墨子圣迹图志》
(1994年8月)

目录

第一讲　墨子生平　　一、身世 / 2
　　　　　　　　　　二、学业 / 8
　　　　　　　　　　三、受徒 / 13
　　　　　　　　　　四、游历 / 26
　　　　　　　　　　五、著述 / 32

第二讲　政治思想　　一、尚贤 / 40
　　　　　　　　　　二、尚同 / 57

第三讲　社会思想　　一、兼爱 / 70
　　　　　　　　　　二、非攻 / 78

第四讲　经济思想　　一、节用 / 89
　　　　　　　　　　二、节葬 / 97

第五讲　文化思想　　一、非乐 / 106
　　　　　　　　　　二、非命 / 111

墨子

第六讲　宗教思想　　一、天志 / 128
　　　　　　　　　　二、明鬼 / 136

第七讲　哲学思想　　一、物质观 / 146
　　　　　　　　　　二、辩证法 / 152
　　　　　　　　　　三、认识论 / 158

第八讲　逻辑思想　　一、辩学的对象和任务 / 170
　　　　　　　　　　二、"三物"逻辑思想 / 187
　　　　　　　　　　三、"说"和"辩"的具体形式 / 193

第九讲　科技思想　　一、几何学 / 219
　　　　　　　　　　二、力学 / 224
　　　　　　　　　　三、光学 / 234

第十讲　军事思想　　一、积极防御的军事战略思想 / 246
　　　　　　　　　　二、积极防御的守城技术 / 250

第十一讲　历史地位　一、对先秦思想家的巨大影响 / 256
　　　　　　　　　　二、对秦汉之后思想家的影响 / 271
　　　　　　　　　　三、世界意义与当代价值 / 278

第一讲　墨子生平

墨子是中国古代伟大的思想家、教育家、哲学家、科学家、逻辑学家和社会活动家。他所创立的墨家学派，与孔子所创立的儒家学派并立为中国先秦时代的显学。韩非子（约前280—前233）说："世之显学，儒、墨也。儒之所至，孔丘也。墨之所至，墨翟也。"①墨学与儒学，是当时影响最为广泛的思想学说。孟子（前372—前289）说："杨朱、墨翟之言盈天下。天下之言不归杨，则归墨。"②杨朱（约前450—约前370）主张"为我"，墨子主张"兼爱"，他们的学说在当时是影响最大的。

墨子的思想学说能够成为显学的主要原因在于，墨子从儒学中受益，同时又发现了儒学的许多致命问题。墨子早年曾就学于孔儒学派，但后来却发现儒家的思想学说不合于他的理想。《淮南子·要略》记载：墨子"学儒者之业，受孔子之术"，墨子在儒家那里学习，但后来却发现儒家"其礼烦扰而不悦，厚葬靡财而贫民，久服伤身而害

---

① 《韩非子·显学》。
② 《孟子·滕文公下》。

墨子

事"，故"背周道而用夏政"。① 从根本上说，儒家的理想是希望回到周代礼乐社会。而墨子则认为，周代的礼乐制度过于繁琐，在人力和财力上都会造成巨大的浪费。因此，在墨子看来，要实现天下大治，不能走恢复周礼的路，而应该提倡夏禹的思想，也就是要回到比周朝更早的制度。

一、身世

墨子姓墨名翟，先秦时期鲁国人（一说宋国人）。翟是传说中的一种大鸟。据说，墨子出生时，他的母亲梦见有一只色彩斑斓、美丽无比的大鸟在自己头上盘旋，故取名曰翟。元代文人伊世珍在《琅嬛记》中说，墨翟的母亲，午休时梦见赤乌飞入室中，光辉照耀，目不能正，惊觉，遂生墨翟。

关于墨子其人，史学家司马迁在《史记》中没有给墨子专门立传，只在《孟子荀卿列传》的最后，用24字对墨子的情况做简略介绍，"盖墨翟，宋之大夫，善守御，为节用。或曰并孔子时，或曰在其后。"② 即是说，墨子的思想学说是主张节用和防御性的军事战略思想，其生平事迹是做过宋国大夫，其生殁时间大概和孔子同时或者稍晚。这说明，到西汉司马迁写《史记》时，墨子的身世已经很不清楚了。

关于墨子的姓氏。钱穆说，墨子贱人出身，不一定有姓，"墨"

---

① 《淮南子·要略训》。
② 《史记·孟子荀卿列传》。

第一讲 墨子生平

图1-1 墨翟诞生。选自滕州市墨子纪念馆大型壁画《墨子圣迹图志》(1994年8月)

不过是奴役之称而已。①方授楚说，墨子不姓墨而姓翟，就像老子不姓老。②事实上，这些说法均缺乏根据，虽然老子确实不姓老而姓李，即李耳或李聃，但孔子确实姓孔，墨子确实姓墨。《吕氏春秋·当染》（高诱注）、《淮南子·修务》（高诱注）和《汉书·艺文志》等著作中，都说或注"墨子名翟"。现今我们所看到的《墨子》一书，经常说"子墨子"，有人又因此说，墨子姓子。这种说法也是不成立的，因为"子墨子"中前一个"子"是"老师"的意思，表示"我们的老师墨子"，是对墨子的尊称，因为《墨子》一书的大部分内容和思想，都是墨家弟子对墨子言论或主张的记述或引用。

墨子的生卒年，没有确切的史料记录下来。大约生活在孔子（前551—前479）殁后和孟子（前372—前289）生前这段时间。据清代学者孙诒让（1848—1908）考证，墨子生卒年约在公元前468—前375年。孙诒让断言：墨子"当生于周定王之初年，而卒于安王之季，盖八九十岁，亦寿考矣。""今取定王元年迄安王二十六年，凡九十有三年，表其年数"，③定王元年即公元前468年，安王二十六年即公元前375年。钱穆主张，墨子生卒年当为公元前479—前394年。④方授楚认为，墨子生卒年在公元前490—前403年。⑤任继愈认

---

① 参见钱穆：《墨子》，任继愈、李广星主编：《墨子大全》（第47册），北京：北京图书馆出版社2004年版，第184—185页。
② 参见方授楚：《墨学源流》，任继愈、李广星主编：《墨子大全》（第43册），北京：北京图书馆出版社2004年版，第75页。
③ ［清］孙诒让撰：《墨子间诂》，孙启治点校，北京：中华书局2001年版，第693页。
④ 参见钱穆：《墨子》，任继愈、李广星主编：《墨子大全》（第47册），191—199页。
⑤ 参见方授楚：《墨学源流》，任继愈、李广星主编：《墨子大全》（第43册），第84页。

为，墨子生卒年为公元前480—前420年。①

关于墨子的出生地，存在着众多争议，但主要集中在墨子究竟是鲁国人还是鲁阳人。孙诒让认为墨子是鲁国人。他说，墨子"盖生于鲁而仕宋，其平生足迹所及，则尝北之齐，西使卫，又屡游楚，前至郢，后客鲁阳，复欲适越而未果"②。墨子生于鲁国，在宋国做过官，曾经到过齐国、卫国、楚国，晚年定居鲁阳。理由是：《贵义》篇说："墨子自鲁即齐。"又《鲁问》篇说："越王为公尚过束车五十乘以迎墨子于鲁。"《吕氏春秋·爱类》篇说："公输般为云梯欲以攻宋，墨子闻之，自鲁往，见荆王曰：臣北方之鄙人也。"《淮南子·修务训》也说："自鲁趋而往，十日十夜至于郢。"③孙诒让给出的理由应该说具有一般性，比如"自鲁即齐"一般应该是从鲁国到齐国，"自鲁往""自鲁趋而往"一般应该是从鲁国前往。当代学者山东大学张知寒教授通过系统研究，进一步认为墨子里籍是鲁国附属小邾国，也就是今山东滕州市的目夷（木石）镇。④清代学者毕沅、武亿等人，主张墨子是鲁阳人，不过他们的论证并不成功。⑤

张纯一曾引用《墨子·非攻中》篇载："东方有莒之国者"，认为莒国在鲁国东部，从而断言墨子为鲁国人⑥。当代学者郭成智主张

---

① 参见任继愈：《墨子与墨家》，任继愈、李广星主编：《墨子大全》（第85册），北京：北京图书馆出版社2004年版，第24页。
② ［清］孙诒让撰：《墨子间诂》，孙启治点校，北京：中华书局2001年版，第680—681页。
③ 同上书，第681页。
④ 张知寒：《墨子里籍考论》，济南：山东人民出版社1996年版，第11页。
⑤ 参见杨武金：《墨家学派研究》，北京：商务印书馆2022年版，第12—14页。
⑥ 参见张纯一：《墨子集解》，任继愈、李广星主编：《墨子大全》（第31册），北京：北京图书馆出版社2004年版，第583页。

墨子

墨子里籍是河南鲁阳。针对张纯一的观点，郭氏认为，莒国也可以说是在鲁阳的东部，又未尝不可①。但是，如果我们再往下看，情况就很明白了。《墨子·非攻中》篇说："虽南者陈蔡，其所以亡于吴越之间者，亦以攻战。虽北者且②不屠何③，其所以亡于燕代胡貊之间者，亦以攻战也。"南边有陈、蔡两国，北边有且国与不屠何国，这样的地方只能是鲁国而非鲁阳了，参见图1-2。

关于墨子的家世，也存在争议。一种观点认为，墨子源于目夷氏，属于子姓后裔。童书业说："墨子实目夷后裔，以墨夷为氏，省为墨氏也。"④顾颉刚说："近人以墨姓多不见，对于墨子的姓氏祖籍等起了很多的猜测。我们认为，墨确是他的真姓氏，而且从这姓上可以知道他是公子目夷之后，原是宋国的宗族。"⑤目夷即墨夷，是宋襄公之兄的长子，因封于目夷，所以称目夷子。《世本》说："墨夷氏，宋襄公子墨夷须为大司马，后有墨夷皋。"⑥如若墨氏源于目夷氏，那么墨氏也就是契之后，为子姓后裔。另一种观点主张，墨子源于孤竹国之孤竹君，孤竹君为墨台氏之后，是姜姓后裔。《世本》说："墨氏，孤竹君后，本姓墨胎，避难改为墨氏。"⑦唐代林宝著《元和姓纂》说："墨氏，孤竹君之后，本墨台氏，后改为墨氏，战国时宋

---

① 参见郭成智：《墨子鲁阳人考论》，合肥：黄山书社1999年版，第17页。
② 且（jū）：古国名。
③ 不屠何：《道藏》本作"不一著何"，古国名。
④ 童书业：《春秋左传研究》，上海：上海人民出版社2019年版，第315页。
⑤ 顾颉刚：《禅让传说始于墨家考》，《古史辨》（第7册下），海口：海南出版社2005年版，第528—529页。
⑥ [汉]宋衷注，[清]秦嘉谟等辑：《世本八种·张澍稡辑补注本》，北京：中华书局2008年版，第71页。
⑦ 同上书，第189页。

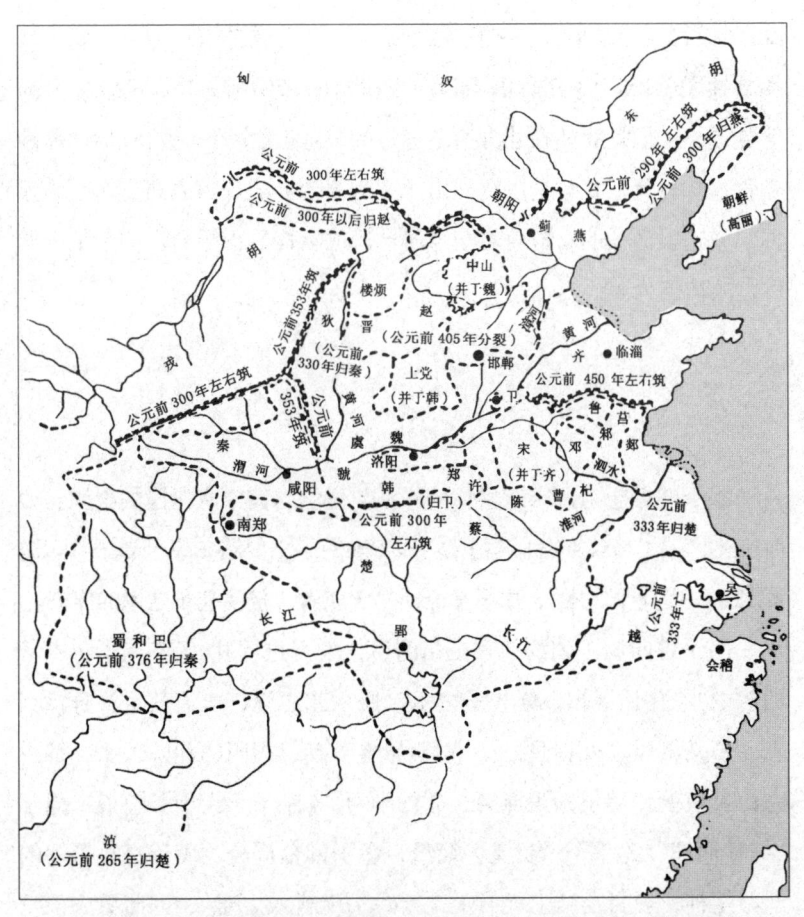

图1-2 公元前3世纪初各诸侯国边界略图。选自(英)李约瑟原著,(英)柯林·罗南改编,上海交通大学科学史系译,《中华科学文明史》(上),上海人民出版社2014年版

人,墨翟著书号《墨子》。"郑樵在《通治·氏族略》中说:"墨氏,孤竹君之后,有墨台、墨翟。"墨氏应为孤竹国的孤竹君之后裔,源于墨胎(yí)氏或墨台(yí)氏。《史记·伯夷列传》司马贞"索隐"

说:"孤竹君,是殷汤三月丙寅日所封。……应邵云:伯夷之国也。其君姓墨胎氏。"[1]孤竹国当为商汤所封的诸侯国,是商朝在北方的重要方国,也是商朝在北方边境稳定的屏障。《世本》说:"怡氏姜姓之后。禹有天下,封怡以绍烈山,是为墨台。成汤封之离支,是为孤竹。"[2]这段话表明,孤竹君当为墨台氏的后裔,而墨台氏应为怡氏之后,故均当为姜氏后裔。[3]

二、学业

墨子的思想与儒家有密切的联系,墨学与儒学有深厚的根源。如前所述,墨子曾经在孔儒门下学习。《淮南子·要略》说:墨子"学儒者之业,受孔子之术",墨子曾经问学于儒者,接受孔子之术的熏染。

墨子曾向周王朝的礼官史角的后代学习过周礼。《淮南子·主术训》说:"孔丘墨翟,修先圣之术,通六艺之论,口道其言,身行其志,慕义从风。"由此可见,墨学与儒学有着相同的渊源关系,都讲究仁义道德。墨子知识渊博,喜好学习。《庄子·天下》篇说:墨子"好学而博"。《墨子·贵义》篇载,墨子仰慕周公"朝读书百篇"的学习精神,说自己"上无君上之事,下无耕农之难",因此更应该发愤攻读。墨子即使在外出游说时,也是"车中载书甚多",见图1-3。

---

[1] [汉]司马迁撰:《史记》,[宋]裴骃集解,[唐]司马贞索隐,[唐]张守节正义,北京:中华书局1959年版,第2123页。
[2] [汉]宋衷注,[清]秦嘉谟等辑:《世本八种·秦嘉谟辑补本》,北京:中华书局2008年版,第188页。
[3] 参见杨武金:《墨家学派研究》,北京:商务印书馆2022年版,第17—21页。

图 1-3 墨子载册游卫。选自滕州市墨子纪念馆大型壁画《墨子圣迹图志》(1994年8月)

墨子

墨子平时说话或演说时，经常引用《诗经》《尚书》等儒家也非常重视的各种古籍。

《墨子·公孟》篇记载，有一次，墨子同儒家弟子程繁辩论。墨子在辩论中引用孔子的言论作为自己观点的证据。于是，程繁质问墨子说："非儒，何故称于孔子也？"意思是说，你墨子既然反对儒家，为何又称赞孔子的话呢？墨子回答说："是亦当而不可易者也。今鸟闻热旱之忧则高，鱼闻热旱之忧则下，当此，虽禹、汤为之谋，必不能易矣。鸟鱼可谓愚矣，禹汤犹云因焉。今翟曾无称于孔子乎？"墨子充分肯定孔子思想学说中存在着"当而不可易"的客观真理，就像"鸟闻热旱之忧则高，鱼闻热旱之忧则下"这些天经地义的道理一样，无论谁都是无法否定的。所以，墨子也不时称引、转述孔子的话，用作论证自己观点的理由或根据。这说明，墨子对儒家的思想学说是非常熟悉的。墨子经常和儒家弟子程繁、公孟子、巫马子等进行对话、辩论，对孔子和儒家学说中的错误开展批判和质疑，《墨子》一书中的《非儒》《非乐》《非命》诸篇，主要就是针对儒家思想学说中存在的消极部分进行批判。

但是，墨子思想在渊源上与儒家又存在很大不同。孙诒让指出："六艺为儒家之学，非墨氏所治也。墨子之学盖长于《诗》《书》《春秋》，故本书引《诗》三百篇与孔子所删同，引《尚书》如《甘誓》《仲虺之诰》《说命》《大誓》《洪范》《吕刑》，亦与百篇之《书》同。"[①] 六艺是中国传统文化和儒学的核心内容，初级的六艺，包括礼、乐、射（射箭）、御（驾车）、书（书法）、数（数字计算）；高

---

① ［清］孙诒让撰：《墨子间诂》，孙启治点校，北京：中华书局2001年版，第683页。

级的六艺，包括诗（《诗经》）、书（《书经》）、礼、乐、易（《易经》）、《春秋》。墨子与孔子在六艺的修为上，确实如孙诒让所说存在着差异，但他们都学习六艺之术也非虚假。墨子平时言谈或讲学时，常常引用《诗经》《书经》《礼》《乐》《易经》《春秋》等，说明他对六艺之术非常熟悉。《韩非子·显学》篇说："孔子、墨子俱道尧、舜，而取舍不同，皆自谓真尧、舜，尧、舜不复生，将谁使定儒、墨之诚乎？"[1]孔子、墨子都自称遵循尧舜之道，但两者的取舍却完全不同，两者都称自己所遵循的是真正的尧舜之道，但是，尧舜不能复生，那该由谁来判定儒家与墨家哪个才是诚实的呢？

班固在《汉书·艺文志》中说，墨子的思想源于清庙之守，即掌管祭祀典礼的官员。班固说："墨家者流，盖出于清庙之守。茅屋采椽，是以贵俭；养三老五更，是以兼爱；选士大射，是以上贤；宗祀严父，是以右鬼；顺四时而行，是以非命；以孝视天下，是以上同：此其所长也。及蔽者为之，见俭之利，因以非礼，推兼爱之意，而不知别亲疏。"[2]所谓清庙，是指周代祭祀周文王或泛指祭祀有"清明之德者"的殿堂，清庙之守即掌管祭祀典礼的官员。[3]也就是说，墨子的思想，大概出于古代掌管宗庙的官职。他们住在茅草盖顶，用采木做椽子的房子里，所以特别注重节俭；设立三老五更的席位以赡养老人和侍奉致仕的人，所以提倡兼爱；通过大射礼来为祭祀选拔人才，所以主张尚贤；祭祀祖宗敬重祖先，所以尊天明鬼；顺应四时以做事，所以不相信命定论；以孝道宣示天下，所以主张尚同，这些都

---

[1] [清]王先慎撰：《韩非子集解》，钟哲点校，北京：中华书局1998年版，第457页。
[2] [汉]班固撰：《汉书》，[唐]颜师古注，北京：中华书局1962年版，第1738页。
[3] 参见谭家健：《墨子研究》，贵阳：贵州教育出版社1995年版，第12页。

是墨子思想的合理之处。但是，墨子思想如果被目光短浅的人所利用，则会只看到节俭，因此而反对礼节；如果只注重到推崇兼爱平等，则将不能够辨别谁该亲近、谁该疏远。

司马谈在《论六家要旨》中认为，墨者也和儒者一样，崇尚尧舜之道，说到他们的品德行为时说："堂口三尺高，堂下土阶只有三层，用茅草搭盖屋顶且不加修剪，用采木做椽子而不经刮削。用陶簋吃饭，用陶铏喝汤，吃的糙米粗饭和藜藿做的野菜羹。夏天穿葛布衣，冬天穿鹿皮裘。"墨者为死者送葬，只做一副仅三寸厚的桐木棺材，送葬者恸哭而不能尽诉其哀痛，教民丧礼，必须以此为万民的统一标准。要是普天之下的人都按照这个办法去做的话，那贵贱尊卑就没有什么区别了。世代不同，时势变化，人们所做的事业不一定都一样，所以墨子的学说"俭啬而难以遵从"。但是，墨子思想学说的要旨在于强本节用，这是能够让人人丰足、家家富裕的正确之道，这是墨子思想学说的长处，即使百家学说也不能否定的。司马谈充分肯定了墨家关于节用、节葬、非乐、兼爱平等思想学说的合理性。

那么，墨子的思想学说是如何源于清庙之守的？《吕氏春秋·当染》篇说，鲁国国君派宰让去向周天子请教"郊庙之礼"，周天子即桓王派礼官史角去鲁国传授周礼，鲁国国君鲁惠王把史角留了下来，于是，史角的后代就居住在了鲁国，墨子就曾经向史角的后代学习过。所以，墨子的思想最初就是从史角后裔那里学来的，因为史角就是那个时代掌管宗庙祭祀的人，墨子从史角那里所学到的就是与宗庙祭祀密切相关的知识和思想。

《吕氏春秋》的说法，得到了近人江瑔的认可。他在《读子卮言》中说："墨家之学出于史佚、史角。史角无书，史佚有书二篇，《汉书·艺文志》列于墨家之首，且谓'周臣，在成康时。'则由史佚历数百年而后至墨子。未有墨子之前，已有墨家之学。"孙诒让也赞同这一看法，指出："《汉书·艺文志》墨家以尹佚二篇列首，是墨子之学出于史佚。史角疑即尹佚之后也。"[1]史佚即尹佚，有著作二篇，史角是史佚的后裔，墨子就是从史角那里学习"郊庙之礼"的，所以，墨子的思想学说正是从史佚、史角等清庙之守的"郊庙之礼"那里发展而来的。

三、受徒

墨子来自社会底层，自称"鄙人"，[2]也被称为"贱人"，[3]同时也参加劳动，是一名杰出的技艺高超的能工巧匠。而且，他也接受过儒家思想的熏陶。[4]不过，他越来越对儒家学说不满，创立了自己的思想学说体系，建立了一个组织严密的墨家学派。墨家学派的成员，也称为"墨者"，其领导成员也称为巨子或钜子。

墨子的弟子虽然现在能够知道其姓名者不过二三十人，如禽滑厘、曹公子、高石子、公尚过、跌鼻等，但墨子弟子确实充满天下，有名者不可胜数。《吕氏春秋·有度》篇说："孔墨弟子徒属充满天下。"《吕氏春秋·当染》篇说："（孔墨）从属弥众，弟子弥丰，充满天下。""孔墨之后学，显荣于天下者众矣，不可胜数。"

---

[1] ［清］孙诒让撰：《墨子间诂》，孙启治点校，北京：中华书局2001年版，第682页。
[2] 《吕氏春秋·爱类》。
[3] 《墨子·贵义》。
[4] 《淮南子·要略训》。

墨子

图1-4 墨子讲学图。选自滕州市墨子纪念馆大型壁画《墨子圣迹图志》(1994年8月)

《淮南子·要略训》说:"墨子服役者百八十人。"① 墨子止楚攻宋,直接出动弟子三百人,帮助宋国守城。墨子后学总数估计应在千人以上。

禽滑釐,墨子最得意的弟子。他曾经与田子、段干木、吴起受业于子夏,②后学于墨子。③《墨子·备梯》篇载:"禽滑釐子事子墨子三年,手足胼胝,面目黧黑,役身给使,不敢问欲。子墨子甚哀之,乃管酒槐脯④,寄于太山⑤,昧茅⑥坐之,以樵禽子。禽子再拜而叹。"

禽滑釐虽然曾经师从孔子弟子子夏,年龄应该不会比墨子小太多,但对墨子仍然视之如父,非常尊重。当墨子带着好酒肉干来看望他的时候,禽滑釐多次行礼,并虚心向墨子请教防守的办法,墨子遂教之以守城之道,参见图1-5。

《墨子·公输》篇载:"臣之弟子禽滑釐等三百人,已持臣守圉之器,在宋城上而待楚寇矣。"当时,禽滑釐已经成为墨家的掌门大弟子,并率领三百墨家弟子帮助宋国守城以抵御楚国的入侵。《墨子·备梯》篇称禽滑釐为"禽滑釐子"或"禽子",《墨子·耕柱》篇称他"子禽子",《庄子·天下》篇将墨子、禽滑釐并称,表明禽滑釐在墨子弟子中具有很高的地位。禽滑釐的弟子有许犯和索卢参。

许犯,禽滑釐弟子。《吕氏春秋·当染》篇载:"许犯学于禽滑

---

① 何宁:《淮南子集释》,北京:中华书局1998年版,第1406页。
② 《史记·儒林传》。
③ 《吕氏春秋·当染》。
④ 管酒:以竹管载酒。槐:《道藏》本作"块",通"怀"。脯(fǔ):干肉。
⑤ 太山:《道藏》本作"大山",泰山。
⑥ 茅:《道藏》本作"菜"。

墨子

图 1-5　禽滑釐向墨子请教防御之道。选自滕州市墨子纪念馆大型壁画《墨子圣迹图志》（1994 年 8 月）

黎①。"②许犯有弟子田系。

田系，许犯弟子。《吕氏春秋·当染》篇记载："田系学于许犯。"③

索卢参，禽滑釐弟子。《吕氏春秋·尊师》篇载："索卢参，东方之钜狡④也，学于禽滑黎。"⑤索卢参原为东方大狡，后学于禽滑釐，成为天下名士显人。

耕柱子，墨子重要弟子。《墨子·耕柱》篇记载，由于墨子对耕柱子要求很严格，耕柱子不明白为什么，就问墨子说自己难道就没有胜出别人的地方吗？墨子以"驾马车还是驾牛车上太行山哪一种方式更好？"为喻问耕柱子，耕柱子说当然是驾马车更好，因为马车更能够担负重任，墨子于是鼓励耕柱子说"你也能够担当重任了"，对耕柱子寄予厚望。后来，墨子推荐耕柱子到楚国去做官后，墨子的几个弟子专门前去拜访耕柱子，可是耕柱子每顿只给人吃三升米，招待不周，后来墨子的这些弟子就到墨子那里告耕柱子小气，让他去楚国没有什么好处。但过了没多久，墨子就收到了耕柱子叫人送来的十镒⑥金子。对此，墨子十分满意。

高何，齐国人，墨子弟子。《吕氏春秋·尊师》篇记载："高何、县子石，齐国之暴者也，指于乡曲，学于子墨子。"⑦高何原是齐国的无赖，其暴虐行为被乡曲人所斥责，但他在拜墨子为师后，成了天下

---

① 禽滑黎，同禽滑釐。
② 许维遹撰：《吕氏春秋集释》，梁运华整理，北京：中华书局2009年版，第53页。
③ 同上书，第53页。
④ 钜狡：钜，大；狡，猾。梁玉绳曰："通其暴虐为乡曲人所斥也。"参见同上书，第93页。
⑤ 同上书，第93—94页。
⑥ 镒：古代重量单位，一镒合二十两，也有说合二十四两。十镒黄金就是二百两或二百四十两黄金。
⑦ 许维遹撰：《吕氏春秋集释》，梁运华整理，第93页。

墨子

图1-6 耕柱子仕楚,将节省的十镒金子交与墨子。选自滕州市墨子纪念馆大型壁画《墨子圣迹图志》(1994年8月)

名士显人。

县①子硕，齐国人，墨子弟子。县子硕即县子石，石、硕通用。县子硕最初也是齐国的无赖，但他在拜墨子为师后，成了天下名士显人。

治徒娱，墨子弟子。《墨子·耕柱》篇记载，治徒娱、县子硕曾经问墨子做什么样的义事最为要紧？墨子回答说："譬若筑墙然，能筑者筑，能实壤者实壤，能欣者欣，然后墙成也。为义犹是也，能谈辩者谈辩，能说书者说书，能从事者从事，然后义事成也。"墨子认为，谈辩、说书和从事是做义事的三个重要方面。

高石子，墨子弟子。曾经到卫国做官，卫国君主虽然给他安排了一个卿的位置，而且给的俸禄也很多，但是高石子所提出的意见却都没有被采纳，于是高石子辞去职务来到齐国向墨子汇报。墨子认为，只要高石子的辞职符合原则就是对的，而且说道：常常听到的是"背义而向禄"，很少听说有"背禄向义"的，高度赞扬了高石子的高尚行为。②

管黔敖，墨子弟子。墨子曾经让管黔敖推荐高石子到卫国去做官。

胜绰，墨子弟子。高孙子，墨子弟子。《墨子·鲁问》篇记载，墨子曾经推荐胜绰到齐国项子牛那里去做官。项子牛三次侵犯鲁国的领土，胜绰都没有阻止，反而跟着参与。墨子听说之后，立马让弟子高孙子请求项子牛把胜绰给辞退了。墨子认为，胜绰的行为属

---

① 县：通"悬"。
② 《墨子·耕柱》。

于明知故犯，嘴里说仁义却不实行，道理都懂，但心目中却是把俸禄看得比正义更重要，属于"背义而向禄"的行为，是必须遭到谴责的。

公尚过，墨子弟子。墨子对公尚过的评价很高，他曾经说："过之心者，数逆于精微。同归之物，既已知其要矣，是以不教以书也。"① 像公尚过那样的人，其心已经达到洞察精微，对于殊途同归的天下万物，已经知道了切要合理之处，因此就不用书来教育了。墨子后来推荐公尚过到越国做官，公尚过受到越王的充分信任，并为越王到鲁国迎接墨子。越王对公尚过说："（先生）苟能使子墨子至于越而教寡人，请裂故吴之地，方五百里，以封子（墨子）。"② 后来因为感到越王不可能践行墨子的思想，所以墨子没有前往越国。

弦唐子，墨子弟子。《墨子·贵义》篇记载，墨子有一次到卫国去，车中装载了很多书。弦唐子觉得很奇怪，就问墨子："老师您不是教导过公尚过说书不过是用来衡量是非曲直罢了，您现在装这么多书有什么用呢？"墨子回答弦唐子说："昔者周公旦朝读书百篇，夕见漆③十士，故周公旦佐相天子，其修至于今。翟上无君上之事，下无耕农之难，吾安敢废此？翟闻之：'同归之物，信有误者。'然而民听不钧④，是以书多也。"⑤ 周公旦忙于治国理政，每天早上还要读书百篇，所以才能辅佐好天子，我墨子上无君上之事下无耕农之难，怎么敢不读书呢？虽然世间事殊途而同归，但流传的时候确实就会存在

---

① 《墨子·贵义》。
② 《墨子·鲁问》。
③ 漆："七"之借音字。
④ 钧：通"均"。
⑤ 《墨子·贵义》。

差错，加上人们听到的不一样，于是书就多起来了，至于公尚过的情况，他是已经掌握了事物的切要合理之处的人，不再需要用书来进行教育了。

跌鼻，墨子弟子。《墨子·公孟》篇记载，墨子有一次患了疾病，跌鼻就问墨子说："老师，您不是认为鬼神是神明的，可以决定人是祸还是福吗？做善事的人就给予奖赏，做坏事情的人就给予惩罚吗？那现在老师您既然是圣人，肯定都是做的善事，怎么会患疾病呢？难道是老师所说的话不对？还是鬼神不神明？"墨子回答说："虽然我墨子患了疾病，怎么就能说鬼神不神明呢？一个人患病有多方面的原因，有得之寒暑，有得之劳苦。我墨子做善事，只相当于在一百个门中闭了一个门，这样的话，盗贼怎么可能不进来呢？"在墨子看来，做善事与得赏之间是一种因果关系，但这种因果关系未必就是充分条件关系，即并非做了某些善事就一定会得赏，当然墨子也没有断定这是一种必要条件关系，而最有可能是一种概率性的关系。[1]

魏越，墨子弟子。《墨子·鲁问》篇记载，有一次，墨子外出游历，魏越问墨子说："如果您得见四方的国君，将先给他讲些什么呢？"墨子说："凡进入一个国，都必须选择紧要的事去做。国家混乱，就告诉他们尚贤、尚同的道理；如果国家贫穷，就告诉他们节用、节葬的道理；如果国家喜欢音乐沉湎于酒，就告诉他非乐、非命的道理；如果国家淫乱怪僻而无礼，就告诉他尊天、事鬼；如果国家

---

[1] 参见杨武金：《论从三个层次研究墨家逻辑》，《安徽大学学报》（哲社版）2006年第4期，第37—40页。

专门掠夺侵略,就告诉他们兼爱、非攻。所以说一定要选择紧要的事去做啊。"在墨子看来,一定要考虑所遇到的国君,针对他的国家实际存在的问题来开出具体可行的方子。

曹公子,墨子弟子。《墨子·鲁问》篇记载,墨子曾经推荐曹公子到宋国去做官。过了三年,曹公子回来看望墨子时说:"当初我在您门下学习,穿着粗布褂子,喝野菜汤,有时吃了早餐却吃不上晚餐,没有什么东西来祭祀鬼神。现在因为得到老师的教导,我的家比原来富裕多了,又经常祭祀鬼神,但家里人却死得多,牲畜繁殖也不兴旺,我本身又生病。我真的无法理解老师的学说是可行的。"墨子对此回答说:"你说的不对啊。鬼神希望做的事情是多方面的:希望人处在高位的时候,能够让贤;财产多的时候,能够赡济穷人。鬼神难道只是想拿祭品吗?现在你处在高位,却不让贤,这是第一种不祥;你钱财多,却不拿来分给穷人,这是第二种不祥。现在你对待鬼神只是祭祀罢了,却问病是从哪里来的?这就像有一百扇门的房屋,只关闭了一扇门,却反问强盗是从哪里来的?像这样求福却责怪鬼神没有给予保佑,这怎么可能呢?"在墨子看来,祭祀鬼神与得到鬼神保佑之间同样是一种因果关系,这种因果关系并非充分条件的关系,也并非必要条件的关系,而是具有一般性或者普遍性的概率性关系,所以,人要想得到鬼神保佑,必须要尽可能做好鬼神所要求做的各种善事。

孟山,墨子弟子。《墨子·鲁问》篇记载,孟山曾当着墨子的面赞扬王子闾说:"从前白公胜叛乱,抓住王子闾,把大斧抵着他的腰,用武器顶着他的心窝,对他说答应当国王就让他活,不答应当国王就杀死他,王子闾说'这是何等的侮辱啊,杀我的亲人还想许以楚国的王位让我开心,我即使得了天下,如果是不义的,我也不做。何况只是楚国呢。'至死也不当楚王,王子闾还不能算仁吗?"墨子回答说:"这样做难倒是很难了,然而还不能算仁。如果他认为楚王无道,那为什么不接受王位而治理好楚国呢?如果认为白公胜不义,那为什么不接受王位,杀掉白公胜然后再将王位交还给原来的楚惠王呢?所以说他这样做难是很难了,但还不能算是仁。"

墨子所创立的墨家学派是一个非常严密的政治组织或政治集团。其特点如下:

第一,墨家集团有代代相传的首领,即巨子或钜子,门徒或弟子必须对巨子或钜子绝对服从。《庄子·天下》篇载,墨家"以巨子为圣人。皆愿为之尸,冀得为其后世"。《吕氏春秋·上德》篇记载,公元前381年,墨家巨子孟胜为楚国阳城君守城,阳城君因祸出走,楚国派兵攻城,孟胜决心死守,令弟子二人传巨子于田襄子。孟胜死后,弟子与之一起死者达一百八十二人,其中二人传令于田襄子之后又回到楚国,与孟胜一起战死。在墨家集团内部,墨家弟子必须绝对服从墨家集团的命令。

第二,墨家弟子学成之后,通常由首领推荐弟子到各诸侯国去做官,并且对做官的情况进行监督,如果发现有问题则必须召回来,而对做官做得好的则给予肯定,做得成功者则需要用利益来回报集团。比如,墨子曾经推荐曹公子到宋国去做官。[①]墨子介绍胜绰到齐国项子牛那里做官,[②]后来发现胜绰并没有阻止项子牛的侵略行为,

---

① 《墨子·鲁问》。
② 同上。

而且还参与了侵略行动，于是让高孙子去请求项子牛将胜绰辞退了。《墨子·耕柱》篇记载，墨子曾让管黔敖推荐高石子到卫国去做官，高石子去了之后，发现虽然自己所得到的俸禄很多，但卫国国君却根本不采纳自己所提出的正确意见，于是只好辞去职务，离开了卫国。墨子在听了高石子的汇报之后，十分认可高石子的做法，并认为这是"背禄向义"的正义行为。如前所述，《墨子·耕柱》篇载，耕柱子到楚国做官之后，曾送给墨子十镒黄金。

第三，墨家有自觉的纲领，墨家集团内部有非常严密的纪律，任何人都不得违背。墨家的纲领是"为义"。《墨子·贵义》篇载："子墨子曰：'万事莫贵于义。'今谓人曰：'予子冠履，而断子之手足，子为之乎？'必不为。何故？则冠履不若手足之贵也。又曰：'予子天下，而杀子之身，子为之乎？'必不为。何故？则天下不若身之贵也。争一言以相杀，是贵义于其身也。故曰：'万事莫贵于义也。'"任何事情都没有比"为义"更重要的了。假如别人对你说："给你帽子鞋子，但要砍断你的手脚，你干吗？"你肯定不干。这是为什么呢？这是因为帽子鞋子远远没有手脚那么贵重。如果别人又说："把天下送给你，但要杀死你，你干吗？"你一定不干。这是为什么呢？这就是因为天下也比不上自己的身体贵重。有时，为了争一句话的短长而相互残杀，这是因为义比身体更为重要。所以说，任何事情都没有比"义"更重要的了。墨家集团的成员称为"墨者"，都要受到集团内部纪律的严厉约束，这种内部纪律也称为"墨者之法"。《吕氏春秋·去私》篇载，墨家巨子腹䵍（tūn）居秦，其子杀人之后，秦惠王考虑到腹䵍年老而决定免其子死罪。结果，腹䵍不同意秦惠王的意见，而亲手杀死了自己的儿子。可见，墨家之法超越于王权，铁面无私，是非常严格的。

第四，墨家学派坚持兼爱、非攻等基本主张，所以，他们都能坚持正义，具有强烈的任侠精神和牺牲精神。《墨子·经上》篇说："任，士损己而益所为也。"《墨子·经说上》篇说："任，为身之所恶，以成人之所急。"任就是知识人做损害自己但对他的行为有好处的事情。任就是做自己所厌恶，但却可以成就他人所急需的事情。《淮南子·泰族训》说："墨子服役者百八十人，皆可使赴汤蹈刃，死不旋踵，化之所致也。"所谓服役者，大概指的就是经常跟随在巨子身边，能够听从指令的墨家弟子。"赴汤蹈刃，死不旋踵"，这种不怕牺牲、敢于牺牲的精神，正是墨家集团平时教化所致，足见其感召力之巨大。

墨家学派由于具有如上特征，所以，虽然各种经济或者社会原因导致它的中断，但它在两千多年来的中国社会中依然具有巨大的影响，每到社会需要它的时候，墨学的精神就会在社会的现实中得到一定的体现。后来中国社会中一再出现的劫富济贫、舍生取义等现象，都可以说是墨学精神的延伸或作用。

墨家学派以巨子相传。墨家学派自墨子死后分为三派。《韩非子·显学》篇说："自墨子之死也，有相里氏之墨，有相夫氏之墨，有邓陵氏之墨。"《庄子·天下》篇说："相里勤之弟子，五侯之徒，南方之墨者苦获、己齿、邓陵子之属，俱诵《墨经》，而倍谲不同，相谓别墨。以坚白同异之辩相訾，以觭偶不仵之辞相应。以巨子为圣人，皆愿为之尸。冀得为其后世，至今不决。"墨家学派自墨子死后，分离为各个派别，但都诵读墨家的经典《墨经》，然而因为理解不同，所以互相称对方为别墨，互相辩论。但他们把巨子拥戴为首

墨子

领，并希望墨家代代相传，一直下去不会断绝。《吕氏春秋·去宥》提到"东方之墨子谢子"与"秦之墨者唐姑果"等，皆是墨家学派的成员。

四、游历

墨子曾周游列国，到过楚国、宋国、卫国、齐国诸国，四方游说，八方辩论，宣传自己的学说。主张"遍从人而说之""上说诸侯，下说列士""不强说人，人莫之知也"[①]。

墨子多次到过楚国。约在公元前440年（楚惠王49年），墨子在听闻公输般在帮助楚国制造云梯等器械即将攻打宋国之后，"起于齐[②]，行十日十夜，而至于郢"，从齐国或鲁国出发，走了十天十夜，来到了楚国的首都郢，先后与公输般和楚惠王进行论战，最后成功阻止了楚国将要攻打宋国的战争。[③]

过了一年，即公元前439年（楚惠王50年），墨子游楚，想拜见楚惠王，楚惠王却推辞不见，让穆贺见墨子，墨子说服穆贺，穆贺很是高兴，并对墨子说，"您所说的确实非常好，但我们的楚王是天下的大王，他也许会因为您是贱人而不采纳啊！"墨子对此反驳说，"贱人怎么啦！关键还得看是否可行，就像药一样，一把草根，天子吃了可以缓解病情，难道会因为是一把草根就不吃？农民生产出来的粮食，大人们用来祭祀上帝鬼神，难道会因为是贱人生产的

---

① 《墨子·公孟》。
② 齐：《吕氏春秋·爱类》与《淮南子·修务》均作"鲁"。
③ 《墨子·公输》。

第一讲 墨子生平

图1-7 墨子面见楚王,劝阻攻宋。选自滕州市墨子纪念馆大型壁画《墨子圣迹图志》(1994年8月)

墨子

就不享用吗？难道不清楚商汤曾经多么重视贱人出身的伊尹的情况吗？"①

墨子与楚国贵族鲁阳文君有过多次接触。《墨子·耕柱》篇记载了两次墨子与鲁阳文君对话，《墨子·鲁问》篇记载了四次墨子与鲁阳文君对话。比如，其中一次对话，就是关于鲁阳文君是否可以攻打郑国的对话，鲁阳文君要攻打郑国，认为攻打郑国是顺应天意，墨子却认为攻打郑国，对郑国来说是雪上加霜，因此，攻打郑国会得罪于天。②

另一次对话，是墨子向鲁阳文君指出当时统治者都是"知小物而不知大物"，在思维上是自相矛盾的，在鲁阳文君批评了楚之南"桥"这样的吃人国，国君杀其子而赏其父，真是奇葩风俗之后，墨子随后指出，中原各国也存在杀其父而赏其子的情况，自己不讲仁义，又有什么资格去批评夷人的风俗呢？因此，中原各国的统治者在思维上确实自相矛盾。

墨子曾到过宋国。《史记》《汉书》等均记载墨子为宋国大夫。《墨子·公输》篇载，墨子曾冒着生命危险到楚国首都郢，说服公输般和楚惠王，最终成功阻止了楚国将要攻打宋国的战争。功成之后，墨子返回途中又经过宋国，遇雨而宋国守门人却拒绝墨子入城，墨子不得不在门外等了一个夜晚，第二天才得以入城。

墨子曾经到过卫国。《墨子·贵义》篇记载，墨子曾南游于卫国，车中载书甚多，弟子弦唐子觉得奇怪，就问墨子，墨子回答说：

---

① 《墨子·贵义》。
② 《墨子·鲁问》。

"以前周公旦早晨要读书上百篇，晚上还要会见七十个士人，所以他辅佐天子的政绩一直流传到了今天，我墨翟上无国君之事、下无耕种的困难，所以，不可以不读书啊。"

墨子曾经到过齐国。《墨子·贵义》篇记载，墨子从鲁国出发到齐国去探望老朋友，这位朋友对墨子说："现在天底下就没有人做义事，只有你自己在辛苦做义事，你还不如停止吧！"墨子回答说："就像一家人有十个儿子却只有其中一个在耕种，其他人均闲着，所以，耕作的这个人就不能不更加努力干啊。既然现在天底下没有人做义事，因此，你更应该鼓励我做义事才对，怎么还阻止我呢？"

同一篇记载，墨子曾经从鲁国出发到齐国去，在路上碰到一个算命先生告诉他说："今天上帝在北方杀黑龙，你长得黑，所以你如果要到北方去会不吉利。"墨子根本不听算命先生之言，而是继续向北走，结果遇到河水暴涨，于是只好返回，遇到算命先生，后者非常得意地对他说："你看不信我的话吧，我说过先生不能往北方去的嘛。"墨子对此驳斥说："南方人不能往北方，北方人不能往南方，人的脸色有黑色有白色，如果都依了你的话，那不就是禁止天下的人走路了吗？"墨子这次从鲁国去齐国的过程中，充分运用归于不可能的方法对算命先生的话进行了彻底驳斥。

《墨子·鲁问》篇记载，齐国作为东方大国，总想去攻打别的小国。对此，墨子通过类比，对齐大王田和说，如果甲用锋利的刀砍下乙的头颅，那么谁该受到谴责？齐大王说显然是甲该受到谴责，于是墨子指出，现在你齐国攻打别的国家、杀害别国的人民，那又是谁应该受到指责呢？显然是你齐国应该受到指责吧。这些事例足以表明，墨子是多次到过齐国的。

图 1-8 墨子劝阻齐太公田和攻鲁。选自张若宽《墨子圣迹》国画作品集

墨子本来有可能去越国的,但最终未能成行。《墨子·鲁问》篇记载,墨子曾经派弟子公尚过到越国去做官。公尚过到了越国后,游说越王,越王非常高兴,希望公尚过能够动员墨子到越国工作,并答应封赏给墨子500里地。

墨子知道后说,这得要看越王的真实想法,如果越王真的想采纳我墨子的思想,只要有饭吃有衣穿就可以了,不需要什么封地,反

第一讲 墨子生平

图1-9 越王派五十辆车去大山迎接墨子。选自滕州市墨子纪念馆大型壁画《墨子圣迹图志》(1994年8月)

之，如果越王不采纳我的思想，而我却去了，那么我就是在拿“义”来出卖了，既然都是出卖，我就在中原出卖好了，何必还舍近求远而跑到越国去呢?

五、著述

墨子的思想主要体现在现存《墨子》一书中。关于该书，《汉书·艺文志》著录《墨子》七十一篇。《隋书·经籍志》载，《墨子》十五卷，目一卷。现存《道藏》本《墨子》五十三篇，亡二十八篇，因“缺宋讳字，知即宋本”[①]。

其中，《尚贤》《尚同》《兼爱》《非攻》《节用》《节藏》《非乐》《非命》《天志》《明鬼》和《非儒》共三十二篇，亡八篇，存二十四

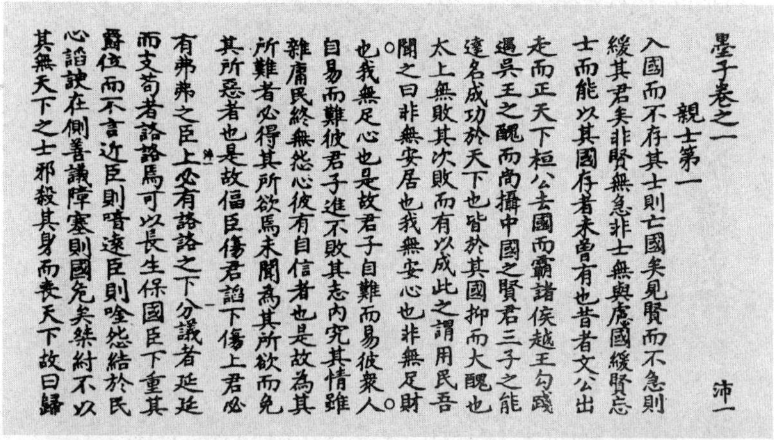
墨子卷之一　　沛一
親士第一
入國而不存其士則亡國矣見賢而不急則
緩其君矣非賢無急非士無與慮國緩賢忘
士而能以其國存者未曾有也昔者文公出
走而正天下桓公去國而霸諸侯越王勾踐
遇吳王之醜而尚攝中國之賢君三子之能
達名成功於天下也皆於其國抑而大醜也
太上無敗其次敗而有以成此之謂用民吾
聞之曰非無安居也我無安心也非無足財
也我無足心也是故君子自難而易彼衆人
自易而難彼君子進不敗其志內究其情雖
雜庸民終無怨心彼有自信者也是故為其
所難者必得其所欲焉未聞為其所欲而免
其所惡者也是故偪臣傷君諂下傷上君必
有弗弗之臣上必有詻詻之下分議者延延
而支苟者詻詻焉可以長生保國臣下重其
爵位而不言近臣則喑遠臣則唫怨結於民
心諂諛在側善議障塞則國危矣桀紂不以
其無天下之士邪殺其身而喪天下故曰歸

图 1-10　明道藏本《墨子》

① ［清］毕沅校注:《墨子》，吴旭民标点，上海：上海古籍出版社 1995 年版，第 1 页。

篇。除《非攻》和《非儒》外，均有"子墨子曰"（我们的老师墨子说）的字样，说明它们为墨子弟子根据不同主题所记述的墨子谈话或演讲的资料，经过汇编整理而成，每个主题基本上都包括上、中、下三篇，内容大同小异。俞樾曾在《墨子间诂·序》中指出，这种情况当属三派墨家分别记述传录不同而导致的，其写定并汇编成书，当在三派并行一段时期之后。梁启超认为，这些是墨学的大纲目[①]，为墨家学派的主要代表作。

《耕柱》《贵义》《公孟》《鲁问》和《公输》五篇，为墨家后学所记载的墨子言论与行事。前四篇是语录体，每篇都是数十则语录或问答合成起来的，短小精悍，互不连属，每篇的题目取自首章的首句，与孔子《论语》篇名取名方法类似。梁启超说："这五篇是记墨子言论行事，题材颇近论语。"[②] 胡适认为，这些是"墨家后人把墨子一生的言行辑聚来做的，就同儒家的《论语》一般。其中有许多材料比第二组（即《尚贤》至《非儒》）更为重要"[③]。

《经》上下、《经说》上下、大小《取》共六篇，后人合称《墨经》或《墨辩》。《庄子·天下》篇称前四篇为"《墨经》"，即狭义上的《墨经》；如果再加上大、小《取》，又称广义上的《墨经》。晋鲁胜称前四篇为"《墨辩》"，又称"《辩经》"，即研究辩论的《经》；如果加上大、小《取》，又称广义上的《墨辩》。《墨经》与《墨辩》两种名称同样流行。为了方便，通常把前四篇合称狭义《墨

[①] 梁启超：《墨子学案》，任继愈、李广星主编：《墨子大全》（第26册），北京：北京图书馆出版社2004年版，第21页。
[②] 同上书，第22页。
[③] 胡适：《中国哲学史大纲》，北京：中华书局2018年版，第112页。

经》，加上大、小《取》，合称广义《墨经》①。鲁胜曾在《墨辩注叙》中说："《墨辩》有上下《经》，《经》各有《说》，凡四篇，与其书众篇连第，故独存。今引《说》就《经》，各附其章，疑者阙之。"②具体地说，《经说》上、下的每一个条目都显然是对《经》上、下的每一个条目的解释。《经》上、下的文字最初都是旁行书写的，即分为上下两栏抄录，也就是说读者先读完了上栏再接着读下栏。但到宋末刻书时，改成了上下连行通读，打乱了原来的次序。后来，通过乾嘉学派毕沅、张惠言、孙诒让、梁启超、高亨等人的工作，逐渐恢复了"引《说》就《经》，各附其章"和"旁行读"的体例，《墨经》面目得以重新呈现出来。

一般认为，《墨经》六篇是后期墨家所作，因为其思想与前期墨家存在不同，而且有所发展，内容主要论述逻辑学、自然科学和社会科学的思想。汪中在《述学·墨子序》中说，《墨经》六篇为墨子之"徒诵之，并非墨子本书"③。孙诒让在《墨子间诂》中，对毕沅主张《墨经》为墨子自著的观点反驳道："据《庄子》所言，则似战国之时墨家别传之学，不尽墨子之本从。毕谓翟所自著，考之未审。"④胡适在《中国哲学史大纲》中，认为《墨经》六篇"不是墨子的书，也不是墨者记墨子学说的书。"而是"惠施、公孙龙时代的'别墨'做的"⑤。冯友兰在旧著《中国哲学史》中说："《墨子》书中《经》及《经说》等篇，乃战国后期墨者所作。""《大取》《小取》篇皆为

---

① 参见孙中原：《墨学通论》，沈阳：辽宁教育出版社1993年版，第8页。
② ［唐］房玄龄等：《晋书》，北京：商务印书馆1974年版，第2434页。
③ ［清］孙诒让撰：《墨子间诂》，孙启治点校，北京：中华书局2001年版，第669页。
④ 同上书，第308页。
⑤ 胡适：《中国哲学史大纲》，北京：中华书局2018年版，第112页。

据题抒论之著述体裁，亦非墨子时代所有也。"①当然，也有学者认为，《墨经》全部或部分是墨子所作。鲁胜在《墨辩注叙》中说："墨子著书，作《辩经》以立名本。"②认为《墨经》是墨子自著。毕沅在《墨子·经上》注说："此翟自著，故号曰《经》。"又在《墨子·叙》中说："《经上》《经下》疑翟自著。"③梁启超在《墨子学案》中说："《经》上下当是墨子自著。《经说》上下，当是述墨子口说，但有后学增补。《大取》《小取》，是后学所著。"④栾调甫在《墨子要略》中说："《经》上下篇，墨子所著，以'经'题篇之义，盖谓：篇中所载，皆其根本教义。"⑤高亨在《墨经校诠·自序》中说："《墨经》初本当是墨翟自作。""所以墨徒都读它，而称它做《经》。但是《墨经》两篇也有墨徒增补的文字，至于《经说》两篇大概都出于墨徒之手了。"⑥詹剑峰论证说：《墨经》"大体是墨子自著，但其中不无墨家后学增益和引申的部分"，其理由有四：其一，"如果这部《经》不是墨子著的，怎样能使各派墨者'诵读'呢？所以我们说，从'诵读《墨经》'一语就可证实墨子著《经》。"其二，"从墨子献书以证明墨子著《经》。"其三，"从鲁胜《墨辩注序》以证明墨子著《经》。"其四，"从墨子的言行以证明墨子著《经》。"⑦该论证较为充分。总之，墨子本人应该有其自著的《墨经》，包括《经》上、下和《说》上、

---

① 冯友兰：《中国哲学史》，北京：中华书局1961年版，第110—111页。
② [唐]房玄龄等：《晋书》，北京：商务印书馆1974年版，第2433页。
③ [清]毕沅校注：《墨子》，吴旭民点校，上海：上海古籍出版社1995年版，第140、2页。
④ 梁启超：《墨子学案》，任继愈、李广星主编：《墨子大全》（第26册），北京：北京图书馆出版社2004年版，第22页。
⑤ 栾调甫：《墨子研究论文集》，北京：人民出版社1957年版，第116页。
⑥ 高亨：《墨经校诠·自序》，北京：科学出版社1958年版，第1页。
⑦ 詹剑峰：《墨家的形式逻辑》，武汉：湖北人民出版社1979年版，第224—229页。

下，但其所包括的条目的数量显然不会比我们现在所能看到的多，现今我们所看到的《经》上、下与《说》上、下，显然都不同程度上由后学所补充和修改而成。

《墨子》一书中的《亲士》《修身》《所染》《七患》《辞过》《法仪》和《三辩》等七篇，没有"子墨子曰"，一般认为是墨翟的早期著作，因为它们各自从不同角度记载和发挥了墨子的思想学说。比如，《亲士》《修身》和《所染》篇都是对墨子尚贤思想的发挥，《辞过》篇是对墨子节用思想的发挥，《三辩》篇是对墨子非乐思想的发挥，《法仪》篇是对墨子兼爱、天志、明鬼思想的发挥。

《墨子》一书中的《备城门》《备高临》《备梯》《备水》《备突》《备穴》《备蚁附》《迎敌祠》《旗帜》《号令》《杂守》等十一篇，记载的是墨翟关于守城的战术和技巧，是墨子的军事著作，反映了墨子反对侵略战争，同时进行积极防御的军事战略思想。

墨子思想博大精深，主要包括政治思想、社会思想、经济思想、文化思想等方面的人文精神和人文关怀，同时也体现在科学理论和逻辑思维方面的科学精神。墨子弟子魏越问墨子：如果您遇见四方的君主，将怎样来阐述自己的思想学说？墨子回答说："凡入国，必择务而从事焉。国家昏乱，则语之尚贤尚同。国家贫，则语之节用节葬。国家喜音沉湎，则语之非乐非命。国家淫僻无礼，则语之尊天事鬼。国家务夺侵凌，则语之兼爱非攻。"[①] 其中的尚贤尚同属于政治思想，兼爱非攻属于社会思想，节用节葬属于经济思想，天志明鬼属于宗教思想，非乐非命属于文化思想。通常认为，兼爱是墨子十大主张

---

① 《墨子·鲁问》。

(尚贤、尚同、兼爱、非攻、节用、节葬、非乐、非命、天志、明鬼)中最为核心最为重要的思想主张,所以,也称墨子为兼爱大师。墨子思想的科学精神主要体现在《墨经》或《墨辩》之中,其中包含了几何学、力学、光学、哲学、逻辑学等方面的丰富内容,可以说,《墨经》完全可以被看成是中国古代的一部"百科全书"。因此,人们也说墨子是中国古代的科技圣人。

第二讲　政治思想

墨子的政治思想就是要解决必须由什么样的人，用什么样的制度或方式来治理国家的问题。春秋战国时期，社会正处于礼崩乐坏的特殊时期，此时，周代的礼乐制度遭到了巨大的冲击和破坏，社会的秩序需要重新找到更好的办法来达到稳定。孔子主张重新恢复周礼或者殷商之礼。墨子则是由手工业工匠上升而来的"士"，相当于今天的普通知识分子，非常不满意儒家的做法或主张，而是喜欢为普通老百姓说话，反映中下层民众的诉求和主张。墨子的政治梦想就是要建立一个"兼相爱，交相利"的互构型社会，从而结束各种乱象，建立一个和谐的理想社会制度。关于如何实践兼爱社会的理想目标，墨子提出了通过选拔贤人建立尚同的社会模式来达到。

在墨子看来，要实现兼爱和谐的社会理想，首先必须反对当时亲亲的用人方法，必须选拔贤能之人来治理国家，认为"大人之务，将在于众贤而已"，得贤才者得天下，领导者最重要的事情不是别的，就是要将贤才选拔到需要的岗位上去。关于什么样的人是贤才，墨子认为贤能之人必须是"厚乎德行，辩乎言谈，博乎道术者"，即必须是德才兼备的人，尤其强调德对于人才的重要性，因为德行差的人如果越聪明反而越会干出更大更多的坏事，当然人才也必须有一定的才能，即使再高明的统治者也不会任用无能之人，实干兴邦，空谈误国，能够真正干实事干成事的人才是真正的人才。关于如何重视人才，墨子认为统治者必须既要重视更要尊重人才，即给予人才足够的条件，包括既要给予足够的经济地位和物质利益，同时也要给予一定社会地位和政治地位，因为没有这些条件人才就不能很好地开展工作。同时，统治者必须采取任人唯贤、唯才是举的用人原则，而不是仅仅任用亲近或长得漂亮却没有才能的人，这样才能使得富贵远近亲疏的人都能够努力竞相尚贤。

在墨子看来，要实现国家社会长治久安，除了要选拔贤人出来治理之外，还要解决一个如何管理国家的问题，认为尚贤和尚同都是国家政治的根本，即国家政治要注意在尚贤的同时，还需要尚同。在墨子看来，没有统一道义，每一个人都坚持自己的看法，主张自己的利益，社会就会陷入混乱和战乱，因此，国家要实现治理，必须实行上同下效、上下通情的社会管理模式即尚同的社会管理模式。这个管理模式具体来说就是："上之所是必皆是之，所非必皆非之。上有过则规谏之，下有善则访荐之"，下级要按照上级的要求来做，同时对于上级的错误也要加以劝谏，对于下边的好人好事要反映到上级去。墨子认为，如果实行了尚同的管理模式，就可以使得最高领导者可以在千里之外都有贤人在发挥作用，从而保证下情上达并且上情下达，能够真正实现依靠贤人来帮助自己管理好社会，实现社会治理。

墨子

一、尚贤

墨子认为，选拔和任用贤能之人进入领导层，对于国家政治来说非常重要。《墨子·亲士》篇说，治理国家不注意聚集贤人志士，就会使国家处于危亡之中。发现贤才却不尽快起用，就是对国君的怠慢。没有贤人，就不能解救急难，没有人才，也就没有人来共谋国家大事。怠慢贤人志士，忽视人才，而能够使国家长治久安，这样的事情是从来都不会有的。墨子认为，是否能够重用贤人才士是关系到国家生死存亡的重大问题。①

周代社会，实行礼乐制度治理国家，用人的主要标准是亲亲，即从根本上只任用自己亲近的人。孔子就曾经主张"亲亲有术②，尊贤有等"（《墨子·非儒》），爱亲人应该按照关系的远近而有亲疏的不同，尊重贤才也必须因人才各异而有等级不同，"故旧不遗"（《论语·泰伯》），不遗弃老同事、老朋友，还主张："故旧无大故，则不弃也。"（《论语·微子》）老臣故人没有发生严重过失的，就不要抛弃他。儒家虽然也非常重视贤才，但他们这种重视是有范围、有远近的。

墨子的主张则非常不同，虽然他也认为国家必须重视贤人才士，但必须是任人唯贤、唯才是举、平等尚贤。在墨子看来，如果只是任用亲近的人来担任官职，就很容易让社会秩序陷入混乱。因此，必须选用贤人才士来治理国家，天下才有得到治理的可能。因此，作

---

① 杨武金：《墨家的政治哲学》，《职大学报》2015年第2期。
② 术：通"杀"，递减，等差。

为统治者的首要任务，就是要聚贤、众贤，即延揽人才，因为只有得人才者才能得天下。

尚贤是任何一个国家长治久安的必须条件。《墨子·尚贤上》篇载："今[①]者王公大人为政于国家者，皆欲国家之富，人民之众，刑政之治，然而不得富而得贫，不得众而得寡，不得治而得乱，则是失其本所欲，得其所恶，是其故何也？"现在王公贵族在国家朝廷中执政的，都是希望国家更富强、人民更众多、政治更安定，但是并没有得到富足反而得到贫穷，人口不是增加而是减少，社会得不到安定反而更加混乱，往往失去原来所期待的而得到原来所厌恶的，这是为什么呢？

《墨子·尚贤上》篇指出，国家不得富而得贫，社会不得治而得乱的原因，就在于统治者不能把尊重贤才使用能人作为一项政治措施来实行。因为国家拥有的贤良之士多了，国家的统治基础才坚实；贤良之士少了，国家的统治基础就会薄弱。所以统治者的主要任务，就在于将贤良之士聚集在自己身边并加以任用。一般来说，没有一个统治者会希望把自己的国家弄得越来越差，而是总希望将自己的国家治理得越来越好，但为什么希望的是把国家治理好，却总是最终把国家弄得越来越糟糕呢？关键原因就是统治者没有真正重用好贤人和能人。

墨子认为，衡量一个国家治理得好还是不好，关键在于它能不能众贤，能否延揽到大量人才。必须有了人才，统治者才能接受贤才的影响，也才能更好地治理好国家。就像染丝一样，《墨子·所染》

---

① 今：《道藏》本作"古"，据王念孙校改。

篇说："染于苍则苍，染于黄则黄。"丝用青色染料染就变成青色，用黄色染料染就变成了黄色。所用的人才怎么样，统治者就会怎么样，其治理的结果就是怎么样的。

在墨子看来，"近朱者赤，近墨者黑"，这是颠扑不破的真理。《墨子·所染》篇通过列举大量事例，充分论证一位国君能否治理好一个国家，同他周围的人的影响存在直接因果关系。先拿帝王来说，虞舜受许由、伯阳的熏染，禹受皋陶、伯夷的熏染，商汤受伊尹、仲虺的熏染，周武王受姜太公、周公旦的熏染，这四位帝王所受到的熏染是恰当的，正确的，所以他们能够治理天下，被拥立为天子，他们的功业和名声都遍布天下。凡是要列举天下的以仁义著称于世的显赫者，都必定会称赞这四位帝王。夏桀受干辛、推哆所熏染，商纣王受崇侯、恶来所熏染，周厉王受厉公长父、荣夷终的熏染，周幽王受傅公夷、蔡公穀的熏染。这四位帝王，所受到的熏染不恰当、不正确，所以国破身亡，为天下人所羞辱。如果要列举天下不仁义而被羞辱的人，都会举出这四位君王来。

再拿国君来说，齐桓公受管仲、鲍叔熏染，晋文公受舅犯、高偃熏染，楚庄王受孙叔敖、沈尹熏染，吴王阖闾受伍员、文义的熏染，越王勾践受范蠡、大夫种熏染。这五位国君所受的熏染恰当、正确，所以能称霸诸侯，功绩和名声流传后世。范吉射受长柳朔、王胜熏染，中行寅受籍秦、高强熏染，吴王夫差受王孙雒、太宰嚭熏染，知伯摇受智国、张武熏染，中山尚受魏义、偃长熏染，宋康王受唐鞅、佃不礼熏染。这六位国君，所受的熏染不恰当、不正确，所以国家破灭，身遭杀戮，祖宗的家业被毁坏，后代断绝，君臣分离逃散，百姓流离失所，凡是要列举天下以贪婪、残暴、苛刻而扰民的人，都一定会列出这六位国君。

总之，在墨子看来，大凡君主能够治国安邦，原因就是他们的行为合乎理性，而行为合乎理性，则产生于他们所受到的熏染恰当、正确。因此，善于做国君的人，在评价选择人才方面是非常费心思的，而在管理使用官吏时就很轻松。不会做国君的人，虽然身体劳顿，费尽神思，心烦意乱，然而国势却越来越危险，自己也越来越屈辱。上述这六位所染不当的国君并非不看重他们的国家，不爱惜他们自己，而是因为他们不懂得要领的缘故。所谓不懂得要领，也就是他们所受到的熏染不恰当、不正确。墨子认为，历朝历代的圣王明君们因为尚贤而成就了霸业，反之，历朝历代的昏君们则因为不尚贤最终落得个"国家残亡，身为刑戮"的下场，所以，作为统治者或领导者，尚贤是极端重要的。《墨子·尚贤上》篇说，有了贤才的辅佐，国君谋事就不会困难，身体也就不会劳累。功成名就，好事得以传扬而恶事不会产生，都是因为有了贤才辅佐的缘故。因此，《墨子·尚贤上》篇进一步指出：贤良之士"固国家之珍，而社稷之佐①也。"人才是国家的珍宝和社稷的辅佐力量。《墨子·亲士》篇总结说：赠送国宝，不如举荐贤能，提拔人才。人才是一个国家长治久安的根本性保障。

墨子认为，得贤而治，"而天下和，庶民阜②，是以近者安之，远者归之"（《墨子·尚贤下》）。天下和乐，百姓富足，因而附近的人安于其居，远方的人则前来归附。所以，选拔贤才来管理国家是实

---

① 佐：辅佐社稷之臣。
② 阜：富足。

现社会治理的充要条件。《墨子·尚贤中》篇说，如果以尚贤上奉于天，则天就会欣赏其德，如果以尚贤下施于万民，则万民就能受其利，终身受之不尽。这种尚贤使能之道，如果能够大量地运用，则治理天下就不会缺损，如果用到小处，则不会困惑，如果长久用它，则万民将受其利，终身受之不尽。墨子认为，如果国君能够尚贤，充分运用贤人来治理国家，则社会安定，人民安居乐业。

《墨子·尚贤下》篇说，尊重贤才的言论，采用他们的计谋，实行他们的主张，从而上可以有利于天，中可以有利于鬼，下可以有利于人。所以，把他们选拔上去。反之，如果不重视贤才，而被不肖者左右，后果将不堪设想。《墨子·尚贤中》篇说，这些不肖者，让他们治理官府就会盗窃，让他们守城就会背叛，在君主有危难时不肯献身，在君主出逃时不肯跟随，让他判案则不公正，让他分财则不均匀，与他谋事则不得当，让他办事则无所成，让他防守则不坚固，让他征伐则不威强。总之，如果让不贤者治理社会，最终会倾覆其国家，从而天下大乱。因此，必须将贤者安排到合适的岗位上去。

因此，优秀的统治者、治理者必须要善于把精力集中在人才的选拔上，只有选拔出合适的人才来管理国家才能真正把国家治理好。所以，《墨子·尚贤中》篇说，如今的王公大人统治人民，主宰社稷，治理国家，希望长久保持而不失去，怎么不考察一下崇尚贤能是为政的根本呢！那么，如何才能知道尚贤是为政的根本呢？显然应该由高贵而聪明的人去管理愚蠢而低贱的人，国家才能治理好，而由愚蠢或低贱者去管理高贵而聪明的人，则国家就会混乱。由此可知，崇尚贤能是为政的根本。这里所说的"尚贤为政之本"，就是要强调尚贤，即充分运用贤人能人来治理国家是国家政治的根本性任务。

那么，什么样的人才可以称为贤者呢？也就是说，贤才必须具备什么样的素质、能力和素养呢？《墨子·尚贤上》篇说，判断贤才的基本标准应该是"贤良之士，厚乎德行，辩乎言谈，博乎道术者"。作为人才来说，首先必须具备高尚的德行，也就是说，人才要具有非常高尚的品德修养，而且言谈也要清楚，既善于与他人沟通和交流，还需要具有高明的治理国家的方法。总之，在墨子看来，贤者既要有非常高尚的道德修养，同时更需要具有能付诸实际行动或者实践的能力和精神。墨子把这种有德且有能的人，称之为有义之人或者有义之士。墨子在这里所说的人才标准，大致相当于我们今天所讲的人才必须德才兼备的标准。

有种说法认为，有德有才者是合格品，有德无才者是次品，无德无才者是废品，有才无德者是危险品。《说文》说："贤，多才也。"[1]《玉篇》说："贤，有善行也。"作为人才来说，德和才都非常重要，但两相比较，德还是要远重于才。墨子认为，德行、品行对一个人来说是最为重要的。人才必须要具有高尚的德性修养，因为德是人才的根本。《墨子·修身》篇说，君子指挥作战虽然要讲究战法，但勇气是最根本的；办丧事虽然要注意丧礼的仪式，但发自内心的悲痛是最主要的；贤人志士虽然要具备才学，但德行是最重要的。墨子认为，是否具有良好的品行，是衡量一个人是否人才的最为根本的方面。作为知识分子来说，作为贤才必须要有充足的学识，这是不用言说的方面，但是，与学识比较起来，德行却是更为根本的方面。一个人，如

---

[1] ［汉］许慎：《说文解字》，北京：社会科学文献出版社2006年版，第337页。

45

墨子

果只有学识却缺乏做人的最基本品格,他就会干出许多缺德的事情来,而且一个人越聪明他干的坏事很可能就会越多、越严重。

《墨子·鲁问》篇记载:鲁君曾询问墨子说:我有两个儿子,一个好学,一个喜欢分财给人,请问谁可以做太子呢?墨子回答说:还不能确定谁可以当太子,或者他们是为了赏赐和名誉才这样做的呢,就像钓鱼的人躬身钓鱼并不是要感谢鱼的恩赐,用有毒食物诱惑老鼠

图 2-1　鲁国国君问墨子谁应该当太子。选自张若宽《墨子圣迹》国画作品集

第二讲 政治思想

并不是爱老鼠,所以,需要将他们的志向和所做的事情结合起来加以观察才能做出合理判断。

在墨子看来,必须将他们的动机和效果充分结合起来加以分析,即既知其然也知其所以然,即必须了解他们各自这样做的目的和动机分别是什么,才能判断谁更适合做太子。

《墨子·修身》篇说,意志不坚强的人其智慧就不能发挥,说话不讲信用的人其行动就不会有好的结果,拥有财产而不能分给别人的人是不能和他交朋友的,守道不专一、阅历不广博、是非不能明察的人,是不能和他一道切磋交流的。树木的根基不牢必然会危及它的枝叶,一个人只有勇气而不注重品德修养,日后必定会怠惰,水源污浊的河其水流必然不会清澈,言行不讲信用的人其名声必然会败坏。好的名声不会无故产生,声誉也不会凭空而长成,功成自然就能名就,名誉不能有半点虚假,必须时常反躬自省才能取得。话说得多而行动迟缓的人,即使言辞漂亮但别人是不愿听的;自己努力做事而又不断夸耀自己,虽然劳苦却不一定可取。聪明人心中有数而不夸夸其谈,努力做事却很少夸耀自己,这样就能扬名于天下。话用不着说多而在于睿智,不一定讲究文采而要讲求明察。因此,一个人如果没有智慧却又不能明察,加上自己又懒惰,那就背道而驰了。

在墨子看来,作为人才,首先必须是具有高远的志向、信守诚信、讲求公平正义、学识渊博、行胜于言、言行一致的那种人,他们必须是能够"反之身者也",即能够常常进行自我反思、具有很深厚修养和教养的人。其次,人才必须具有过硬的本领和专长。《墨子·耕柱》篇说:"能谈辩者谈辩,能说书者说书,能从事者从事。"人才未必就是全才，但他必须有自己的所长。一个没有才能的人，不值得被重视。《墨子·亲士》篇指出，即使是贤明的君主，也不爱无功的下臣，即使是慈父，也不爱没有出息的儿子，因此，不胜任这件事情却占据着这个位置，不是应该占有这个位置的人，不胜任这个爵位而享有这个俸禄，他就不是应该享有这种俸禄的人。

一个人是人才或者不是人才，既要听他所说出来的话，更要看他的行为，尤其需要考察他所作出的实际行动和实际效果。墨子特别强调，一个人的行远重于言。《墨子·修身》篇说，话说得多而行动迟缓，虽然言辞漂亮但别人是不愿意听的；努力做事却又不断夸耀自己，虽然劳苦但不一定能达到目的。聪明人是心中有数但从不夸夸其谈，努力做事却很少夸耀自己，这样就能扬名于天下。《墨子·耕柱》篇说，如果言论能够在现实中实现，那么就提倡它，如果言论不能在现实中实现，就不要提倡它，如果一个言论不能实行而又提倡它，这样就是徒费口舌。墨子认为，一个言论除非能够在实践中生出良好的效果，否则就算不得是什么好的言论。

《墨子·公孟》篇记载，告子曾经对墨子说："我能治国为政。"墨子指出：行政上的事情，口头上要说，行动上更要去做，如果你只是口头上说，而行动上不去做，不身体力行，这是自相矛盾的。一个人不能管好自身，怎么能管理好国家的行政事务呢？墨子认为，作为真正贤德的领导者来说，必须要能够身体力行，起到带头作用，在实践中结出硕果。空谈误国，实干才能兴邦。言论除非它能够在具体的社会实践中产生正面作用，否则就是空话，没有实际意义。[①] 墨子

[①] 杨武金：《墨家的政治哲学》，《职大学报》2015年第2期。

第二讲 政治思想

说,作为人才必须要"博乎道术①"(《墨子·尚贤上》),其实就是指人才具备处理各种具体问题的才干和广博的知识。《墨子·尚贤中》篇说,可以治国的人就叫他治国,可以主持官府的人就叫他主持官府,可以治理县邑的人叫他治理县邑。凡是治理国家、主持官府、管理县邑的,这些都是国家的贤人。

墨子认为,要根据人才的能力的大小来确定他们官职的大小。墨子认为,在官职的任用上,一定不能够小才大用。《墨子·尚贤中》篇指出,在我们的社会中,那些不能治理一百人的却让他去做一千人的长官,不能治理一千人的却让他去做一万人的长官。这种现象是什么原因造成的呢?就是因为处于这种官位的,爵位高并且俸禄多,在上位的人因为喜欢他漂亮才任用他的呀。不能治理一千人的却让他去做一万人的长官,那这官位就超过了他的才能十倍了。虽然他治国的措施,是每天都要去实施的,但一天的时间是不能延长十倍的,而在智或能方面也不能给他增强十倍,却给他以十倍于才能的官职,这样他只能治理十分之一,其他十分之九就只有弃而不治了。这样,他即使夜以继日地工作,也仍旧是无法治理好的。这是为什么呢?这就是王公大人所不明白的尚贤使能为政的缘故啊。在墨子看来,不能让能力小的人担当大任,如果让能力小的人去担当比较大的官职,这本身也就是不尚贤的表现。

总之,墨子认为,贤者实际上也就是兼者,即他们必须是具备兼爱精神的人。《墨子·尚贤下》篇说,所谓"为贤之道",就是有力量的人要赶快帮助别人,有财富的人一定要舍得尽量将财富分给他

---

① 道术:学术。

49

人，掌握知识有文化的人要能够积极教导别人。要能够让饥饿的人得到温饱，让寒冷的人得到温暖，如果这样做了，国家就能够实现治理，社会就能够得到安定，人民就能够安居乐业。总之，贤者就是能够以社会为己任、以他人为己任，能够济困扶危、乐于助人的兼爱者或大爱者。

墨子认为，尚贤的具体做法就是要对贤者富之、贵之、敬之、誉之，即既要举贤、亲贤，又要尊贤、爱贤，也就是说，要尽可能让知识分子有非常好的经济地位、政治地位和社会地位。《墨子·尚贤上》篇说，怎样才能使贤士增多呢？譬如想要使一个国家善于射箭的人增多，就必须使这些人富裕起来，提高他们的地位，尊重他们，表扬他们，然后国家善于射箭和驾车的人就可以增多了。何况是那些品德高尚、能言善辩、学识广博的贤良之士呢？这些人本来就是国家的珍宝、社稷的栋梁，也必须使他们富有，提高他们的地位，敬重他们、赞美他们，然后国内的贤良之士也就可以增多了。在墨子看来，统治者需要采取各种实际有效的措施，才能真正地重视人才、重视贤人。

《墨子·尚贤中》篇指出，之所以必须为尚贤使能设置三项基本措施，其实就是因为：爵位不高人民就不尊敬他，俸禄不厚人民就不相信他，政令不决断人民就不畏惧他。所以，古代圣人给他们很高的爵位、很重的俸禄、委以重任，授予决断的实权。难道这是专门要给他们很高的赏赐吗？不是的，这完全是为了他们能够把事情办得成功啊！墨子认为，必须要给予人才以足够的地位、充足的待遇、应该拥有的权利，人才才能充分发挥他们的作用。[①]

---

① 杨武金：《墨家的政治哲学》，《职大学报》2015年第2期。

《墨子·鲁问》篇载，墨子曾经指派他的学生公尚过到越国去工作。公尚过到了越国后不久，就着手游说越王，越王很是高兴，并且对公尚过说：你如果能够让墨子到越国来工作，我愿意划出原来吴国的土地方圆五百里封赏给他。于是，越王为公尚过套车五十乘，请他到鲁国去迎接墨子到越国来。公尚过到了鲁国后对墨子说：我用你的学说游说越王，他非常高兴，说是如果能够让您到越国去辅助他的话，他将划出原来吴国的土地方圆五百里封赏给您。墨子听后问公尚过说，你看越王的意思怎么样呢？如果越王会听我的话，采用我的学说，那么我就准备去，吃饭能填饱肚子就行，穿衣能合身就可以了，把自己看成和群臣一样，怎么能够因为有封地才去呢？如果越王不听我的话，不采用我的学说，如果我去了，那么我是拿义来出卖了，既然同样是出卖，我就在中原出卖好了，何必到越国去呢！墨子认为，如果越王能够充分重视自己所提出来的思想学说，即使去那里生活条件不优厚，自己也会到越国去服务；但是，如果越王根本不重视自己所提出来的学说，则即使越王所给予的生活条件再优厚，自己也不可能到越国去。所以，对人才来说，对他们理想的"尊重"比给予他们好的生活条件更重要。

墨子认为，除非是贤良之士，否则不能担当领导者的角色。《墨子·尚贤中》篇说，可以治国的人就叫他治国，可以主持官府的就叫他主持官府，可以治理县邑的人叫他治理县邑。凡是治理国家、主持官府、管理县邑的，这些都可以说是国家的贤人。在各级领导岗位上担任职务的人，都必须是德才兼备的贤人能人。但是，由于考虑到现实中的领导者不一定就能坚持正义，所以，墨子指出，领导者的位置必须是随时都可以为其他人来加以取代的，而作为取代者来说，可以是社会中任何阶层的贤者能人，因此，所有人不管是谁，只要他是贤能者，他都可以被选拔出来担任相应的领导职务。

《墨子·尚贤上》篇说，做官的不会总是富贵，老百姓也不会总是贫贱，只要是有能力的人都应该给以提拔，没有能力的人就要罢免他，出于公心，丢开私怨，说的就是这个意思。所以，墨子说，"官无常贵，而民无终贱"，领导者不可能永远都是领导者，而老百姓也不可能永远都只是老百姓，王侯将相不会永远都是如此的，所以，作为领导者来说，不要总是看不起群众，而是要善于在群众中发现人才，每个人皆可为人才，关键是要看领导者怎么来看待他和使用他。同时，要制定条件和规则，让贤者能够上，而不肖者则让其及时下台。

当然，墨子也发现，人才都有其自身的弱点。

首先，人才就是因为他们有才华，所以他们才很容易被摧残。《墨子·亲士》篇说，假如现在有五把锥子，其中有一把是最锐利的，这最锐利的必定先折损，现在有五把刀子，其中如果有一把曾经磨砺过，这磨砺过的刀子必然先毁坏。所以，清甜的水井容易被吸干，高大的树木容易被砍伐，灵异的龟甲容易被烧灼，神奇的长蛇容易遭到暴晒。因此，比干的被杀，是因为他品行耿直，孟贲的被杀，是因为他太勇敢，西施被沉在江水里，是因为她太美丽了，吴起被车裂，是因为他专注于改革的事业。所以这些人，没有一个不是因为他们自己的长处而遭难的。因此说，事物处于极端状态的时候，就难以保持长久。通常来说，人有才则遭嫉妒，遭妒忌则流言起，流言起则是非多，是非多就遭压制，遭压制就受摧残，所以一个人有才是优点，但也是缺点，地就是他们容易被陷害。

其次，人才因为他们有自己的所长，所以他们也就很容易自负。《墨子·亲士》篇说，好的弓难以张开，但它可以射到高处，射进深处，好马难以驾驭，但它可以驮载重物到达远方，杰出的人才难以支使，但他可以使国君受到尊重。所以，作为领导者来说，不能因为贤者存在缺点就不使用他们。这是因为，作为人才来说，虽然他们也存在着这样或那样的弱点和问题，但是他们却也是可以为聪明的统治者出谋划策并发挥出自己重要作用的人。

在墨子看来，尚贤的重要原则就是任人唯贤和唯才是举。《墨子·尚贤上》说，即使是农夫和工匠中的人，只要他有才能，就应该提拔，封给他很高的爵位，给予他丰厚的俸禄，委任他以官职，授予他做决断的权力。所谓任人唯贤，就是要不分等级，不设定范围，有能力者则举之。墨子列举了大量历史事实对此展开论证。例如，虞舜曾经不过是在历山耕种庄稼、在黄河边制作陶器、在雷泽捕鱼、在常阳烧石灰的人而已，但唐尧还是将他举荐重用。夏禹更是把伯益从阴方中举荐出来做事。伊尹开始的时候，不过是一个烧火做饭的厨房师傅而已，却被商汤举荐出来做大事情，等等。

坚持任人唯贤原则的实质，就是要唯贤是举，平等尚贤，而不是任人唯亲。《墨子·尚贤下》篇说，现在的王公大人，如果有一头牛羊不会杀，他一定会去找好的屠夫，如果有一件衣裳不会做，他一定会去找好的裁缝。当王公大人在做这些事情的时候，虽然有骨肉之亲和无故富贵者，以及面目姣好的人，如果确实知道他们没有能力，就不会让他们去做。为什么呢？因为担心损失自己的财物。即当王公大人在做这些事情的时候，是不会放弃尚贤使能的。王公大人有一匹病马不会治，必然要找好的兽医来治，有一张难拉的弓拉不开，必然要找好的工匠。当王公大人在做这些事情的时候，虽然有骨肉之亲和无故富贵者，以及面目姣好的人，如果确实知道他们没有能力，一定不会让他去做。为什么呢？因为担心损失自己的财物。当王公大人在做这些事情的时候，是不会放弃尚贤使能，但一到他们治理国家的时候就不是这样了。王公大人的骨肉之亲和无故富贵者，以及面目姣好的人，就加以举用。这样看来，王公大人爱他自己的国家，还不如爱他的一张坏弓、一匹病马、一件衣裳、一头牛羊呢。我从这里就知道了天下的士君子只明白小的道理却不明白大的道理的所在了。墨子认为，统治者在小的事情上通常都还知道尚贤，但在治理国家这样的大事情上却不明白要尚贤了，这可以说是"知小而不知大"的表现，其在逻辑上的矛盾之处，就是把国家看得还不如一头牛一只羊或一件衣服更重要。

因此，《墨子·尚贤中》篇进一步指出，现在的王公大人有一件衣裳不能缝制，必然要借助好的裁缝来缝制，有一头牛羊不能宰杀，必然要借助好的屠夫来宰杀。对待上面的这两件事情，王公大人也未尝不知道以尚贤使能来做事。但是一旦遇到了国家丧乱，社稷倾危，却不知道尚贤使能以治理它，那些无故富贵者和面目姣好的人，难道他们一定是聪明而有智慧的吗？如果让他们来治理国家，那就是使不聪明且缺乏智慧的人来治理国家呀。墨子认为，统治者在治理国家的时候，重用一些没有智慧的无故富贵、面目姣好的人，这种现象是极不尚贤的表现。任人唯亲在封建宗法制社会是非常普遍的现象，墨子对这种不合理的做法进行了否定，强调必须要不分血缘亲疏、等级贵贱，一定要任人唯贤、平等尚贤。

《墨子·尚贤中》篇说，古时候的圣王都很尊崇贤者而任用能人，不包庇父兄，不偏袒富贵，不宠爱美色，凡是贤者便选拔上来让其处于高位。墨子认为，要用任人唯贤的原则来代替或者否定血缘宗法制的"亲亲尊尊"的用人原则，从而反对封建贵族世袭垄断的政治特权，强调唯才是举、唯贤是举。

《墨子·贵义》篇记载，墨子曾经去楚国游历，希望能见到楚惠王，但楚惠王却以老告辞不见，只是让其大臣穆贺来会见墨子。墨子

图 2-2　楚惠王派穆贺接见墨子。选自张若宽《墨子圣迹》国画作品集

说服穆贺,并使得穆贺非常高兴。但穆贺最终还是对墨子说:您墨子的话确实很好,但因为我们的君王是天下的大王,他或许会说因为您这是贱人做的而不加以采纳吧?

墨子对此反驳说:言辞是否好,关键就看它是否可行,这就好比药一样,哪怕是一把草根,但天子吃了它可以缓解其病痛,哪里会说这是贱人种的而不服用呢?因此,即使是贱人说的话,上比农民,下比草药,难道不如一把草根吗?再说您大概听说过商汤的故事吧?从前商汤准备前去见伊尹,命令彭氏之子驾车。彭氏之子在半路上问商汤是要去哪里?商汤说要去见伊尹,彭氏之子就说伊尹是天下的贱人,如果想见他就命令他来问就可以了,那样对他也是赏脸的了,商汤却说这不是你彭氏之子所能懂得的。现在有药在这里,吃了它,耳朵就能更加灵敏,眼睛就更加明亮,那么我就一定会高兴地吃下它,如今伊尹对于我们国家,就像良医和好药一样,你却不想让我见到伊尹,就是说你不想让我得到好处。商汤于是命令彭氏之子下去,不让他驾车了,因为他必须这样做,然后才能得到伊尹。墨子认为,如果因为某种东西是贱人做出来就不用它的话,那么救命的药物也来自贱人采摘,则君王得病就不能服药了,粮食也是贱人耕种出来的,则君王就没有东西来祭祀鬼神了。但众所周知,商汤重用伊尹,却不因为伊尹是贱人就不用他,而是非常重视伊尹的德行和才能。由此看来,贱人做出来的东西是可以使用的,出生低下、地位低下的人也需要重视,只要他是贤者。

因此,《墨子·尚贤上》篇指出,古代的圣王在治理国家的时候,都是要实行:对不义的人就不能让他富裕,不能让他尊贵,不给予他信任,不接近他们。于是,国内富贵的人听到了,都在下边议论说：当初我们所倚仗的就是富贵的地位，现在国君提拔仁义的人，不嫌弃地位贫贱的人，那么我们不可以不做仁义的事了。国君亲信的人听到了，也在下边议论说：当初我们所倚仗的是为国君的亲信，现在国君提拔仁义的人，不嫌弃陌生的人，那么我们不可以不做仁义的事了。接近国君的人听到了，也在下边议论说：当初我们所倚仗的是离国君近，现在国君提拔有仁义的人，不嫌弃深处远地的人，那么我们不可以不做仁义的事了。离国君远的人，也在下边议论说：当初我们以为远离国君，没有可倚仗的，现在国君提拔仁义的人，不嫌弃远方的人，那么我们不能不做仁义的事了。一直到边疆郊外的臣民、宫廷中的侍卫、城邑中的民众、四境的农民听到了，也都争着做仁义的事。其中的原因是什么呢？其实就是国君所用以驱使臣下的，只有尚贤这一种方法，臣下所借以得到国君任用的，也只有仁义这一个途径。

在墨子看来，作为统治者，其用人的基本原则就是必须任人唯贤、唯才是举，也就是说必须以德才兼备作为用人的标准，而且只要统治者能够真正唯才是举，就能够众贤。

二、尚同

墨子认为，必须把贤人政治推广到国家的每一个地方，要充分地让贤人来治理国家，也就是要尚同，即上同，全国都要同一于上，前提是全国各个级别的行政单位和管理单位都必须要由贤人来担任领导，让贤者来"一同天下之义"（《墨子·尚同中》），即统一天下的道理，从而实现天下太平，社会安定，人民安居乐业。《墨子·尚同下》篇说:"尚同为政之本,而治之要。"尚同是行政的根本和治理的关键。在墨子看来,"尚贤"这个"为政之本"是要解决"谁"来管理的问题,而"尚同"这个"为政之本"则是要解决"怎样管理""如何管理"的问题。尚贤和尚同都是国家治理的根本。①

墨子认为,最初人类在还没有统一道义的原始社会时期,由于没有"一同天下之义",人类完全处于一种"人是其义,以非人之义"的这样一种非常混乱的状态。人们在思想认识上的这种混乱状态,造成了人与人之间的相互亏害和相互仇恨。《墨子·尚同上》篇指出,人类在刚开始的时候,还没有成立国家行政之时,每个人对"道义"有各自不同的理解。一个人有一种道理,两个人就有两个道理,十个人就有十个道理,人越多,其所谓道理也就越多。于是,每个人都以为自己的道理是对的,而别人的道理都不对,从而批评别人。这样,人与人之间相互指责,相互怪罪。于是,造成即使是兄弟也不和睦,家庭离散不能互相帮助。天下的人们,用水火毒药,相互亏害,互不帮助,人与人之间就像禽兽之间的关系一样。

《墨子·尚同中》篇说,从当今的时代回头去考察古代人类刚刚诞生,还没有行政长官的时候,天下的道理各不相同,因此一人有一个道理,十人有十个道理,一百人有一百个道理。人数越多其所谓道理也就越多。因此,每个人都只从自己的道理出发,反对别人的道理,相互批评,相互攻击,互相怨恨,不互相帮助。人与人之间的关系,与禽兽之间的关系,没有什么不同。

《墨子·尚同下》篇认为,古代上天开始生育下民,还没有行政

---

① 孙中原主编:《墨学与现代文化》,北京:中国广播电视出版社2007年版,第58页。

长官的时候,百姓人各做主。结果是一人有一个道理,十人就有十个道理,一百人就有一百个道理,一千人就有一千个道理。及至人数多得不可胜数,那么他们所谓的道理也就多得不可胜数。这样,每个人都认为只有自己的道理正确,而认为别人的道理不正确,于是相互分歧,互相争吵,互相攻击,直到发生斗殴、战斗,甚至不惜发动战争。总之,墨子认为,人类在尚未成立国家行政之前,每个人因为各自的道理不同,相互之间并不互相帮助,而是处于互相对立互相诋毁甚至互相攻击和挑起战争的非常不和谐的状态。可以说,没有秩序的自由和压迫自由的暴政一样可怕。

墨子关于国家起源的观点和庄子的看法是不同的。《庄子·马蹄》篇说:"夫至德之世,同与禽兽居,族与万物并。恶乎知君子小人哉!同乎无知,其德不离;同乎无欲,是谓素朴。素朴而民性得矣。及至圣人,蹩躠为仁,踶跂为义,而天下始疑矣。"庄子把人类社会初期的原始社会形态描述为他心目中非常美好的状态,在那时没有君臣上下和仁义道德之分,不但人与人之间能够和谐相处,而且人与禽兽之间也是浑然无别的,[1]只是因为圣人的出现和国家政治的产生,才出现了各种混乱和不和谐。

西方的卢梭(Jean-Jacques Rouseau, 1712-1778)也持有和庄子类似的观点。

他说,人类在组成社会和建立国家之前,曾经生活在一种自然状态,在这种状态中生活的人们,既没有政治奴役、没有剥削,也没有社会的和精神的不平等,人们过着自由、平等、友爱的生活。但

---

[1] 谭家健:《墨子研究》,贵阳:贵州教育出版社1995年版,第97页。

墨子

图2-3 卢梭《社会契约论》

是，随着生产力的进步，特别是由于私有制的出现，人类通过订立社会契约建立了国家和法。人类订立社会契约的目的本来是为了维护自己的自由、平等、财产和人身，但其后人类的一切社会发展只是走向与订立社会契约原意相反的方向。在社会状态中，文明每前进一步，社会对抗和不平等就更加深一步。[①]

《礼记·礼运》篇说："天下为公，选贤与能，讲信修睦，故人不独亲其亲，不独子其子，使老有所终，壮有所用，幼有所养，货恶其弃于地，不必藏于己。"但是到了后世，则变成了另外一种状态，"天下为家，各亲其亲，各子其子，货力为己，大人世及以为礼，城郭沟池以为固，礼仪以为纪，以正君臣，以笃父子，以睦兄弟。"其中所表述的为后期儒家的国家起源观点，与卢梭的观点存在某些类似之处。[②]

墨子关于国家起源的观点和西方启蒙思想家霍布斯（Thomas Hobbes, 1588-1679）等人的思想非常类似。

霍布斯认为，在国家出现以前，人们完全处在一种完全按照自己的本性来生活的"自然状态"之中，在这种状态下，虽然每个人都

[①] 《中国大百科全书（哲学）》，北京：中国大百科全书出版社1987年版，第508页。
[②] 谭家健：《墨子研究》，贵阳：贵州教育出版社1995年版，第101页。

是生而平等的，每个人都有追求自己想要的生活的权利，但是人性本身又是自私的，所以，每个人都想征服或者统治别人而自己不受统治，于是，人与人之间就像狼一样，彼此争夺不已，从而陷入一种"一切人反对一切人的战争"之中。于是，理性便出来教导人们，不能单凭自己的情欲来生活，而应该接受那些必须遵守的共同的生活规则，这便是"自然法"，比如为了和平，人们必须放弃力图占有一切的自然权利，承认他人具有和自己一样多的自由。[1]

图2-4 霍布斯《利维坦》

墨子也认为，在人类刚刚脱离动物状态，开始进入原始社会的初期，尚无公理和公德可言，人与人之间的争斗是残酷和混乱的，只有在进入原始社会之后，随着社会生产力的发展，人群和部落的内部和外部都不断调整人和人之间的关系，以适应自然和其他群体斗争的需要，这时候才有了在一定范围内认同的道义。[2] 梁启超曾经指出，墨子的上述思想和欧洲初期的"民约论"非常类似。"民约论"虽然是在法国人卢梭那里集大成的，但其实它是发源于英国的霍布斯和洛克。二者都曾经说过，人类在还没有建立国家之前，人人都处于野蛮

---

[1] 《中国大百科全书（哲学）》，北京：中国大百科全书出版社1987年版，第325页。
[2] 谭家健：《墨子研究》，贵阳：贵州教育出版社1995年版，第97页。

墨子

的自由之中,漫无限制,于是,人们不得已聚集起来商量,决定立一个首长,于是乎国家就从中诞生了。①

墨子认为,国家起源于统一道义的需要,因为只有统一道义才能息争止乱,而统治者(政长)的任务就是一同天下之义。《墨子·尚同中》篇认为,人类由于认识到了社会动乱的根本原因就在于没有统一道义,因为没有行政长官来统一天下的道义就会导致天下大乱,于是就选出贤人志士推举他为天子,来一同天下的道义,以便人们能够得到共同的认识。天子既已设立,觉得仅仅依靠自己的耳闻目见,还不足以统一天下的道义,所以,天子再考察选择天下的贤者,以立为三公、诸侯国君、将军大夫、乡长里长等各层级的领导班子,以完成天下的治理任务。《墨子·尚同下》篇主张,因为上天希望统一天下的道义,因而就选择贤人,立为天子。天子认为他的智慧和能力不足以单独治理天下,所以就选择次于他的贤人,以立三公、卿之宰、乡长、家君等各个层级的领导班子,共同治理国家。需要注意的是,天子设立三公、诸侯、卿之宰、乡长、家君等,并不是为了自己富贵游乐而选择他们,而是要让他们协助自己治理好国家罢了。《墨子·尚同上》篇指出,天下之所以乱,就是由于没有行政长官造成的,因此,国家选择天下贤能之人,立以为天子。天子确立了之后,由于他的力量不够,又选择天下贤能的人,立为三公。天子和三公都设立了,但由于天下广大,远国异乡的人民对是非利害的区分不可能完全知道得很清楚,因而又划分为许多诸侯国,设立诸侯国君。诸侯国君

---

① 梁启超:《墨子学案》,任继愈、李广星主编:《墨子大全》(第26卷),北京:北京图书馆出版社2004年版,第70页。

设立以后，因为他们的力量不够，又选择国内贤能的人，设立行政长官。在墨子所设计的政权管理机构蓝图中，从天子、诸侯，到乡长、里长各个级别的领导者、管理者都必须是从仁人、贤者中选拔出来加以任命的。因而他们首先就能够以身作则、推行兼爱，然后整个国家上行下效，下边学着上边的样子来做，整个国家就能够用"仁义"统一起来了。

为了维持政权的良性运转，墨子提出运用批评、表扬、奖励和惩罚等各种方式，即采用各种认识和道德评价方法，以及行政和法律的手段。《墨子·尚同上》篇说，无论乡长、里长，还是国君、天子，都是从贤者中选拔出来的，如果能够实行上下思想统一和行动的统一，则国家就能长治久安。《墨子·尚同中》篇说，凡是下面所存在的善或不善的事情，都要层层上报，从而一同天下的道义，在上者则号召大家学习好的言行，批评不好的言行，改进不足的言行，从而天下的人都按照上面的赏誉要求来行事。《墨子·尚同中》篇进一步说，如果能够里长一同里之义，乡长一同乡之义，国君一同国之义，天子一同天下之义，当然实现天下的治理也就不难了。《墨子·尚同下》篇说，如果在整个国家的层层管理体系中，都能赏善罚不善，伸张正义，善人得赏，暴人得罚，则整个国家就不会出现混乱了。

这里，墨子提出的上述带有强制性的逐级汇报和检举揭发的政治制度的思想，有人认为是连坐法和特务统治。这种说法显然错误。因为墨子所要求的是善恶必报，同赏同罚。墨子所说的"爱利家者""爱利国者""爱利天下者"，其实也就是兼爱之士，也就是贤人，将他们上报，也就是举贤人。墨子所说的"恶贼家者""恶贼国者""恶贼天下者"，也就是"不肖者"或者"暴人"，将它们上报，也就是除暴，这和后来为巩固封建专制而实行的特务统治，专门监视持有异议的人，奖励告密的做法，还是非常不同的。[①]

如前所述，墨子的"尚同"即"上同"的意思，也就是要上下通情，上情下达，下情上达，做到上级和下级之间在信息上充分地畅通。《墨子·尚同下》篇指出，领导者通过尚同，就能够让他人的耳目来助己视听，使他人的嘴巴来助己言谈，使他人的心智来助己作为。于是，助己视听的人越来越多，就能闻见远；助己言谈的人越来越多，好话就能传播得更广；助己思考的人越来越多，谋划的效率就越来越高；助己作为的人越来越多，做事的效率就越来越高。有人曾经攻击墨子的尚同论是封建专制，这显然是不妥当的。事实上，墨子的尚同思想主要是为了让统治者、领导者更多地、更好地、更快地来得下之情，以便更好更快地做出判断、决策和方案，这样才可以更好地走群众路线。

总之，关于墨子的尚同学说，学术界的评价存在很大差异，甚至认识截然相反。台湾学者陈拱在20世纪60年代曾经主张：墨子所提出来的尚同社会是一个"由极权、斗争与特务恐怖而强迫天下之人上同于其上的社会""这个社会并不是人所能生存的""人之所以为人的一切被泯除了，人只成为无内容的痴呆，只成为人其形而零件与螺丝钉其实的痴呆。""墨学之彻底实现，必至窒息天下，毁灭天下。"[②]这种看法从根本上歪曲了墨子尚同思想的基本义涵。

与陈拱等人的看法不同，台湾学者周长耀、张伟国等，提出了

---

① 谭家健：《墨子研究》，贵阳：贵州教育出版社1995年版，第105—106页。
② 陈拱：《墨学研究》，台中：东海大学出版社1964年版，第248—262页。

第二讲　政治思想

完全不同的观点。周长耀说:"墨子的尚同、尚贤的思想,可以说是一种很完整的'民主集权的政制'。"① 张伟国主张:"墨子的政治思想就算以西洋现代民主政治理想比,也绝不失色。在迎合中国现实的历史条件和社会环境来说,墨子政治理想的价值,不一定在西洋现代民主政治理想之下。"② 这些观点十分正确合理,但是还需要做具体的阐述。

墨子的尚同思想,有些地方尚需作更深入探讨。比如,为了同一天下之道义,墨子提出了要选出天下的贤良之士以为天子。但是,这个天子应该由谁来选呢?《墨子·经上》篇说:"君,臣萌③通约也。"梁启超对此解释说,是"由于人民相约置君,君乃命臣。与西方近世民约说颇相类"④。从上述墨子关于国家领导层级体系的设置和运作机制来看,君相对于臣民来说,应该具有非常的约束力。所以,关于《墨子·经上》篇的这一条目的解释,应该还是按王讚源的解释较为合理,即君就是统治臣和民的人。⑤《说文》说:"约,缠束也。"⑥ 吴毓江说:"通,总也。约,约束也。""君者臣民总受其约束。"⑦ 值得注意的是,墨子这一条是关于"君"的定义,也就是要

---

① 周长耀:《孔墨思想之比较》,台北:商务印书馆1979年版,第184页。
② 张伟国:《尚同非极权》,《鹅湖》1980年第7期。
③ 萌:通"氓",民。
④ 梁启超:《墨经校释》,任继愈、李广星主编:《墨子大全》(第26册),北京:北京图书馆出版社2004年版,第278页。
⑤ 王讚源主编:《墨经正读》,上海:上海科学技术文献出版社2011年版,第29页。
⑥ [汉]許慎撰:《说文解字》,[宋]徐鉉校定,王宏源新勘,北京:社会科学文献出版社2006年版,第726页。
⑦ 吴毓江:《墨子校注》,民国三十二年排印,任继愈、李广星主编:《墨子大全》(第45册),北京:北京图书馆出版社2004年版,第368页。

揭示出"君"的本质属性，这样也就应该从整个国家治理的层面来谈"君"和臣民的关系。梁启超则是从"君"是如何产生出来的，也就是"君"的形成过程来做解释，显然不是非常合适的，而且，梁启超又用西方启蒙思想家的民约论来解释就更不恰当了。

墨子关于天子的具体选举产生过程，没有作出阐述，但是从其应有之义来看，应该是由前一代的贤人天子来选择，其实就是类似三代圣王尧、舜、禹之间的"禅让"制。唐尧和虞舜两人，他们不是把地位传给自己的儿子，而是传给了别的贤能之士。他们在位的时候，都能以百姓的利益为先，个人的私利为后，雍容大度，禅让帝位，开创了历史上一段太平安康的盛世。墨子对于三代圣王的禅让制是非常欣赏和认可的。当然，前一代的天子选择贤人来继任新的天子，其实只要真正地尚贤了，也就会和老百姓的意志相一致。但事实上往往难以保证，因为前一代的天子或者某些贤者一旦存有了私心，情况就会发生变化。如所周知，禅让制度在禹的儿子启之后，就实行不下去了，因为禹的儿子启击败了伯益，从此开始了家天下的世袭制，一直到墨子的时候，实行的都是世袭制。众所周知，家天下和世袭制在实行的过程中，并非都能尚贤，而是大多都不尚贤，所以，墨子提出唯贤是举、唯才是举的平等尚贤思想，反对儒家的"亲亲"做法，是非常具有深意的，墨子所提倡的尚贤和尚同思想就是要打破世袭制，实行禅让制，真正让尧、舜、禹这样的贤人能成为天子。不过，怎么才能打破这种世袭制和家天下，实行真正平等尚贤的禅让制度，如何避免出现启这样的情况，墨子没有给出具体方案。当然，墨子也提出了"法""令"等制度性的规定，但这些规定都主要属于具体的统治策略或者方法，没有直接讨论选举的法则和规则等方面的问题，也就是说，没有进一步探究如何才能确保禅让制持续运行的根本性问题。

关于国家确立之后，如何进行统治和管理的问题，墨子的观点显得比较"专制"。如梁启超所说：墨子的"尚同，尚即上字，意思是'上同于天子'，老实说，就是叫人民都跟着皇帝走，这种见地，和二千年后霍布士所说，真是不谋而合"[①]。严格说来，墨子尚同思想和霍布斯的观点有许多类似之处，但也有许多不同之处。霍布斯认为，统治者并非缔约一方，因此不受契约的影响，也无所谓违法的问题，其一切行为都是正义的。墨子则认为，所有层级的统治者都必须尚同于更上一级别的统治者，天子也需要尚同于天，也就是要按照兼爱的原则来办事。霍布斯还提出，立法、司法和行政等权力，都必须集中于统治者手中，而且人民一旦交出了权力，就不得收回，统治权一经契约建立，就永远不可转让。不过，霍布斯也认为，臣民服从统治者的义务也依赖于统治者能够保护他们的安全这一前提，如果统治者不能尽到这个职责时，臣民就可以解除服从统治者的义务，寻求新的统治者，其实也就是可以起来进行反抗。[②]墨子的尚同思想或者霍布斯的思想，从某程度上看，都存在权威制的偏向，这种思想在许多情况下也是存在合理性的。正如霍布斯所言，"权分则国分，国分则内乱必起。"[③]试想，如果在国家行政的过程中，不能上行下效，又如何能够实现国家安定、人民安居乐业呢？

因此，总体上说，墨子尚同论，从根本上还是关于如何对统治

[①] 梁启超：《墨子学案》，任继愈、李广星主编：《墨子大全》（第26册），北京：北京图书馆出版社2004年版，第72—73页。
[②] 《中国大百科全书（哲学）》，北京：中国大百科全书出版社1987年版，第326页。
[③] 同上书，第326页。

墨子

图2-5 洛克《政府论》

者的行政行为进行监督和控制，防止腐败和胡作非为，强调必须制定可靠的法律法规进行监督执行。西方启蒙思想家的政治思想，发展到了洛克（John Locke, 1632-1704），提出了三权分立的学说。

他说，立法权、执行权和对外权必须分属于不同的部门来掌管。同时，他认为，人民是最高的裁判官，如果政府侵犯了人民的自然权利，人民就拥有反抗政府的权利。[①]

卢梭更具体地说，国家有立法、行政和司法等权力的划分，但后两者从属于主权，即从属于立法权，所以立法权必须永远直接掌握在人民的手中。[②]

从当今西方主要"民主"国家看，"三权分立"制度确有其合理之处，其合理性主要体现在它在权力制衡中的作用。不过，这些所谓"民主"国家，也并非就非常完美，存在的问题也不少。比如，有些统治者就总想超越于权力之上来行政，在执政时并不能兑现他们在选举时所做出的各种承诺。同时，由于权力制衡的关系，有时统治者想做一些正确的事情，但是却又很难施行，因为总会有反对的力量来阻止事情的实际实施。

[①] 《中国大百科全书（哲学）》，北京：中国大百科全书出版社1987年版，第554页。
[②] 同上书，第508页。

第三讲　社会思想

面对当时的动乱社会，如何才能实现治理？儒家主张要"仁爱"，而墨子则主张要"兼爱"。儒家的仁爱虽然也是一种博爱，但却是有分别、有等级的，其核心是强调下对上的"孝"。可以预想，儒家的仁爱最终必然会导致爱自己的父母胜过爱别人的父母，爱自己的家庭胜过爱别人的家庭，爱自己的国家胜过爱别人的国家。由此造成的结果，就是国与国之间互相争斗，家与家之间互相攀比，人与人之间互相争夺。儒家的仁爱必然会进一步助长人的自私性，进而导致社会上大量乱象的发生。[1]

与儒家仁爱思想不同，墨子的兼爱思想强调爱人如己，人与人之间要平等相待，突出了爱的平等性和广泛性，从而开阔了仁爱思想的社会性和公共性。兼爱是墨子思想的最高核心概念，其他思想都是这一思想的具体表现或呈现。墨子非攻思想是其兼爱思想在如何处理国与国之间关系上的具体体现。墨子的兼爱思想主要体现在《墨子·兼爱》上、中、下三篇中，《墨子·法仪》《墨子·天志》等篇也

---

[1] 钱穆：《中国思想史》，北京：九州出版社2012年版，第12—21页。

墨子

有许多阐述,非攻思想主要体现在《墨子·非攻》上、中、下三篇中,《墨子·公输》《墨子·鲁问》《墨子·耕柱》等篇也多有记载。

一、兼爱

人应该幸福地生活着。这就需要有一个得到治理的社会。而在一个社会中,如果人与人之间不兼爱,即如果不是兼相爱、交相利,而是别相恶、互相憎恨,就会导致社会动乱,国家就会得不到治理,人民也就得不到安宁,这又何谈幸福呢?《墨子·兼爱上》篇说:"天下兼相爱则治,交相恶则乱。"国家社会是治还是乱的根本原因,就在于人与人之间是兼相爱(相互尊重、相互关爱)还是交相恶、交相非(相互憎恶、相互攻伐)。墨子的政治梦想就是要建立一个人与人之间"兼相爱,交相利"的理性社会,从而结束各种乱象,建立一个和谐的理想社会。

墨子认为,要实现天下大治,要治理好国家社会,就必须明白天下为什么会动乱。《墨子·兼爱上》篇说,就像医生要治好病人的病,必须首先弄清楚病人得病的原因是什么一样,统治者要想治理好天下,也首先必须清楚地认识到社会乱象的原因是什么。因此,认识清楚社会动乱的原因,是实现国家社会安定和谐的必要条件。

那么,天下动乱的原因究竟是什么呢?墨子认为,天下动乱的根本原因就是人与人之间不相爱、不兼爱。《墨子·兼爱上》篇指出,人类社会的种种乱象,都产生于人与人之间的不相爱,所以,要实现天下大治,无论国家还是社会都必须要兼相爱。墨子认为,通过提倡兼相爱、交相利,就能实现天下大治。《墨子·兼爱中》篇说,如果国家与国家之间、君与臣之间、父与子之间、兄弟之间，人与人之间，不分强弱、众寡、富贫、贵贱，都能平等地相亲相爱，那么社会就会安定，国家也就太平。

孙中山曾经将墨子作为世界第一平等博爱主义大家，与黄帝、华盛顿、卢梭并列在一起，作为古今中外四位伟大的思想家之一。墨子的兼爱思想，体现了一种大公无私、舍己为人、大爱无疆的高尚品格。用墨子的话说，兼爱就是"视人之国，若视其国；视人之家，若视其家；视人之身，若视其身"（《墨子·兼爱中》）。要人我平等、一视同仁、爱人若己、相互对待。《说文》解释"兼"的含义是"一手执二禾"，表示"平等"的意思。

老子强调思想自由，反对限制和秩序；孔子提出了仁爱的思想，但是以孔子为代表的儒家同时强调人与人之间严格的上下等级秩序，认为爱要符合礼的规定和限制，爱是有亲疏厚薄区别的，从而使人与人之间的关系陷入一种僵化的、严重不自由的失去个性自由的"异化"。墨学正是在批评儒家这样一种"亲亲有术""爱有差等"的严格化的上下等级制的基础上，提出了人与人之间，既要有下对上的"敬"，也要有上对下的"爱"，既可有上对下的"统治"或"治理"，也可以有下对上的"谏"和"议"，从而保证人与人之间的关系和谐与畅通，保证社会组织及国家的团队绩效和长治久安。[①]

据《墨子·耕柱》篇载，有一次墨子弟子巫马子对墨子说："我的思想与你不同，我不主张兼爱。我爱邹国人多于爱越国人，我爱鲁

[①] 参见杨武金：《必须重视墨学在当今社会建设中的重要作用》，载中国人民大学哲学院编、郝立新主编：《哲学家2013》，北京：人民出版社2014年版，第216页。

国人多于爱邹国人,我爱我乡里的人多于爱鲁国人,我爱我家里的人多于爱我乡里的人,我爱我父母亲多于爱我的家人,我爱我自己又多于爱我的父母亲。总之,离我自己关系越近的人我就越爱他,离自己关系越远的人就越不爱他。因为打在我身上我就觉得痛,打在别人身上我就不觉得痛,所以,我总是希望杀别人来有利于我,而不是杀我自己来有利于我。"墨子问道:"你愿意将你这样的话告诉别人吗?"巫马子说:"告诉别人又能怎么样?"墨子说:"如果你告诉别人,无论别人是否喜欢你,别人都希望杀掉你,你不就要惹来杀身之祸了吗?"这里,墨子运用了形式逻辑上的一个二难推理,指出若按照巫马子的极端利己主义来思考问题,则别人同样可以为了自己的利益而杀他,而如果各人都只是为了自己的利益和好恶而彼此相杀,岂不是天下大乱了?所以,要想实现天下大治,必须坚决提倡兼相爱,反对别相恶。

"兼爱"的"兼"具有整体、全部的意思。《墨子·经上》说:"体,分于兼也。""兼"与"体"不同,体是部分,兼是整体。"兼爱"就是"尽爱""俱爱""周爱"等,它是一种整体的爱、平等的爱,即是说人与人相爱,不能有人、己、亲、疏的区别。[1]在墨子看来,可以把"爱"推广到人的外延之全部。即可以爱每一个人。"爱人"的人是周延的(即涉及其全部),所以,"爱人"要"待周爱人而后为爱人"(《墨子·小取》)。这里,问题就出来了。人的数量是无穷的,你如何去爱这人世间无穷无尽的人呢?于是,有人提出责难:"南者有穷则可尽,无穷则不可尽。有穷无穷未可知,则可尽不可尽未可知。人之盈之否未可知,而必人之可尽不可尽亦未可

---

[1] 参见王讚源:《再论墨家的兼爱思想》,载《职大学报》2007年第1期,第1页。

第三讲　社会思想

图3-1　墨子与儒家弟子巫马子辩论。选自滕州市墨子纪念馆大型壁画《墨子圣迹图志》（1994年8月）

知。而必人之可尽爱也，悖。"(《墨子·经说下》)如果空间有穷，则人可以穷尽，如果空间无穷，则人不可以穷尽。以南方来说，南方如果是有穷的，那么就可以穷尽；南方如果是无穷的，那么就不可以穷尽。现在连南方是有穷的，还是无穷的，都还不知道，则南方是可以穷尽的，还是不可以穷尽的，也就不知道。人是否充盈于空间不知道，而必然地说人是可以尽数，还是不可以尽数，也不知道。在这种情况下，就必然地断言人是可以"尽爱"（兼爱）的，是荒谬的。墨子对此反驳道："人若不盈无穷，则人有穷也，尽有穷无难。盈无穷，则无穷尽也，尽有穷无难。"(《墨子·经说下》)如果人不充盈于无穷的空间，则人是有穷的。尽爱有穷的人没有困难。如果人充盈于无穷的空间，则有空间之处即有人，则对于无穷的空间，人也是能穷尽它的。所以，尽爱天下无穷的人也是没有困难。因此，《墨子·经下》说："无穷不害兼，说在盈否。"宇宙空间的无穷性不妨害兼爱，理由就在于人是否充盈了空间。墨子的兼爱具有广泛性、普遍性和全面性。

同时，墨子的爱又是有立场的。墨子不爱盗。《墨子·小取》中说："盗，人也。多盗，非多人也。无盗，非无人也。""盗，人也。爱盗，非爱人也。不爱盗，非不爱人也。杀盗人，非杀人也。"盗是人，但盗多不能说人就多。没有盗不能说就没有人。盗是人，但爱盗并非爱人，不爱盗也并非不爱人。杀盗并非杀人，即杀盗并不犯杀人罪。在墨子看来，"万事莫贵于义。"义或爱至上，凡违反爱或者义的行为，都是该谴责的，自然也就不在爱的范围之内，相反，对于这些不仁不义的思想或行为，都必须去除掉。所以，墨子说："仁人之所以为事者，必兴天下之义，除去天下之害，以此为事者也。"(《墨子·兼爱中》)"仁人之事者,必务求兴天下之利,除天下之害。"(《墨子·兼爱下》)在墨子看来,去害才能为利,除暴才能安良,体现出了墨子爱憎分明的思想。

墨子强调,爱一定要和利相结合。儒家认为义和利是对立的。孔子说:"君子喻于义,小人喻于利。"(《论语·里仁》)孟子说:"何必曰利。"《孟子·梁惠王上》把利看成是与义务和爱相冲突的东西。墨子则强调义和利是一致的、统一的。《墨子·经上》说:"义,利也。"利是义即爱的基础,爱或义必须建立在利即物质利益原则的基础上,强在人与人的交往之中不能损益利己。墨子的思想反映了中下层民众助人为乐的思想,即有力以助人,有才要分人,各尽所能、扶危济困、兼爱互助的思想。

在墨子看来,兼爱虽然是一种理想,但它又是可行的,能够实现的。当时社会上有人曾经对兼爱学说的可行性提出怀疑,认为兼爱不可行、难行。墨子对此作了驳斥。《墨子·兼爱中》篇记载:当时有人认为是天底下最难实行的事情。墨子对此指出,这些人不知道兼爱的好处,也不明白兼爱为什么可以实行的理由。在墨子看来,攻城野战,杀身为名,这些才是人们最难做的事情,但只要统治者想做,老百姓都能够跟从去做。况且兼爱与此大不同,因为"爱人者,人必从而爱之;利人者,人必从而利之;恶人者,人必从而恶之;害人者,人必从而害之。"(《墨子·兼爱中》)兼爱是人人都容易做、愿意做的事情。关键是统治者能不能把兼爱作为根本的政治理念来提倡,老百姓能不能对兼爱加以实行的问题。

墨子举了三个例子来加以说明。一个是晋文公喜欢士人穿着简陋,所以,文公臣下穿羊皮衣,戴粗布帽,进宫见君,出列朝廷。一个是楚灵王喜欢士人细腰，所以，灵王臣下每天吃一顿饭，大口呼气，系紧腰带，扶墙才能站起来，一年后朝臣脸色黑中透黄。还有一个是越王勾践喜欢士人勇敢，教训臣下，焚烧宫船，燃起大火，考验军士说："越国之宝尽在此！"越王勾践亲自擂鼓，激励军士前进，军士听到鼓音，不怕牺牲，争先恐后，跳进大火，烧死一百多人，越王勾践才鸣金收兵。墨子总结说：士人为了迎合晋文公的喜好而穿破衣，为了灵王喜好而饿肚子，为了越王高兴而舍弃性命跳火坑，这些都是难为之事，但因为国君喜好而众人都能办到，况且兼相爱交相利却跟这不同，即爱人者人必从而爱之，利人者人必从而利之，这有什么难以做到的呢？关键是统治者没有作为政策推行，士人也没有付诸行动罢了。

有人曾经说，兼爱的推行就像举起泰山、越过黄河济水一样的难事。墨子对此反驳说，这二者之间根本就不存在可比性，也就是说，举起泰山、越过黄河济水，这是尽了古今的人力，也没有谁能够实现过，而兼相爱交相利则与此不同，因为古代圣王曾经实现过。比如大禹治水、周文王治理西土、周武王拯救夏商百姓，都是兼爱的体现。在墨子看来，实现兼爱的最重要之处就在于领导者重视、推广与广大人民群众的实践，甚至是每一个人的实际行动。

实行兼爱还在于上位者对下位者的爱。《墨子·鲁问》篇载：墨子弟子曹公子在宋国做官三年后来见墨子说，当初很穷的时候没有什么祭祀鬼神自己各方面都很好，可现在自己有钱了也经常祭祀鬼神却各方面都不好，那学习兼爱之道有什么用呢？墨子回答说："不然。夫鬼神之所欲于人者多；欲人之处高爵禄，则以让贤也；多财，则以分贫也。"认为鬼神希望人做的事是多方面的：希望人处在高爵地位上的时候，能够让贤；财产多的时候，能够赡济穷人。[①]兼爱在现实中难以实行的真正原因在于身处高位者不能兼爱地位低下的人。

爱不是单方面的，每个人都有爱和被爱的权利，同时也有爱的义务。墨子特别强调自己先爱人，然后，人从而爱之，爱是一种主动的、自主的行为，这一观点为无私之爱开启了端口。墨子说："必吾先从事乎爱利人之亲，然后人报我以爱利吾亲也。"（《墨子·兼爱下》）我先爱别人，然后这种爱又会以各种不同的形式回报于我。在墨子看来，如果每一个人都按照兼爱原则来行事，都能主动地付出一点爱，则和谐社会不难到来。墨家学者为实现自己学派的"兼爱"理想，亲自作为、死而后已。正如《庄子·天下》篇里所说的：墨子"其生也勤，其死也薄"。"使人忧，使人悲，其行难为也。"墨子身体力行，为后人实践、实现兼爱社会树立了良好的典范。

当代新儒家人物蔡仁厚，主张墨子的兼爱是一种绝对利他的思想，这其实是对墨子兼爱观点的误解。蔡仁厚说："墨家这种绝对利他的思想，当它真正被实现时，个人便没有地位了。从好处说，个人已被融化在整个公共社会中，与社会合而为一，所以只顾社会，不顾个人。从坏处说，便表示个人已被吞没于社会，个体的价值不再被肯定，被尊重了。"[②] "墨家那些观念，……一旦付诸实行，则人世间势必成为蜂蚁世界，人亦将成为只为生活而存在的经济动物。"[③]蔡氏

[①] 参见杨武金：《墨家兼爱思想及其可行性的逻辑分析》，载中国人民大学哲学院编、郝立新主编：《哲学家2012》，北京：人民出版社2013年版，第333页。
[②] 蔡仁厚：《墨家哲学》，台中：东大图书公司1978年版，第72页。
[③] 同上书，第93页。

的上述看法完全是从某种形式的利己主义出发来考虑问题的,是不符合墨子观点的。《墨子·大取》篇说:"爱人不外己,己在所爱之中。己在所爱,爱加于己。伦列之爱己,爱人也。"在墨子看来,爱人并不把自己排除在外,自己也在所爱的人之中。自己既在所爱的人之中,所以爱也施加到了自己。有差别地爱自己,也就是爱人。

二、非攻

墨子的兼爱思想表现在处理国与国之间的关系上就是其非攻思想。在墨子看来,兼爱就是义,就是不要做任何不仁不义的事情,而侵略战争就是一种不义行为,违反了兼爱的基本原则,所以,提倡兼爱当然也就要非攻,即反对侵略战争,反对一切非正义的战争。墨子认为,统治者往往在小的事情上知道是非,而在大的事情上就不知道了,即知小不知大。

《墨子·非攻上》篇说,现在有一个人,进入别人的果园,偷那里的桃子和李子,人们听说后都会谴责他,而在当政的长官抓住他,就会处罚他。这是为什么呢?因为他损人利己。至于偷盗别人的狗、猪、鸡等家畜,他的不义又超过进入别人的果园偷窃桃子和李子。这是为什么呢?因为他损害别人的程度更甚,他的不仁不义更加严重,罪过也就更大。至于进入别人的牲口棚,牵走别人的牛和马,其不仁不义又超过偷窃别人的狗、猪和鸡。这是为什么呢?因为他损害别人的程度更严重,其不仁不义也就更加严重,罪过也就更大。至于妄杀无辜,抢夺其衣裘,夺取其戈剑,他的不仁不义,又超过进入别人牲口棚牵走牛和马。这是为什么呢?因为他损害别人的程度更甚,其不仁不义也就更严重，罪过就更大。对此，天下的君子都懂得谴责他们，认为这样做是不仁不义的。现在有人大行不义，攻打别人的国家，人们不仅不懂得去谴责他，反而跟着去加以赞美，称之为义举，这难道是懂得义与不义之间的区别吗？

《墨子·非攻上》指出：如果杀死一个人，则被认为是不义的，必定构成一条死罪了。如果依照这道理类推下去，那么杀死十个人，就是十倍的不义，必定构成十倍的死罪；杀死一百个人，就是百倍的不义，必定构成百重死罪。对此，天下的君子都懂得谴责他们，认为这样做是不义的。现在有人大行不义，去攻打别人的国家，人们却不知道去谴责他，反而跟着去赞美他，称之为义举，这实在是不懂得他的不义了。而且还要记下他的话，传给后代。如果知道这是不对的，那为什么还要记下这些不义的事情，流传于后世呢？在墨子看来，发动侵略战争，和小的盗窃行为一样，都属于不义行为，而且其不义远远超过小的盗窃行为。

《墨子·非攻中》篇指出，凡起兵出征，要么在春天要么在秋天。因为要是在冬天行军则怕寒冷，夏天行军则又怕暑热，所以用兵是不适合在冬天和夏天来做的。那么，春天出兵则影响人民耕种，秋天出兵则影响人民收获。现在荒废一个季节，所造成百姓挨饿受冻而死的，就多得无法计算。试计算一下军队出征的时候，所用的竹箭羽旄、帷幄帐幕、铠甲盾牌刀把等，发出去以后因为用得破烂不堪，不能收回来的，可以说是多得无法统计；还有矛戟戈剑和兵车，发出去之后碎折破烂而不能收回的，也同样多得无法统计；牛马出征时都很肥壮，返回时却都很瘦瘠，出去之后死而不再返回的，也同样多得无法统计；还有因为战争时道路遥远，粮食补给断绝而无法补充，百姓

墨子

因此饿死的，也同样多得无法统计；还有，因为战争时居住不得安宁，饮食不能按时，饥饱没有节度，百姓在途中生病而死亡的，同样也多得无法统计。阵亡的将士多得无法统计，全军覆没的也无法统计，那么鬼神丧失了祭祀它们的主人和后人，同样也多得无法统计。总之，在墨子看来，发动战争一般不可能在冬天或者夏天，而是要选择春天或者秋天，但如果在春天发动战争则会耽误百姓耕稼树艺，如果在秋天发动战争则会影响百姓收获劳动果实，而只要耽误一个农时，则百姓饥寒冻饿而死者就会无数。

《墨子·非攻下》篇指出，侵略者侵入别的国家的边境，割掉其庄稼，斩断和砍伐其树木，摧毁其城郭，用以填塞沟池，抢夺其牲口，烧毁其祖庙，屠杀其万民，残害其老弱，搬走其宝物重器，急进而鏖战。而且还布告说："死于君命的为上，多杀敌人的次之，身体受伤的为下，至于落伍败退的，则罪杀无赦！"侵略者用这样的话来威胁兵士，兼并他国，覆灭敌军，残害和虐待其万民，以破坏圣人的功业。侵略者这种行为难道会有利于天吗？事实上，他们夺取了上天的人民，攻占了上天的城邑，这其实是在屠杀上天的人民，毁坏神的灵位，倾覆宗庙社稷，夺取其祭品，这绝对是不符合上天的利益的。侵略者的这种行为难道会有利于鬼神吗？他们屠杀上天的人民，毁灭了鬼神的祭主，废掉了先王的祭祀，残害虐待万民，使百姓离散，这绝对不符合鬼神的利益。侵略者这种行为难道会有利于人民吗？他们杀戮上天的人，说是利人，这利也太微薄了点吧。再计算一下侵略者所消耗的钱财，原本都是人民用来周济生活的资本，因此，侵略者消耗天下百姓的财物从根本上是无法计算的。所以说，侵略者的行为完全不符合人民的利益。总之，在墨子看来，侵略者作为发动攻伐战争的一方，对自己来说，荒废农事、损兵折将，对他人来说，则被"入其国家边境，芟刈其禾稼，斩其树木""杀其万民，覆其老弱"，遭到灭顶之灾，因此，必须主张"非攻"。

发动侵略战争得不偿失。《墨子·非攻中》篇指出，计算一下攻伐者自己的所谓胜利，并没有什么可用的；他所得到的，反而不如损失的多。比如，如果攻打一个三里方圆的城、七里方圆的郭，如果不动用精锐的部队，并且不死人就能轻松地得手，这是不可能的事情。其中，被杀死的人，多者必定数以万计，少者也必定数以千计，才可以夺得一个三里方圆的城、七里方圆的郭。现在，有兵车万乘的大国，小的城邑就有上千，住都住不过来，而且有广延万里的土地，也开辟不过来。可见，对侵略者来说，其土地是有余的，而人民却是不足的。现在侵略者却把不足的士民全部驱赶去战死，加重了全国上下的灾难，而去争夺空虚的城邑，这就丢掉了自己本来就缺乏的，而增加自身本来就多余的。这样的施政，并不是治理国家的根本任务。在墨子看来，杀人一万，自损三千，攻伐战争得不偿失。而且，齐、晋、楚、越诸大国攻伐小国，本来是人口不足而土地有余，现在却去争地以战，这是"亏不足（人口）而重有余（土地）"的愚蠢决策，是寡人之道，不是一个国家应该干的事情。总之，攻伐战争是不兼爱的重要表现，是建构和谐社会、和谐世界所必须清除的人类陋习。

不过，墨子"非攻"，主要反对的是攻伐战争或侵略战争，并非反对一切意义上的战争。从根本上来说，墨子对于正义战争并不反对，而是赞成和支持的。墨子赞成和支持的正义战争主要包括两类：

第一类是"诛"杀不义之统治者的战争。墨子赞成诛杀不义之君。墨子认为，桀、纣、幽、厉等，都属于不义的统治者，诛杀他们是完全应该的。《墨子·非攻下》篇记载，一些喜好攻伐的国君，通过粉饰他们的主张，用以非难墨子说："你墨子既然认为攻伐之战是不义的，我看那不是有利的事情吗？从前大禹征讨有苗，商汤讨伐夏桀，周武王讨伐商纣，从而都立为圣王，这是为什么呢？"墨子回应说："你并没有搞清楚我说话的类别，也不明白我论证的理由。因为他们的讨伐，并不叫作'攻伐'，而应该叫作'诛灭'。"墨子认为，大禹征伐有苗，商汤征伐夏桀，周武王讨伐商纣等战争，都是正义之战。对于这种战争不能叫"攻伐"，而应该叫"诛灭"，因为它们属于正义战争。

第二类是抵抗侵略的防御战争。在墨子看来，大国或强国攻伐掠夺小国或弱国的战争是不义之战，而小国或弱国抵御大国或强国入侵的战争则属于正义的战争。《墨子·非攻下》篇说，天下处于攻伐战争的时代已经很久了，就像小孩把竹竿当作马来骑一样，无用且徒劳。当今之世，如果有能先以信义相交而利于天下诸侯的，对大国的不义，就共同为之担忧；对大国攻打小国，就共同救助它；小国的城郭不完整，必须帮它修整好，布匹粮食之绝，就输送给它；货币不足，就提供给它。以此与大国较量，小国之君就会高兴。别人劳累而自己安逸，那么自己的兵力就会强大。政策宽厚又仁惠，以从容来取代急迫，则民心归附。改变攻伐政策来治理自己的国家，功效就必定加倍。计算自己兴师的费用，以之安抚诸侯的困乏，将一定能够获得很多利益。以公正来督促别人，以仁义为名，必然能够宽待自己的民众，取信于自己的军队，以此援助诸侯的军队，就可以无敌于天下。这样做，对天下的好处也就数不清了。墨子反对恃强凌弱，反对大国

第三讲　社会思想

攻伐小国，提倡帮助小国或弱国，主张非攻救守，属于主动的侠义的正义的举动。

大约在公元前440年，楚国在公输般的帮助下，通过制造云梯等军事器械，即将攻打宋国。墨子知道了这个消息，行了十日十夜，来到楚国的首都郢，分别与公输般和楚王进行论战，终于用自己的辩论才能和事先准备好的军事实力，迫使楚王放弃了攻打宋国的计划，从而阻止了一场即将付诸行动的不义之战。

墨子是如何与公输般、楚王进行论战的呢？其实，墨子是用逻辑的方法来取胜的。公输般看到墨子来了，老朋友相见，马上就问"夫子何命焉为？"先生有何见教呢？墨子就说："北方有侮臣者①，愿借子杀之！"墨子说是北方有人欺负自己，想让老朋友公输般帮助自己去把他给杀了。公输般于是说："我这个人向来都讲义气，怎么能杀人呢？！"墨子说："吾从北方闻子为梯，将以攻宋。宋何罪之有？荆国有余于地，而不足于民。杀所不足，而争所有余，不可谓智；宋无罪而攻之，不可谓仁；知而不争，不可为忠；争而不得，不可谓强；义不杀少而杀众，不可谓知类。"墨子说自己在北方就听说你公输般造了云梯，准备用来攻打宋国，但是宋国有什么罪过呢？楚国土地多得有余而人口却不足，非要牺牲自己本来就不足的人口，去争夺那本来就已经富足的土地，这不能说是聪明啊，而且宋国并没有罪过，你却去攻打它，这不能说是仁义，如果你懂得这些道理而不争谏，则不能说你是忠心的；如果你去争谏了而不能制止，则也不能说你是强大的；那么，根据你所讲的道义而不杀个别的人，却要去杀宋

---

① 者：《道藏》本无此字，据俞樾校增。

墨子

国众多的人,这不能说你公输般懂得推论的道理。墨子这一推理论证,使得公输般不得不服。所以,墨子在这里将对方所不赞同的观点和对方所赞同的观点作对照,从而使对方最终陷入自相矛盾的泥潭中而不能自拔,最终战胜对方。

接下来,墨子还应用了同样的方法和楚王开展辩论。"子墨子见王,曰:今有人于此,舍其文轩,邻有敝舆,而欲窃之;舍其锦绣①,邻有短褐,而欲窃之;舍其梁肉,邻有糠糟,而欲窃之。此为何若人?"墨子见到楚王后说道,现在有这么一个人,舍弃自己华美的彩车,而邻居拥有一辆破车却想去偷;舍弃自己的锦绣衣裳,而邻人有粗布袢子却想去偷;舍弃自己香甜的食品,而邻居有糟糠却想去偷。请问这是什么样的人呢?楚王回答说:"必为窃疾矣。"这一定是犯了盗窃病的人。于是,墨子马上以此为比喻对象,直接类推到正在进行论证活动中的主体楚王,即你楚王本人就是这样,"荆之地,方五千里,宋之地,方五百里②,此犹文轩之与敝舆也。"楚国的土地方圆五千里,宋国的土地方圆才五百里,这就像彩车之于破车一样。这一论战下来,墨子所进行的推理,已经要求楚王必须同类相推,因此他必须做出自己是窃贼这样一个对自己非常不利的结论,否则他在逻辑上就会完全站不住脚了。墨子最后得出结论说:"臣以三事③之攻宋也,为与此同类,臣见大王之必伤义而不得④。"墨子认为,大王的

---

① 邻有敝舆,而欲窃之;舍其锦绣:《道藏》本无此十二字,据毕沅校增。
② 宋之地,方五百里:《道藏》本无此七字,据毕沅校增。
③ 三事:周代大臣,一般指司徒、司马、司空。墨子不好直接指责楚王,所以委婉地说是大臣之谋。
④ 臣见大王之必伤义而不得:《道藏》本无此十一字,据毕沅校增。

第三讲 社会思想

图 3-2 墨子救宋

墨子

大臣们主张攻打宋国，正是与上述所犯盗窃罪的行为类似，所以，完全可以预测大王必然会有伤大义而得不到任何好处。最终，墨子通过论辩活动，逼迫楚王不得不说："善哉。虽然，公输般为我为云梯，必取宋。"

这里，墨子应用和公输般论辩时同样的论辩方法，让楚王自己承认自己犯错，自己承认辩论失败，从而逼迫楚王和公输般不得不用实力来较量，这个时候墨子就只能硬碰硬了："公输般九设攻城之机变，子墨子九距①之。公输般之攻械尽，子墨子之守圉②有余。"到了这个时候，就得凭借实力了，实际上就是比试战略、策略与技术。墨子通过实力的较量，使得公输般"诎"，即无奈。这时，公输般不得不拿出最后一招："吾知所以距子矣，吾不言。"我公输般知道怎么对付你墨子了，但不想说出来。墨子也说："吾知子之所以距我，吾不言。"我墨子也明确地知道你公输般想要怎么样来对付我，但我也不想说出来。这个时候，楚王倒是被弄糊涂了。其实，公输般就是想把墨子给直接杀掉，而墨子也早就做好了充分准备。在这最后一轮对话中，墨子使用了什么样的逻辑呢？其实就是用以子之矛攻子之盾的方法："我也知道怎么战胜你，但我也不想说。"既然你公输般可以这么说话，那么我墨子为什么就不可以这么说话呢？

墨子认为，好战者必亡。《墨子·非攻中》篇记载，为攻伐战争辩解的人说："那些发动攻伐战争而失败的人都是因为不能召集

---

① 距：通"拒"。下同。
② 圉：御。

动用自己的军队，所以最后灭亡了。我和他们不同，我能够召集我们的军队，凭借这支力量去攻打天下，谁敢不服从我呢？"墨子对此指出："你虽然能够召集动用你的军队，但你哪里能够与过去的吴王阖闾相比呢？"古时候的吴王阖闾，训练军队七年，能够身披铠甲，手持兵器，奔袭三百里才停下来驻营休息。在攻打楚国的时候，驻扎在注林这个地方，通过冥隘的要道，与楚国在柏举交战，攻入楚国的都城，并迫使宋国和鲁国前来朝拜。到夫差即位的时候，吴国向北攻打齐国，扎营在汶上，与齐国在艾陵交战，大败齐军，迫使齐人退守泰山；向东攻打越国，渡过三江五湖，迫使越人退守会稽山，东方各国没有不降服的。而自从那里撤军之后，夫差不能优恤阵亡将士的遗孤，不能施舍给广大民众，自恃其武力，夸耀自己的战功，吹嘘自己的聪明，放松对军队的训练。于是，建起姑苏台，历时七年而尚未造成。到这个时候，吴国人就出现了涣散厌倦的情绪。越王勾践看到吴国上下不能团结，于是集合他的军队来复仇。攻入北郭，拖走吴王的大船，包围王宫，吴国因此而灭亡。从前晋国有六卿为将军，以智伯最为强大，他考虑到自己疆域的博大，人口的众多，就想以此来抗拒诸侯，以神速的攻战来成就英名，所以按照等级来组织战士，排列开众多的战船，去攻打中行氏，并侵占其土地，以为其谋略已经足够了，又去攻打范氏，将范氏打得大败。将三家合并为一家后，还不肯罢休，又包围晋阳赵襄子。到这个时候，连韩氏、魏氏也互相商议道："古代有句名言说，嘴唇如果没有了，牙齿就要受寒。赵氏如果早上灭亡，我们晚上就会跟着灭亡；赵氏如果晚上灭亡，我们早上就会跟着灭亡。"《诗经》上说："鱼儿在水里不快快游走，等到失水后处于陆地，后悔还来得及吗?"于是,赵、魏、韩三家的君主,齐心协力沟通城关,开辟道路,提供装备,征发军队,韩氏、魏氏从外边进攻,赵氏则从里边接应,攻打智伯,最终把智伯打得落落大败。

总之,墨子认为,发动侵略战争得不偿失,好战者最终必然走向灭亡。战争最后的胜利者必然属于正义的一方,必将属于人民。

第四讲　经济思想

在经济方面,墨子强调节约节用,主张既要开源,更要节流,这些思想是当代社会可持续发展的重要参考。《史记·孟子荀卿列传》中说:"墨子善守御,为节用。"节用是墨子思想中的重要论题,是墨子关于如何更好地来处理人与物之间的关系的基本学说主张。墨子的节用思想学说,包括节用、节葬等,都强调要厉行节约,过最简单、最简朴的生活,其最终目的从根本上就是为了满足广大人民群众的物质生活需要。墨子的这些思想,至今具有重要的现实意义和理论价值,值得我们认真思考和努力实践。墨子的节用思想,主要体现在《墨子·节用》上和中、《墨子·节葬》下、《墨子·辞过》和《墨子·七患》等篇中。

一、节用

首先,墨子是一个十分节俭和吃苦耐劳的人。墨子特别推崇传说中原始社会末期部落联盟的领袖人物夏禹。墨子称赞夏禹亲自拿着土筐、木锹,去疏通江河,治理洪水,奔波劳累,结果造成了股

墨子

图 4-1 墨子及其弟子日夜不休，以自苦为极。选自张若宽《墨子圣迹》国画作品集

上没有肉，腿上没有毛，为了天下百姓的利益和好处而不辞辛劳。《庄子·天下》篇说道：墨家学派的人物多是"以裘褐为衣，以跂蹻为服，日夜不休，以自苦为极"。墨子的弟子们都是用粗布做衣服，穿着木鞋或麻鞋，白天夜晚劳作不休，把吃苦耐劳当作最高准则。他们说："不能如此，非禹之道也，不足谓墨。"如果做不到这

90

第四讲　经济思想

样就不符合夏禹的主张，就不会把他们称作墨者。①

《墨子·鲁问》篇记载说，墨家弟子穿的都是"短褐之衣"（粗布做的短衣），吃的都是"藜藿之羹"（粗劣的饭食），而且"朝得之，则夕弗得。"墨子和他的弟子们，言行一致，以身戴行，用他们的实际行动和行为践履着自己的思想主张。②《墨子·公输》篇记载，"子墨子归，过宋，天雨，庇其闾③中，守闾者不内④也"。墨子通过与公输般和楚王展开论战，取得了绝对性胜利并确定楚国不敢再来侵犯宋国之后，在从楚国返回路过宋国的途中，正好遇到天下大雨，于是想在宋国一个村子的大门内住一宿，但守门的人却不让他进入。墨子止楚攻宋，为宋国人民的和平与安宁做出了巨大贡献，却不被宋国的守门人接纳，这纯粹是一种发扬自我牺牲精神的结果。

墨子一生都提倡勤俭节约，反对奢侈浪费。如前所述，墨子认为，一个国家要长治久安，必须要强本节用。强本从根本上就是要发展生产，重视对物质财富的生产。节用就是要注意消费，即提倡适度消费，反对浪费。这也就是说，要求生产和消费必须构成适当的比例，对社会需求和供给要有一个宏观上的调控。在墨子看来，适度消费其实也就是要以人的实际需要为限度，超出这个限度就是奢侈浪费。《墨子·节用中》篇说，凡事只要能足够供给老百姓的用度就要适可而止了，各种徒增的费用，对老百姓不能带来什么好处的事情，圣王从来都不会去做。在墨子看来，物质生产必须以满足普通老百姓

---

① 参见王世舜注译：《庄子注译》，济南：齐鲁书社2009年版，第478页。
② 杨武金：《墨学之荣与衰》，《职大学报》2018年第3期。
③ 闾：指村子的大门。
④ 内：同"纳"。

的基本物质生活为根本,凡是增加费用但却不会给老百姓带来实际利益的事情都不要做、不能做。这里,墨子所说的"节用"有两个关键之处:一是"民用",也就是普通老百姓必须的生活需要;二是"足以",也就是对老百姓的生活需要必须得到满足。除此之外,统治者想要造事而给老百姓增加负担和费用的事情都必须去除掉。

墨子认为,节用是实现国家财富增长,实现老百姓安居乐业、对人民有重大好处的根本性办法。《墨子·节用上》篇说,如果圣人在一个国家施政,这个国家的财富就可以加倍增长,要是圣人施政于整个天下,则天下的财富就可以加倍。其财富的加倍,并不是因为向外夺取土地,而是根据国家的实际情况省去那些无用的花费,就足以加倍。圣人施政,其发布命令、兴办事业,使用民力和财物,没有不是为了增加实用才去做的,所以,他们使用财物不浪费,民众有所得而且不劳苦,其所带来的利益就多了。墨子认为,统治者无论做什么事情,一定要能够增加收益而且实用,不要随便浪费多余的人力、财力和物力。具体来说,对物的使用必须增加它的用度,不要随意浪费,必须去掉其无用的花销。而且国家要实现财富倍增的计划,不是依靠侵略他国,而是必须通过减少所有那些浪费来实现,即凡是发令兴事、使民用财,都必须要能够增加实际用途而为。

墨子把节用看作是与物质生产同样重要,而且是制约物质生产的重要因素。《墨子·七患》篇说,粮食不可不努力生产,土地不可不努力耕种,用度不可不尽量节省。墨子把节用看成是和生产同样重要的部分,"用"是和物质生产密不可分的消费,"节用"就是要适度消费,节约用度。在墨子看来,能否节用,这是关系到一个国家的生死存亡的大事情。

《墨子·辞过》篇说：衣、食、住、行、性，"凡此五者，圣人之所俭节也，小人之所淫佚也。俭节则昌，淫佚则亡，此五者不可不节。夫妇节而天地和，风雨节而五谷孰①，衣服节而肌肤和。"以上这五个方面，都是圣人经常注意节俭的地方，也是小人容易淫佚放荡的地方。节俭就能昌盛，淫佚就会灭亡。所以，在这五个方面，人人都必须要有所节制。夫妻之间有节制，天地阴阳之气自然和顺，风雨有节候五谷自然就能得到丰收，穿衣能调节身体也就自然舒适了。墨子在这里所说的"节"是一个哲学概念，相当于"适度"。通常说，做事要"有理、有利、有节"，"节"就是"适度"。"节"又是普遍原则，人们在生活消费中必须要做到"适度"，要节用。在墨子看来，统治者必须要在衣、食、住、行、性等各个方面都做到节用。"俭节则昌，淫佚则亡"，做好在衣、食、住、行、性等基本物质生活方面的节俭节用，是一个国家能够实现长治久安的关键所在。墨子把能否坚持节用原则，提到了一个国家能否实现科学治理的高度。

墨子认为，粮食、兵力和城池，是一个国家必须具备的三种重要防备。《七患》篇中说，夏桀因为没有做好对待商汤的防备，因此被流放；商纣王因为没有做好对待周武王的防备，所以最终为周武王所灭。夏桀和商纣贵为天子，富有天下，然而却被方圆仅仅百里的小国的君主所灭亡，这是什么原因呢？因为他们虽然富贵了，但却不作防备。就后来的历史发展来说，情况也大致如此。比如宋朝，科技发达，经济发展，文化繁荣，但由于未能做好针对来自北方的各种侵略的防备，一败再败，而终于亡国。所以，防备是一个国家最为重要的

---

① 孰：同"熟"。

大事情。粮食是一个国家的宝贝，武器则是保卫一个国家的爪牙，城池是用来自我防御的，这三者都是治国的工具。墨子认为，做好防备是一个国家最为重要的大事，其中做好粮食防备则又是一个国家最为根本的大事情。我们今天都很清楚地认识到，打仗、战争，最重要的就在于做好后勤保障。战争最终取胜的一方，往往都是在后勤上得到保障的一方。

在墨子看来，节用不是来虚的，而是必须实实在在地表现在人们的日常生活当中，即在人们日常的衣、食、住、行、性等各个方面，都必须做到节俭、节约、节用，过简朴生活。

墨子认为，在穿衣服上，只要能够"适身体，和肌肤而足矣"，只要身体感到舒适，肌肤觉得暖和就足够了。在饮食上，只要能够"足以增气充虚，强体适腹而已矣"，只要能够增加和补充元气、增强体力，能强壮身体吃饱肚子就足够了。在建造房屋方面，只要能够"高足以避润湿，边足以御风寒，上足以待雪霜雨露，宫墙之高足以别男女之礼。谨此则止"。在造舟车方面，只要能够"完固轻利，任重致远"（《墨子·辞过》），即能够完整坚固、轻捷便利，可以运载重物到达想要到达的地方就可以了。

《墨子·节用中》篇说，在人类刚刚出现还没有房屋的时候，都是依傍着山丘挖洞穴居住而已。圣王对此深为忧虑，认为挖洞穴居住虽然说冬天可以避风寒，但是在夏天，由于地下潮湿，上面暑热熏蒸，恐怕会损害人们的健康，于是提倡建造房屋以使居住条件得到改善。那么，建造房屋的标准将会如何呢？墨子指出：房子的四周可以抵御风寒，屋顶可以承受雪霜雨露，室内清洁，可以祭祀，房间的垣壁足以分隔男女，使之有别就足够了，各种增加费用而不增加对老百

第四讲 经济思想

姓好处的事情，圣王是从来不会做的。古代圣王制定出节约用度的法规说：所有天下各行各业的工匠，比如制造车轮的、烧制陶器的、冶炼金属的、做木匠的，让他们各自从事其所专长的技艺。又说：凡事只要足够供给老百姓的用度就要适可而止了，各种徒增费用，对老百姓不能带来好处的事情，圣王是不会做的。古代的圣王制定出饮食的法规：只要能够增加和补充元气，强壮四肢，使得耳聪目明，就要适可而止了，不片面追求各种美味的烹调和气味芳香的食品，不罗致远方的珍稀怪异之物品。为什么这么说呢？古时候尧治理天下的时候，南边安抚交阯，北边接近幽都，东西边到达太阳升起和落下的地方，没有不归服的。至于他自身的最高享受呢，粮食不会同时吃两种，肉和汤不同时吃两样，盛饭用陶盆，喝水用瓦器，用木勺子斟酒喝。俯仰周旋等威仪而繁琐的礼节，圣王是不做的。古时候圣王制定出缝制衣服的法规说：冬天穿深色的衣服，因为这样既轻便又暖和，夏天穿葛布做的衣裳，因为这样既凉快又爽朗。古时候因为有凶猛的禽兽伤害老百姓，圣人于是就教导人民带着兵器走路，平日里就带着剑，用剑就能刺入野兽的躯体，挥剑就能砍断，向旁边劈也不会折断，这就是剑的好处。用铠甲做戎装，既轻便，活动的时候能屈伸自如，这就是铠甲的好处。车是用来运载重物到达远的地方，乘坐在车上很安稳，拉车的时候很便利，因为安稳就不会损伤人，而便利就可以迅速到达，这就是车的好处。古时候的圣王，因为大河宽谷不能渡过，于是就制造船只，但只要能够行驶就足够了。所以，有时虽然是上司三公、诸侯来了，船桨也不更换，摆渡的船工也不用打扮，这就是船的好处。在墨子看来，房子的根本作用无非就是为了人们避风寒的需要，饮食无非就是为了充虚继气的需要，穿衣服无非就是为了冬暖夏凉而已，乘舟车无非就是为了能够安全及时到达，这样就可以做到无论人力还是财力都不浪费，生产不会被耽误，老百姓也就不会增加负担，这样人民群众就能过上安居乐业的生活。①

当然，墨子提出节用的主张，是有其历史背景的。具体地，春秋战国时期，当时生产力水平还非常低下，社会总供给还远远不能满足社会总需求。而且墨子发现，当时的社会现实就是："天下为政者""其籍敛厚，民财不足，冻饿死者不可胜数也。"(《墨子·节用上》)但是天下为政的人，他们却要征收很重的税赋，因此老百姓的财用通常都不足够，因此而冻饿死的人，不计其数。可以说，当时的老百姓都生活在水深火热之中，饥寒交迫、困苦不堪，但王公大人呢，却奢侈浪费成性，形成了鲜明的对比。在这样的情况下，墨子提出节用的主张，对于当时实现有效的调控社会总需求与总供给之间的平衡关系是非常必要且十分重要的。

同时，墨子的节用思想主要是一种以民用、民利为标准或参照的消费经济观，它体现了以民为本的人文精神和人文情怀，是墨子留给后代人的宝贵财富。司马谈曾经在《论六家要旨》中说：墨子"强本节用，不可废也"，"强本节用，则人给家足之道也，此墨子之所长，虽百家弗能废也。"对墨子加强农业生产和提倡节约节用的思想给予了充分的肯定，认为这是墨家的长处，是其他各家都无法否定的真理。②

---

① 杨武金：《墨家的政治哲学》，《职大学报》2013年第5期。
② 孙中原：《墨学通论》，沈阳：辽宁教育出版社1993年版，第21页。

二、节葬

节葬是节用的一个非常突出非常重要的方面。墨子所处的春秋战国时代，厚葬之风盛行。《墨子·节葬下》篇说：当时的王公大人办丧事，所用的棺材必须要多层，葬埋一定要非常深，随葬的衣服一定要非常多，棺材纹饰一定要非常讲究，坟堆必须要高大。这对于贫贱人家来说，办丧事几乎要倾家荡产。对于诸侯来说，办丧事也要耗尽府库之财，然后将金玉珠玑缀满死者全身，用丝絮组带装束，将车马也入墓随葬，还要多做帐幕，钟鼎、鼓、几席、壶鉴、戈矛刀剑、鸟羽牛尾、象牙兽皮，陪同尸体一同埋葬，装得满满的，送葬如同搬家一样。而且天子杀人殉葬，多的几百人，少的几十人；将军大夫杀人殉葬，多的几十人，少的也有数人。

墨子指出，厚葬所造成的直接后果就是：第一，厚葬不利于增加社会财富。诸侯死了之后，要耗尽其府库的全部财物，要将金玉珠玑等缀满死者的全身，用丝絮组带来装束，让车马都进入坟墓随葬等。第二，久丧不利于人口增殖。由于严格要求居丧，老百姓都不再能从事生产，只能少吃东西，还要陪葬，夫妻之间不能同居。因此，墨子认为，通过厚葬和久丧这些做法来求得富裕，就好像禁耕以求收获类似，在逻辑上是矛盾的也是绝对不可能的事情，而久丧本身也不利于实现人口的增长，因此，久丧完全是寡人之道，是十分错误的做法。

基于上述理由，墨子进一步主张，厚葬久丧还会造成下述后患：

第一，厚葬久丧必然不利于国家政治安定。《墨子·节葬下》篇指出，如果真的让主张厚葬久丧的人来行政，国家必定贫穷，人民必定减少，政治必然混乱。如果按照他们所说的，实行他们的办法，让上级统治者实行了就不能去处理政事，如果让处下位者实行了就不会做事。上层的统治者不处理政事，行政就必定混乱，在下面的老百姓不做事，穿衣吃饭的财用就必定不充足。如果财用不充足，则弟弟向哥哥有所索取却不能得到，那么不守孝悌的弟弟就必定会埋怨哥哥了。如果做儿子的向父母有所索取却得不到满足，那么不知孝悌的儿子就必定会埋怨他的父母了。如果做臣下的向国君有所请求却无法得到满足，那么不忠之臣就一定会犯上作乱了。因此，品质邪僻不正的人，出门没有衣穿的人，回家没有饭吃的人，他们都心怀耻辱之感，都必然会发动暴乱而难以禁止，导致的结果就是社会上盗贼增多而安定减少。因此，试图通过厚葬久丧来求得国家的政治安定，完全是天方夜谭。

第二，厚葬久丧不利于国防。《墨子·节葬下》篇指出，大国之所以不去攻打小国，一定是因为这些小国粮食储备充足，城郭修筑坚固，上下团结，所以大国才不打算去攻打它。如果小国粮食储备不充足，城郭不坚固，上下不团结，那么大国就在想着攻打它了。现在要让坚持厚葬久丧的人来施政，国家一定会贫穷，人民也必然会减少，行政也必然会混乱。如果国家贫穷，就无法储备粮食，如果人口减少，则修筑城郭沟渠的劳力就必定缺乏。如果行政混乱，则遇到交战就不能取胜，回师守城也不能牢固。墨子认为，厚葬久丧必然导致国家贫穷，人民减少，社会混乱，进而必然导致不能抵抗外敌入侵。

第三，厚葬久丧不能求得上帝鬼神的赐福。《墨子·节葬下》篇指出，如果让主张厚葬久丧的人来行政，则国家必定贫穷，人民必定减少，政治必定混乱。如果国家贫穷了，则祭祀鬼神的酒饭就不能洁净；如果人民减少了，那么敬事鬼神的人也就减少了；如果政治混乱了则祭祀就不能按期举行。厚葬久丧实际上禁止了侍奉上帝鬼神，照经施政，那么上帝鬼神就会在上面议论说："我有这种人，与没有这种人，哪一种情况更好呢？"答案显然是："我有这种人与没有这种人，没有区别。"墨子认为，厚葬久丧必定会导致国家贫穷，人民减少，行政混乱，进而导致没有干净的粮食或祭品来祭祀鬼神，没有多少人来祭祀鬼神，行政混乱则不能及时地祭祀鬼神，进而导致上帝鬼神降下疾病加以惩罚。

对此，墨子指出，既然厚葬久丧会造成如此恶果，所以，必须提倡节葬。《墨子·节用中》篇中，墨子指出，埋葬之法应该是这样的：衣服放三件，足以朽肉就可以了；棺材厚三寸，足以朽骨就可以了；挖墓的深度，下不漏水，上无臭气出来就完全可以了。关于服丧的时间，墨子主张，必须把三年的丧期改为三天的丧期。因为在墨子看来，节葬并不意味着就是让死者没有尊严，而是恰恰相反，节葬是既能让死者有尊严，同时又没有出现浪费和劳民伤财等情况的正确做法。

墨子认为，厚葬久丧从根本上就不是什么圣王之道，而是一种旧的不好的习俗或陋习。墨子指出，从前越国东边曾经有一个国家叫作輆沐国，当父母亲第一个孩子生下来的时候就会被肢解吃掉，因为父母认为这样做对后面出生的弟弟有好处。当时的统治者还将这个作为政令，下边则把这个作为风俗，为而不已，执而不舍，这难道就是所谓的仁义之道吗？还有，楚国的南面曾经有一个国家叫作啖人国，当父母死了之后，舍弃其肉，埋其骨，还被称为孝子。另外，秦国西面曾经有一个国家叫作仪渠国，父母死了之后，架起柴火，焚烧父母的尸体，烟雾上腾，叫作升天，被称为孝子。当时的统治者同样把这作为政令，下面将之作为风俗，为而不已，执而不舍，这也难道就是仁义之道吗？其实，这些做法都是旧的不好的习惯、安于旧风俗而已。因此，厚葬久丧其实不过是旧的不好的习惯、安于旧风俗的做法，都是人们必须加以改变的陋习或者恶习。

值得注意的是，墨子反对厚葬而又主张明鬼，其实并不存在矛盾。东汉王充说："墨家之说，自违其术。其薄葬而又右鬼。右鬼引效，以杜伯为验。杜伯死人，如杜伯情为鬼，则夫死者审有知。如有知而薄葬之，是怒死人也。情欲厚而恶薄，以薄受死者之责，虽右鬼其何益哉？"（《论衡·薄葬》）墨子薄葬同时又右鬼，以鬼为上，这之间并不矛盾，因为在墨子看来，上帝鬼神也都是反对浪费、提倡节用节葬的。因此，对死者薄葬的行为，并不妨碍对鬼神的祭祀之情，而恰恰是体现了鬼神的意志，是上天和鬼神的意志的体现和完成的一部分。

其实，孔子是明确反对厚葬的。《论语·先进》篇记载："颜渊死，门人欲厚葬之。子曰：不可。"但是孔子提倡久丧。孔子的学生宰我，认为三年之丧的时间太长，三年不为礼乐，必然会导致礼坏乐崩，所以希望改为一年。孔子对此严肃批评道："君子之居丧，食旨不甘，闻乐不乐，居处不安，故不为也。""子生三年，然后免于父母之怀。夫三年之丧，天下之通丧也。予也，有三年之爱于其父母乎！"（《论语·阳货》）认为三年之丧是必须的。孔子之后的儒家弟子们普遍认为既要厚葬，也要久丧。

《墨子·公孟》篇记载：儒家弟子公孟子对墨子说："子以三年之丧为非，子之三日之丧亦非也。"墨子回答说："子以三年之丧非三日之丧,是犹裸谓撅者不恭也。"(《墨子·公孟》)"裸"就是光着身子不穿衣裳,"撅"就是掀起衣服,但只露出身体的某个部分。墨子认为,"裸"和"撅"的袒露程度并不相同,"裸"确实不恭,但"撅"不能说不恭。因此,三年之丧是要反对的,但三日之丧却是应该赞成的,二者存在本质不同。公孟子在二者之间进行推理,犯了"机械类比"的错误。

公孟子还对墨子说:"知有贤于人,则可谓知乎?"墨子回答说:"愚之知有以贤于人,而愚岂可谓知矣哉?"(《墨子·公孟》)公孟子问,自己有一件事比别人聪明,可以称为聪明吗?墨子回答说:"愚笨的人偶尔也会有一件事比别人聪明,但怎么可以认为愚笨的人是聪明的呢?"公孟子还对墨子说:"三年之丧,学吾子①之慕父母。"墨子回答说:"夫婴儿子之知,独慕父母而已,父母不可得也,然号而不止,此其故何也?即愚之至也。然则儒者之知,岂有以贤于婴儿子哉?"(《墨子·公孟》)公孟子是根据孔子所说的"子生三年然后免于父母之怀",来论证三年之丧是出于子女对父母的思慕之情感。墨子对此反驳说,感情之知低于理智之知,三岁的小孩确实有思慕父母的感情,当看不到父母时就会哭闹不停,这是愚蠢所导致的,但成年人就不会这样,因为成年人有足够的理智。由此看来,儒者在理智上并不比三岁的小孩高明。②

《墨子·公孟》篇记载,墨子讲过一个故事:鲁国有兄弟五个,他们的父亲死了,长子因为嗜酒所以不愿意葬父亲。他的四个弟弟

---

① 子:《道藏》本无此字,据俞樾校增。吾子:小孩子。
② 谭家健:《墨子研究》,贵阳:贵州教育出版社1995年版,第150页。

墨子

图 4-2 墨子与公孟子辩论。选自滕州市墨子纪念馆大型壁画《墨子圣迹图志》
(1994 年 8 月)

就说:"你和我们一起把父亲葬了,我们给你买酒喝。"长子听到这话后,同意一起把父亲给葬了。埋葬父亲之后,就要求四个弟弟给自己买酒喝。这时,四个弟弟则说:"我们不给你买酒了。你葬你的父亲,我们葬我们的父亲,难道只是我们的父亲吗?你要是不葬父亲,那么别人就会耻笑你,所以我们才奉劝你葬父亲。"在墨子看来,子葬父,这是天经地义的事情,也是作为儿子的义务之所在,如果子不葬父,是要被别人所耻笑的。所以,墨子并不反对丧葬,只是提倡节葬罢了。

《墨子·公孟》篇记载,墨子曾经对儒家弟子程子说:儒家的思想足以丧天下,理由包括四个方面:第一,儒家认为天不明察,认为鬼神不神明,天和鬼就不会高兴,这就足以丧天下。第二,儒家主张厚葬久丧,要做好几层棺椁,很多的衣被,送葬如同搬家,三年哭泣,守丧的人要他人扶然后才能起来,依靠拐杖才能走路,几乎耳无所闻,目无所见,这也足以丧天下。第三,儒家用乐器配合歌唱,击鼓跳舞,经常开展音乐活动,浪费大量人力财力,这也足以丧天下。第四,儒家认为命是存在的,一个人是贫还是富、长寿还是夭折,一个国家是治理还是动乱、安定还是危机都有定数,不会有增减和变化,从而不努力发挥人力的作用。

在墨子看来,如果在上位者执行儒家这一套,必然不能治理政务,在下位者实行这一套,必定不做事情了,这也足以丧天下。墨子认为,儒家厚葬久丧的做法是四大乱政之一,如果加以实行,必定会导致天下混乱。

《墨子·非儒下》篇说,儒者在他们的父母死了,将尸体陈放着不入棺,着人爬上房顶或窥探水井,挖掘鼠洞,拿出洗涤的器具,去

墨子

图 4-3 墨子与程子辩论。选自滕州市墨子纪念馆大型壁画《墨子圣迹图志》
(1994 年 8 月)

追寻死者的灵魂。如果认为死者真的在那里，那么这实在是愚蠢极了，如果明明知道死者已经不在世了，还一定要去寻找它，这就太虚伪了。墨子认为，儒家厚葬久丧的做法愚蠢之极，虚假之极，必须加以摈弃。

  时至今日，厚葬问题依然是一个还没有从根本上得到解决的大问题。① 由此可见，墨子节葬思想依然具有深刻的意义。今天有些地方，建设豪华活死人墓成风，墓地建得比活人住的住宅还要豪华等现象，都是值得我们深刻反思的。

---

① 杨武金：《墨学视野下的当今人类生存与发展之道》，《墨子研究论丛》（十一），济南：齐鲁书社2016年版，第169页。

第五讲 文化思想

　　文化思想是一个社会或群体所持有的关于生活、世界和人类的信念、价值观和理念。墨子的文化思想是墨子关于生活、世界和人类的一般信念、价值观和理念。墨子主张建立一个"兼相爱交相利"的平等互构型社会,而且这个社会是以适度消费为重要特征的节约型社会,为了达到这一目的,他坚决反对浪费、反对侈靡、反对宿命论,提出了非乐、非命、尚力的价值观和积极进取的主观能动性思想理念。

一、非乐

　　墨子反对为乐,认为音乐不能当饭吃也不能当衣穿,音乐对于解决人民群众的衣、食、住、行等基本物质生活问题并没有什么好处,反而会浪费人们大量的人力、财力和物力,因此必须反对过度为乐。

　　墨子非乐,并不是因为他认为音乐不美、不动听,而是考虑到,作为仁者所应该做的事情,从根本上是为了满足人民群众的衣食住行等最基本的生活需要,从而兴天下之利而除天下之害。这也就是说，墨子非乐，其最重要的目的是满足全体老百姓最基本的物质生活需要，为了人民群众都能够拥有最基本的做人的权利。

《墨子·非乐上》篇记载，墨子之所以反对音乐，不是因为他认为大钟、鸣鼓、琴瑟、竽笙等的声音不悦耳、不动听，也不是因为他认为雕刻有华美图文的色彩不美丽，并不是他认为烹调禽畜佳肴美味不甘甜，并不是他认为高楼深院居住不舒服。虽然身体可以感受到舒适，嘴里觉得甜美，眼睛感觉到美丽，耳朵觉得动听，但是，往上考察古代的事迹，它不符合圣王的行事要求，下考察当今的民情，不符合众多百姓的利益，所以，墨子才说：从事音乐是不对的。

事实上，墨子并不否认音乐等艺术活动具有美感作用。只是在墨子看来，统治者大搞音乐等艺术活动，事实上并不符合人民群众的根本利益，因此，必须要非乐。《墨子·非乐上》篇说："民有三患：饥者不得食，寒者不得衣，劳者不得息，三者民之巨患也。"人民有三种忧患：饥饿的人得不到食物吃，寒冷的人得不到衣服穿，劳苦的大众得不到休息。墨子认为，人民群众最需要解决的问题，是衣、食、住、行等基本生活所需，而音乐等却根本不能解决这些问题，也就是说，音乐对于解决人民最基本的生活需要并没有起到什么积极作用，恰恰相反，音乐会产生反面的作用。具体来说：

第一，为乐有害无益，为乐对于解决人们的基本物质生活需要问题没有实质作用，也就是说它不能解决人们的饥寒、攻战、欺诈等现实问题，相反，它却妨碍人们解决这些问题。《墨子·非乐上》篇说：齐康公曾经大兴乐舞《万》，即要求上万的人不能穿粗布短衣，不能吃粗糙的饮食。因为饮食要是不精美，脸色就会憔悴不好看，衣服要是不华美，身体四肢的举动形貌就会显得丑陋不好看。因而要求吃的必须是美味佳肴，穿的必须是华丽服饰。这些人长期不从事衣食财用的生产，而是长期靠人们供奉，因此墨子说：现在的王公大人从事于音乐，亏害人民的衣食财用来奏乐，损失就是这样的多。比如，齐康公大兴乐舞《万》，就需要上万名的乐工演奏，包括撞巨钟、击鸣鼓、弹琴瑟、吹竽笙等。这也就是说，王公大人衣、食、住、行等都离不开音乐，有时用百人来吹笙，有万名舞女来跳舞。于是，大量的人被迫脱离了生产，不能成为生产者。而且，齐康公又认为，为乐的人如果吃不好，就会影响到面目的美观，穿不好就会影响视觉的效果，于是，乐工都要食必麋肉，衣必纹绣，这都是统治者追求享乐导致的结果。

第二，从事和欣赏音乐等艺术活动，将会影响各行各业正常的工作和劳动。《墨子·非乐上》篇指出，当时王公大人作乐状况空前，从高台厚榭上面看过去，大钟就像倒扣着的鼎一样，不撞击就发不出声来。如果要撞击，老人和反应迟钝的人都不成，因为他们的耳不聪、目不明、四肢不强健、声音不和谐、眼神不灵光、眉目不传情，所以必须得选用年轻貌美、反应灵敏的人才行。而且，如果都让年轻的男子来从事音乐，就会耽误他们耕田种树；如果让青年女子去从事音乐，则会耽误她们纺纱织布。同时，欣赏音乐也会浪费人们大量的人力和物力。

不仅如此，而且在大钟、响鼓、琴瑟、竽笙等乐器已经具备的情况下，王公大人如果是独自听演奏音乐，将会得到什么乐趣呢？这么说来，他们必然要和贫民或者君子一起听音乐。如果与君子一起听，就会耽误君子治理政务，如果与贫民一起听，就会耽误贫民从事生产。现在王公大人欣赏音乐，损害人民的衣食财用来奏乐，损失就是这样的多。也就是说，王公大人们从事音乐还必须会要求他们的大臣们、他们所统治的老百姓们，陪同他们一起为乐，这样就会耽误大臣管理国家、耽误老百姓从事生产劳动，从而使得老百姓的衣、食、住、行等基本物质生活需要没有着落。因此，墨子才必须反对音乐。

第三，进行音乐等各种艺术活动，制造乐器等，势必会造成大量的财力、物力和人力方面的浪费。《墨子·非乐上》篇指出，当时的王公大人制造乐器，用于国家礼仪，并不是像捧起一点水，掏取一把土那样简单的事情，必定会在广大人民身上增加赋税，用来制造大钟、鸣鼓、琴瑟、竽笙等乐器。古代的圣王也曾经向人民增收赋税，用来制造船车，完成以后，会说：我拿它做什么用呢？船用于水运，车用于陆运，君子们可以用来省却步行的劳苦，劳动的人们可以免去负重的艰辛。所以人民都愿意奉献出财物让他们使用而并不心怀怨恨，这是为什么呢？因为这些花费反而符合人民的利益。如果为乐也符合人民的利益，就像古代圣王制作使用船车那样，那任谁也不会反对了。另外，制作和使用乐器，必须使用大量材料和制作费用。制造和使用乐器并不像制造和使用船车那样，因为后者可以减轻劳累，而前者必然会增加人民的负担。总之，统治者大搞音乐等艺术活动，必然会劳民伤财，完全是有害无益的事情。

在墨子看来，人与动物的根本区别就在于，人必须依靠劳动否则不能满足自己的需要，只有从事生产才能够生存和发展，即"赖其力者生，不赖其力者不生"。依靠自己力量做事的就能生存，不依靠自己力量做事的就不能生存。所以，每一个人都必须做好他的分内之事和符合其本分的事情，但为乐则妨碍人们做符合自己本分的事情。

墨子

　　台湾学者陈拱曾经说:"墨子提倡非乐,原与提倡其他观念一样,其用心,只在于'求兴天下之利,除天下之害',亦即只在利天下之万民。而其非乐与非为乐之理由,亦只在于利天下之万民。所以这两者亦是同一的。其不同,即在前者系从反面说,而后者却是从正面说。……墨子提倡非乐,当然希望社会上下都能不为乐。大人不为乐,可不浪费民力、民时、民财以及不荒废其听治;贱人不为乐,则可以不荒废其从事。人们都能为此,则便可以与墨子之用心完全符合了。因此,扣紧墨子之用心说,则非乐一观念实在即是用以非浪费、非荒废的。非掉浪费,即归于不浪费;非掉荒废,即归于不荒废。归于不浪费,亦即归于节约;归于不荒废,亦即归于勉力从事。大人归于节约及勉力听治,贱人亦归于节约及勉力从事,则天下必治,而衣食之财必足。由此可知,墨子提倡非乐一观念,根本亦只在教人们节约和勉力从事而已。"[①]

　　施东昌指出:"墨子'非乐',并不是反对音乐本身,并不是否定'美'本身。""墨子认为,仁者所追求的是要兴天下之利,而不是少数人的安乐。""墨子为了维护'万民之利',反对'王公大人亏夺民衣食之财,厚措敛于百姓,以拊乐如此之多'","这就是墨子'非乐'思想的实质。"[②]也就是说,墨子非乐,从根本上来说就是为了节俭节用。

　　就当今时代而言,音乐等艺术活动确实具有一定的艺术美感和欣赏作用,音乐等文化娱乐活动也确实能够对人类社会产生积极的影

[①] 陈拱:《墨学研究》,台中:东海大学出版社1964年版,第95页。
[②] 施东昌:《先秦诸子美学思想述评》,北京:中华书局1979年版,第40—41页。

响作用，但是如果统治者都不顾人民的死活，不去满足人民群众最为基本的生活需要，却来大搞音乐设施和音乐活动，也将必然是要被历史和人民群众所否定和批判的。

二、非命

墨子非命，反对命的存在，反对宿命论，是直接针对儒家的命定论或宿命论来的。

儒家认为，"孝"之所以必须是每一个人的义务，是因为自己的父母成为自己的父母而不是别人的父母，这都是由命所决定好了的，所以每一个人都必须通过自己内心的反省来成己成仁。但在墨子看来，"命"这种东西根本就不存在，一切都是可以通过人的主观努力即主观性的人力来达到的，这种人力作用最为重要的方面就是，人类可以通过制定法律、法令等来使得事物的实际情况按照自己的意愿去发展或呈现，因此，需要重视制度上的建构，而这种制度上的构建最终是要建立一个兼爱平等也就是正义的社会，但由于墨子已经否定了儒家的天命决定论，因此最终必须依靠外在的天志和鬼神来实现他们的理想。这里特别需要注意的是，墨子提倡人力作用，关键在于人可以通过制定法律法令来实现天下治理，从而他们从根本上需要建设出来一个法治社会。《墨子·非命》上、中、下三篇，集中批判了命定论和宿命论，表达了系统的非命尚力思想。那么，命这种东西到底有还是没有？命对人是否具有决定性作用？主张命定论又会有什么样的坏处？

墨子

"命"这个字，一可以指命令，二可以指生命，三可以指命运。[①]墨子所要反对的命，就是指的命运。命运这种东西，被认为是可以决定人的吉凶、祸福、贵贱的必然性因素，是人对之无可奈何的能够对人起支配作用的某种神秘力量。如所周知，《增广贤文》中有这样一句话："命里有时终须有，命里无时莫强求。"这里说的就是，个人的命运、财富和人生全都是由一个叫作"命"的东西所注定的，个人即使再努力也没有什么用处。这种观点通常也被称为命定论或宿命论。"命"对个人，对家庭（家运），对一个企业，甚至对整个国家（国运），对世界，对全人类（人类命运），都具有决定性的作用。

中国古代的殷商之际，统治者奉天为至上神，宣称自己是奉天之命来进行统治的，即天命决定着一切。随后的西周时期虽然延续了殷商时代的天命神权思想，主张"祈天永命"（《尚书·召诰》），即祈求天命来永保王命，但是同时也出现了天命是可以改变的思想，认为虽然"天命靡常"（《诗经·大雅·文王》），但可以"唯德是辅"（《尚书·蔡仲之命》），即可以通过取得民心，实施所谓德政，从而改变天命。到了春秋时期，郑国的子产直接说："天道远，人道迩。"（《左传》昭公十八年）怀疑天道，更加重视人道。

儒家学派坚持命定论。孔子所说的"天""命""天命"等，基本上都是指某种具有神灵性的冥冥中起着某种支配作用的东西。徐复观认为，《论语》中所说的命和天命存在着差别，这是有见地的。他说："《论语》凡言一个'命'字，皆指运命之命而言。"但是"孔子所谓天命或天道或天，用最简洁的语言表达出来，实际是指道德的超

[①] 谭家健：《墨子研究》，贵阳：贵州教育出版社1995年版，第197页。

经验的性格而言"①。不过,《论语》中说的命和天命之间的差别应该没有徐氏以为的那么大,因为运命的命就不是道德的超经验的性格吗?孔子说:"小人不知天命,而不畏也。"(《论语·季氏》)认为普通老百姓因为不懂得天命,所以他们不害怕。孔子认为,天命是属于贵族阶级的。孔子又说:"死生有命,富贵在天。"(《论语·颜渊》)人的死还是生都是由命决定的,能不能富贵也是由天安排好了的。具体情况是,当时孔子的一个名叫司马牛的学生忧愁地说:"人皆有兄弟,我独亡。"孔子的另一个学生子夏②这时回应说:"商闻之矣:死生有命,富贵在天。君子敬而无失,与人恭而有礼。四海之内皆兄弟也——君子何患乎无兄弟也?"(《论语·颜渊》)有观点认为,这里子夏所说的话不过是在对司马牛做心理上的安慰,未必就代表儒家的观点。但是,我们也可以将"商闻之矣"这句话理解为:我子夏听老师孔子说过。③也就是说,子夏说这句话虽然存在从心理上安慰司马牛,但同时也体现了儒家的命定论思想。再如,有一次,孔子学生伯牛④生病了,孔子于是前往探问,从窗外握着伯牛的手对他说:"亡之,命矣夫!斯人也而有斯疾也!斯人也而有斯疾也!"(《论语·雍也》)孔子认为,人无论生病还是死亡都是由命决定的。鲁哀公曾问过孔子说:"弟子孰为好学?"孔子回答说:"有颜回者好学,不迁怒,不贰过。不幸短命死矣,今也则亡,未闻好学者也。"(《论语·雍也》)这段话说明,在孔子看来,确实存在着命这样一种东

---

① 徐复观:《中国人性论史》(先秦),台北:商务印书馆1982年版,第83、86页。
② 子夏:孔子弟子,姓卜,名商,字子夏。
③ 孙中原主编:《墨学与现代文化》,北京:中国广播电视出版社2007年版,第31页。
④ 伯牛:孔子学生冉耕,字伯牛。

墨子

西的。孔子还说道："道之将行也欤，命也；道之将废也欤，命也。"（《论语·宪问》）即认为自己的大道能不能最终实现，都是命中注定的，人力是不可抗争的，一切由命决定。所以，在孔子看来，万事都由天命注定，人力在命的面前从根本上是无能为力的。孟子也讲天说命，他说："莫之为而为者，天也；莫之致而至者，命也。"（《孟子·万章上》）没有叫他那样做他却做了，这就是所谓的天意；没有人招致它却来了，这就是所谓的命。这里的"天"和"命"都具有宿命论或命定论的意思。

正是针对儒家所主张的上述命定论或宿命论主张，墨子提出了自己的"非命"思想。如唐君毅所说："孔子之知命，则由春秋时代之即义言命的思想，更向上发展，而于义之所存皆视为天命之所在；于一切若为人之限制之命之所在，皆视为人之自尽其义之地，以增益其对天命之敬畏者。墨子之非命，则为对预定义之命之限制，加以反对，以使人得益其自尽其义，而努力以从事者。"[1]墨子的"非命"观认为：一是从根本上就不存在"命"这种东西，主张命的存在论有百弊而无一利；二是对个人还是国家来说最重要的在于人的主观努力或者发挥能动作用，而不在于听由"命"这种东西来摆布。

首先，墨子通过逻辑，也就是通过他们所提出和创立的辩学来反对"命"的存在。

墨子认为"万事莫贵于义"（《墨子·贵义》）。在所有事情中，道义乃第一重要。墨子思想学说的核心就是兼爱、为义，这是每一个墨者都应该努力为之的事情。墨子曾经说："能谈辩者谈辩，能说书

---

[1] 唐君毅：《中国哲学原论》（上），香港：人生出版社1966年版，第608页。

者说书，能从事者从事，然后义事成也。"（《墨子·耕柱》）能够谈辩的人就谈辩，能够讲书的人就讲书，能够做事的人就做事。在墨子看来，谈辩是为义的头等大事。墨子指出："夫辩者，将以明是非之分，审治乱之纪，明同异之处，察名实之理，处利害，决嫌疑。焉摹略万物之然，论求群言之比。以名举实，以辞抒意，以说出故。以类取，以类予。有诸己不非诸人，无诸己不求诸人。"（《墨子·小取》）辩学有诸多任务和作用，但是，明是非之分是辩学的首要任务。那么，如何来明辨是非呢？墨子认为，要衡量言论的"是"还是"非"，必须首先立标准，做规范。《墨子·非命上》篇说："（言）必立仪。言而毋仪，譬犹运钧之上而立朝夕者也，是非利害之辩，不可得而明知也。故言必有三表。"言谈必须要有一个标准，说话如果没有一个标准的话，就好比在制陶轮盘之上，放立测量时间的仪器，是非利害的区分是不可能弄明白的。所以，言谈必须有三个标准。墨子认为，不确立标准和规范，就会导致是非不分，利害不明。

墨子所说的标准，也就是他们所说的法、道或理，这种法、道或理是判断一切言论的是与非的根本依据。墨子认为，他们所提出来的三表法就是衡量政治方面的言论的是非的根本依据。《墨子·非命上》篇说："何谓三表？子墨子言曰：有本之者，有原之者，有用之者。于何本之？上本之于古者圣王之事；于何原之？下原察百姓耳目之实；于何用之？发①以为刑政，观其中国家百姓人民之利。此所谓言有三表也。"三条标准是哪些呢？墨子认为，有考察本源的，有探究原因的，有用于实践的。如何考察本源呢？要向上溯源于古时候圣

---

① 发：《道藏》本作"废"，据王引之校改。

王的事迹。如何探究原因呢？要向下考察老百姓耳目所看到和听见的事实。如何用于实践呢？要把它应用于行政，要看它是否符合国家或百姓人民的利益。这就是言谈所必须具有的三个重要标准。

第一表是言论之本。墨子把古者圣王之事看成是判断言论是非的根本标准，是确定言论是非的基本依据，它相当于我们今天所说的历史经验证据或者历史经验。墨子认为，从历史经验证据来看，"命"这种东西根本就不存在。《墨子·非命上》篇说，现在的士君子，有人认为命是存在的，但为何不往上看看圣王的事迹呢？古时候，夏桀乱国，商汤接过政权从而治理它；商纣乱国，周武王接过政权并治理它。社会没有改变，人民没有变化。在桀纣统治之下则天下乱，在汤武统治下则天下得到治理，怎么能说是命的作用呢？墨子认为，桀纣统治则天下乱，汤武治国则天下治，从而用历史事实证明了，功过是非完全由人力作用而非由命来决定的，所以历史事实证据可以作为衡量言论是非的标准。

第二表是言论之原。墨子把老百姓耳目之实看成是言论的基本来源，相当于我们今天说的将群众的直接经验作为判断言论是非的根本性证据。墨子认为，从群众的直接经验看，"命"这种东西是不存在的。在墨子看来，凡是在经验中不能看到或不能听见的东西都不可能存在，既然"命"这种东西的具体形态是什么都不能为人们所感觉到，所以"命"的存在是不能肯定的。《墨子·非命中》篇指出，当时的士君子中有人认为"命"是存在的，有人认为命是不存在的，那么，判断"命"是存在还是不存在，必须根据众人耳目见闻的实际情况才能确定。如果有人听到，有人看见，就可以说是"存在"，如果没有人听到，没有人看见，就可以说是"不存在"。那么为什么不试着考察一下老百姓的实际情况呢？自古以来，有曾见到过"命"的形体、听到过"命"的声音的人吗？从来就没有过。在墨子看来，没有人听到、看到过"命"这种东西，所以它不存在。这里，墨子用人民群众无法从直接经验上接触到"命"，来否定"命"的客观存在性，是一种朴素的唯物主义的经验论，有其合理性的一面，其不足是容易导致片面的经验论或者主观经验论，从而出现因为经验感觉不到某种东西的存在，因此就断定这种东西不存在的"诉诸无知"的错误。

第三表是言论之用。即通过看是否对老百姓有利来衡量言论的是与非，相当于我们今天讲的实践证明、实践证据或者实践检验。墨子认为，从人民群众的实际效用看，宣扬命定论对老百姓是十分有害的，而主张非命、尚力、尚贤才是对老百姓有利的。《墨子·非命上》篇指出，古时候的圣王颁布法令，设立赏罚制度，以鼓励贤人。因此，贤人在家里对父母孝顺慈爱，在外面能够尊敬乡里的长辈。举止有节度，出入有规矩，男女有分别。所以如果让他们治理官府，则没有盗窃，让他们守城则没有背叛，如果君主有难则他们可以去殉职，如果君主逃亡则他们可以去护送。这些人都是上司所奖赏，百姓所称誉的。主张有命的人却说：上司所赏，是命里本来就该赏的，并不是因为贤良才得到赏赐的。上司所罚，是命里本来就该罚的，不是因为凶暴才受罚。所以，他们在家里对父母不必孝顺慈爱，在外对乡里长辈不必尊敬。举止没有节度，出入没有规矩，男女没有分别。所以，如果让他们治理官府则盗窃，如果让他们守城则他们会背叛，如果君主有难则他们不殉职，如果君主逃亡则他们不护送。这些人都是上司所惩罚，老百姓所指责的。在墨子看来，相信人力作用，就能使人彬彬有礼，诚实忠信，成为贤人；反之，如果相信命的存在，却不相信

墨子

人力的能动作用，则会使人不慈不孝，蛮横无理，成为暴人。

墨子以"三表法"做依据，通过论证相信"命"的存在性将会对人造成的各种危害，来确定"命"这种东西的不存在性。这就是说，由于"命"在本质上是根本不存在的东西，所以它也就谈不上会对人和社会产生正面或者良性作用。相反，相信命定论或宿命论，将会对人产生负面作用，从而危害人和人类社会。墨子的论证虽然在证据或者理由上存在个别不足，但并不影响整个论证在逻辑上的充分性。

墨子还经常揭露儒家思想中存在的内在矛盾，并运用有效的逻辑推理有效式等方法，来反对儒家的命定论或者宿命论。《墨子·公孟》篇记载，儒家人物公孟子曾经说："贫富寿夭，错然在天，不可损益。"贫困还是富裕，长寿还是夭折，都是由上天安排的，不可增减。同时又说："君子必学。"君子一定要学习。墨子认为，既说贫富寿夭均由天命决定，又教育人们必须学习，这岂不自相矛盾？对此，墨子反驳说："教人学而执有命，是犹命人包而去其冠也。"即既教人必须学习，同时又坚持命定论，这就像既叫人戴帽子以包裹头发，同时又叫人把包裹头发的帽子去掉，真的是荒谬背理。《墨子·小取》篇载，"且夭，非夭也；寿且夭①，寿夭也。执②有命，非命也；非执有命，非命也。"将要夭折并不是就夭折，但是阻止将要夭折却是在阻止夭折；主张有命并不是就真的有命这种东西存在，但是反对主张有命却是在反对有命这种东西存在。墨子认为，这里的推理属于"不

---

① 寿且夭：《道藏》本无此三字，据吴毓江、沈有鼎校增。
② 执：《道藏》本无此字，据吴毓江校增。

是而然"的侔式推理的情况。

墨子认为，所有的统治者都是希望国家富裕的，没有哪一个统治者希望自己的国家越来越贫穷。但是很多统治者得到的最终结果却总是国家贫穷、社会混乱。造成这种现象的原因究竟是什么呢？墨子认为，当时社会之所以国家贫穷、社会混乱、人民群众生活在水深火热之中，其根本原因就是社会上主张命定论的人太多了。所以，命定论的害处是非常大的。

《墨子·非命上》篇指出，主张有命的人，杂处于民间的人太多了。这些人说：命里富裕则富裕，命里贫穷则贫穷，命里人口多则人口就多，命里人口少则人口就少，命里治理则治理，命里混乱则混乱，命里长寿则长寿，命里夭折则夭折，一切都是由"命"来决定的，虽然人使出很大的力量，又有什么用呢？主张有命的人用这样的话对上游说王公大人，对下阻碍老百姓从事生产，所以主张有命的人是不仁义的。所以，对于主张有命的人的话，不能不明确地加以辨析。墨子认为，相信命定论或宿命论，就意味着富贵还是贫穷、众还是寡、安还是危、治还是乱、寿还是夭等，都完全是由"命"中注定的。命定论者将一切事情都看成是由"命"来决定的，从而也就完全否定了人的主观能动作用，人在"命"的面前无能为力，从而也就会从根本上妨害人民群众从事生产和劳动，所以主张命定论的做法实际上属于不仁爱的行为。

《墨子·非命上》篇指出，主张有命的人说：上司所罚，是命里该罚的，不是因为凶暴才罚的。上司所赏，是命里本来就该赏的，不是因为贤良才得赏的。照这种观点来做国君则不义，做臣下则不忠，做父亲则不慈爱，做儿子则不孝敬，做兄长则不善良，做弟弟则不悌。而顽固主张这种观点，简直就是恶言产生的根源，它是强暴者的道理。墨子认为，相信命定论，也就意味着赏还是罚都是由命决定的，与自己行为的对错好坏无关，从而就会导致君不义来臣也不忠，父不慈来子也不孝，兄不良来弟也不悌。所以，主张命定论的做法实际上属于不义的行为。

墨子认为，命定论事实上是上世贪懒的暴人以及桀纣幽厉等暴君之人的道理或主张。《墨子·非命上》篇指出，古时候的穷极之人，在饮食上非常贪婪，而又懒于做事情。因此衣食财物不能满足需要，于是饥寒冻饿的忧愁就来了。他们不反思自己疲惫无能，劳动不勤快，而总说自己命里本来就应该贫穷的。古时候的暴君，不能克制自己耳目的贪欲和心里的邪僻，不顺从他的父母和亲属，以至于国家灭亡，社稷灭绝。不反思自己疲惫无能，治理不善，而总抱怨自己命里本来就要亡国的。墨子认为，远古上世，一些贪懒的暴人由于劳事不力而致衣食等财用不足，但他们不知道自我反省，却只怪是命所注定的。就是说，桀纣幽厉等暴君，只知道贪图享乐而不知道勤劳执政，结果导致国残身死，他们不知反省却去怪命中注定。这就是说，命定论实际上不过是暴人或暴君为开脱自己的责任或罪恶的理由而主张的观点而已。显然，墨子这是从第一表即言论之本来看的，也就是从历史经验来分析命定论的害处的。

《墨子·非命上》篇记载，墨子曾经说，如果采用主张有命的人的言论，则在上位的人不听狱治国，在下面的人不做事。在上位的人不听狱治国则行政混乱，在下面的人如果不做事，则财用不足。于是，对上没有酒食祭品来供奉上帝鬼神，对下没有东西安抚天下贤良之士，对外没有东西接待诸侯的宾客，对内不能给饥者以食，给寒者以衣，抚养老弱。所以，命这种东西，上对天不利，中对鬼神不利，下对人民不利。而顽固坚持命的观点的人，则简直是恶言产生的根源，是强暴者的道理而已。墨子认为，如果相信命定论者的言论，则势必造成统治者不好好治理国家，老百姓不好好从事生产劳动，结果就会出现行政乱象而财用不足，财用不足则上难以尊天事鬼，下难以接待远方的宾客和将养家中的老弱病残。显然，墨子在这里是从第三表，也就是说如果将命定论运用于行政或者执政，则必然会对国家和百姓造成灾难性的后果。

总之，墨子之所以要反对命定论，就是因为主张命定论或宿命论是十分有害的，命定论是不仁不义的暴人暴君的道理或者理由，命定论对于国家的治理和人民生活的改善来说有百弊而无一利，因此必须加以否定。所以，墨子反对命定论的根本原因，就是为了国家的安定和人民群众的安居乐业。

墨子反对命定论，并不只是为了反对而反对，为了批判而批判，恰恰相反，墨子反对命定论的目的，是要进一步提倡人力的作用，也就是要尽可能发挥人的理性思维的能动作用。墨子说过："非人者必有以易之，若非人而无以易之，譬之犹以水救水，以火①救火也，其说将必无可焉。"（《墨子·兼爱下》）非难别人必须要有理论去替代它，如果非难别人而又没有理论去替代它的话，就好像用水救水、用火救火，这种说法将必然是不可取的。② 墨子认为，可以用人力的根本作用来否定命定论或宿命论。

---

① 救水，以火：《道藏》本无此四字，据俞樾校增。
② 谭家健、孙中原：《墨子今注今译》，北京：商务印书馆2009年版，第95页。

《墨子·非命下》篇指出，从前的三代圣王夏禹、商汤、周文王、周武王，当他们治理天下的时候，就说：务必要推举孝子，以勉励人们敬事父母亲，尊重贤良的人以教导人们做善事。所以，施政教化，重在赏善罚恶。而且只要这样去做，天下的混乱局面，就恰好可以得到治理，国家的危险，就恰好可以安定。如果认为这话不对，试看从前夏桀统治下的混乱，到商汤就治理好了。商纣统治下的混乱，到周武王就治理好了。在那个时候，社会没有改变，人民也没有变化，只是上面改变了行政措施，民风也就随之而改变。在夏桀和商纣的统治下，天下就混乱，而在商汤和周武王的统治下，天下就得到治理。天下之所以得到治理，是由于商汤和周武王的努力；天下之所以混乱，是由于夏桀和商纣的罪过。由此看来，安危和治乱的关键，在于上面的行政措施，怎么能说是由于"命"在起作用呢？墨子指出，世界和人民都没有变，桀纣当政天下乱，汤武变政天下治，可见国家的安危治乱，完全是因人力作用而非命定的原因。

《墨子·非命下》篇指出，从前的夏禹、商汤、周文王和周武王，当他们施政于天下时，都说：一定要使饥饿的人有饭吃，使受冻的人有衣服穿，使劳苦大众得到休息，使混乱的局面得到治理。于是他们能够获得广泛的荣誉，美名传扬于天下，怎么可以说这是由"命"所决定的呢？这确实是他们自己的努力啊！现在的贤人志士，尊重贤才而又努力积累施政的经验，所以在上面能够得到王公大人的奖赏，在下面能够得到广大老百姓的称赞。于是他们能够获得广泛的荣誉，美名传扬于天下，怎么可以说这是由"命"所决定的呢？这确实是他们自己的努力啊！墨子认为，古代圣王之所以能够治理天下，之所以能够使"饥者得食，寒者得衣，劳者得息，乱者得治"，完全是由于他们注意发挥人力的重要作用，即人通过自身努力、制定法律法令来发展生产，管理社会，从而能够实现天下大治。

墨子把人们努力工作的行为称为"强力"，肯定它是能够创造一切美好生活的关键性因素，认为只要社会中各个阶层的人都"强力"工作，就能实现国家富强，社会安定，人民安居乐业。《墨子·天志中》篇说，如果在上位者努力听政，那么国家就能得到治理；在下位者努力做事，那么财用就能充足。《墨子·非命下》篇指出，现在王公大人之所以会很早上朝并且很晚回家，认真审理案件和治理朝政，自始至终勤勉工作而不敢懈怠，正是因为他们知道：如果努力做事则国家就得到治理，不努力做事则必然会混乱，努力做事则国家安宁，不努力做事则国家就会处于危险之中，所以不敢懈怠。现在卿大夫之所以会竭尽全力和全身力量，绞尽脑汁，对内治理好官府，对外征收关市、山林、湖泊、鱼粮的税利，用来充实仓廪府库而不敢懈怠，这是因为他们知道：如果努力做事地位就能提高，不努力做事地位就会低贱，努力做事就会荣耀，不努力做事就会受辱，所以不敢懈怠。现在农夫之所以早出晚归，努力耕田种植，多收粮食而不敢懈怠，这是因为他们知道：努力做事就能富足，不努力做事就会贫困，努力做事就能吃饱，不努力做事就会挨饿，所以不敢懈怠。现在妇女之所以早起晚睡，努力纺纱织布，多制麻丝葛线，织出成捆的布帛，而不敢懈怠，这是因为她们知道：努力做事就能富足，不努力做事就会贫困，努力做事就能穿得暖，不努力做事就会受冻，所以不敢懈怠。这里，墨子所说的"强力"，其内容非常广泛，既包括体力劳动，也包括脑力劳动，既可以指人类为改善物质生活而作的努力，也可以指人们为了改变自己的社会地位而奋斗的精神。在墨子看来，如果王公大人努力治国，卿大夫努力为官府工作，农夫妇人努力劳动，各个阶层的人都能够充分地发挥自己的作用，则国家就会得到治理，人民群众的生产生活就能够得到保障。反之，如果各个阶层的人都相信命，就会放松自己的工作，其结果必然是天下大乱，人民遭殃。

在墨子看来，王公大人们如果相信有"命"而影响到自己的行动，那么就一定会倦于审理案件和政事，卿大夫懒于治理官府，农夫就一定会懒得耕田种植，妇女就一定会懒得纺纱织布了。而倘若王公大人懒得审理案件和政事，卿大夫懒得治理官府，那么天下就一定会大乱。如果农夫懒得耕田种植，妇女懒得纺纱织布，那么天下的财用就一定会不足。如果按照这种情况去进行治理，那么向上敬事天帝鬼神，天帝鬼神也会认为是不顺从天意的，向下供养百姓，百姓也会认为对他们是不利的，就一定会离散出走，不能为主上所用。因而入城守卫则不能巩固，出城攻伐则不能取胜。古时候三代的暴君夏桀、商纣、周幽王、周厉王，之所以会丧失他们的国家，倾覆他们的社稷，就是这个道理。墨子认为，如果各个阶层的人都相信命的话，则大家就会变成懒虫，从而导致国家破亡，社会贫困，人民陷入痛苦之中。

如所周知，墨子思想学说的出发点，就是要努力实现国家的长治久安。而一个国家要做到长治久安，就必须要强本节用。强本从根本上来说就是要发展生产。我们知道，衣、食、住、行是人最基本的生活需要，而要解决这些需要问题，根本出路就是要充分发展生产。《墨子·七患》）篇指出，五谷、粮食是人民群众所仰仗的，也是统治者所赖以给养的物资资源。如果老百姓都失去了生存依赖，那么统治者也就失去了给养，而老百姓没有了粮食，就不易供役使了。所以，粮食不可不努力生产，土地不可不努力耕耘，用度不可不尽量节省。

那么，为什么必须强本呢？《墨子·非乐上》篇说，如今的人类当然是与禽兽、麋鹿、飞鸟、贞虫不同的。禽兽、麋鹿、飞鸟、贞虫，用它们的羽毛作为衣裳，用它们的蹄爪作为鞋袜，用水和草作为饮食，所以，它们中雄的不用耕田种植，雌的也不用纺纱缝衣，衣食财用本来就已经具备了。但是人类与这些动物是不同的，必须依靠自己的力量做事才能够生存，否则就不能存活。

墨子在这里表达了两个根本性的观点：第一，人与动物的区别，主要在于人能够支配自然，而其他动物只能利用自然而已。马克思说："人把自己和动物区别开来的第一个历史行动不在于他们有思想，而在于他们开始生产自己的生活资料。"[①]劳动使得人和动物真正区分开来了。第二，劳动是人类一切社会生活的基础，是人类赖以生存和发展的根本性条件。人必须从事劳动生产才能生存，这是人的本质特征，人如果不发挥自己的力量从事劳动生产，就不能生存。这也就是说，人是必须解决衣食住行等基本问题的，所以，人必须耕稼树艺、必须纺绩织纴，如果不从事生产，人就无法解决衣食住行等问题，所以，墨子说，能够发挥其主观能动性的人就能生存和发展，反之，不能够发挥其主观能动性的人就不能生存和发展。所以，马克思说："任何一个民族，如果停止劳动，不用说一年，就是几个星期，也要灭亡，这是每一个小孩都知道的。"[②]因此，从事物质财富的生产

---

① 《马克思恩格斯选集》（第1卷），北京：人民出版社2012年版，第146页。
② 《马克思恩格斯选集》（第4卷），北京：人民出版社2012年版，第473页。

是人类的第一需要。

《墨子·七患》篇中说："凡五谷者，民之所仰也。"粮食是老百姓必须仰仗的。所以，"食不可不务也，地不可不力①也"，粮食必须及时进行生产，土地必须及时进行耕种。如果"为者寡，食者众，则岁无丰"。从事生产的人少，吃粮食的人又多，就没有丰收的年份。因此，如果能够"以时生财，固本而用财，则财足"。只要不误农时，抓紧时间从事农业生产，巩固农业根本，就会有足够多的财富生产出来。《墨子·经上》篇说："力，形之所以奋也。"力是物体或者身体能够运动的原因。"形"即形体、身体。《广雅·释诂》中说："奋，动也。""奋"就是运动的意思。《墨子·经上》篇说："生，形与知处也。"人的生命是形体和认知能力的结合。在墨子看来，人之所以为人，从根本上看，是人要靠自己的能力去劳动才能维持生存。因为人必须要首先解决衣食住行等问题才能生存，而要解决这些问题就必须要努力劳动。②生活，生活，人必须从事生产才能活在世界上。生命在于运动，这运动除了进行体育锻炼之外，应该还包括从事物质生产或文化活动的含义在内。

总之，人的生存和发展的关键在于人类自身，在于统治者可以通过制定法律和法令等来统治人民，在于人可以通过勤奋耕耘和强本节用来满足自己的物质文化需要，人可以自己决定自己的事情。

---

① 力：耕。
② 孙中原主编：《墨学与现代文化》，北京：中国广播电视大学出版社2007年版，第48页。

第六讲　宗教思想

宗教是一种非常复杂的社会现象。到目前为止，没有哪一个民族、哪一个国家、哪一个时代从未产生过宗教或受到过宗教或宗教现象所影响。墨子为了推行他所主张的"兼爱""非攻"思想以建设和谐社会与和谐世界的理想，提出了"天志""明鬼"的宗教思想。《墨子·鲁问》篇说："国家淫僻无礼，则语之尊天事鬼。""国家淫僻无礼"所说的，就是如果一个国家的人们缺乏规范，不守礼节，那么就应该教化他们"尊天事鬼"。墨子的"天志""明鬼"思想，肯定了天和鬼的存在，认为天和鬼是人世间万事万物的最高主宰。天和鬼都是有意志的神，它们是能够通过赏善罚恶的手段来控制人间的。如梁启超所言："墨子的'天'和老孔的'天'完全不同。墨子的'天'，纯然是一个'人格神'，有意欲，有感觉，有情操，有行为，所以他的篇名，叫作《天志》。"[1] 如果人们能够顺从天和鬼的意志，则得赏；反之，如果人们违背天和鬼的意志，则会遭到天和鬼神的惩罚。所以，人们必须心中有"天"，心中有鬼神。不过，在实质上，墨子的

---

[1] 梁启超：《墨子学案》，民国十年排印本，任继愈、李广星主编：《墨子大全》（第26册），北京：北京图书馆出版社2004年版，第54页。

"天志""明鬼"思想，从根本上还是以"天"和"鬼神"为工具，去推广和实现他们的"兼爱"理想或者主张，从而实现他们心目中天下太平、人民安居乐业的美好愿望。因为在墨子看来，天和鬼的意志，主要就是要人们兼相爱、交相利。墨子的"天志""明鬼"思想，主要体现在《墨子》一书中的《天志》上、中、下和《明鬼》下、《法仪》《非儒》等篇中。

一、天志

墨子的"天志"，实质上就是墨子为了实现其提出来的社会目标和社会理想的动力因素，相当于我们通常说的"人在做，天在看。"有了"天"的帮助，兼爱理想就可以充分地得到实现。墨子认为，"天"是人世间最高的裁判者和监督者。天欲义而恶不义，天的意志就是兼相爱交相利。"天"的"义"是用来匡正人的，人与天的关系是顺天之意则得赏，反天之意则必得罚，得罪于天不可逃也。

首先，天是人世间最高的裁判者和监督者。人世间最高的统治者就是天子。但天的地位比天子的地位更高，天比人包括天子在内，都有更高的主宰地位和裁决权。《墨子·天志上》篇论证说，一个人在一个家里，家长是不可得罪的，但如果得罪了家长还是有地方可以逃避的，因为可以逃到别人的家里去。一个人在一个国家里，国君是不可以得罪的，但是如果得罪了国君还是可以逃避的，因为可以逃到别的国家去。但是一个人处在天之下，无处不是被天所监督，所以，如果得罪于天，是无所逃避的。因为即使是林谷幽涧、四处无人的地方，天也是能够明察的。

第六讲 宗教思想

人们从事各种工作，发生各种行为，谁能成为他们所作所为正确与否的裁断者呢？墨子认为，必须上一级别的人士来裁决，但人世间的所有事情，最终都必须由天来裁决。《墨子·法仪》篇指出：父母无数、老师无数、统治者无数，但是他们这些人世间的长者或者处上位者，都不能作为衡量社会中一切现象和行为的法仪或者标准。因为父母也好，老师也好，统治者也好，虽人数众多，但真正能够称为仁爱之人的，并不是很多，如果以他们为"法"的话，就容易出现"以不仁者为法"，以不仁义的人作为标准或模范，这当然是不可以的。既然父母、老师、统治者，都不能作为衡量社会一切现象和行为的标准，那么究竟什么才能作为标准或者法仪呢？墨子认为只有"天"才能成为治理天下的法则和标准。《墨子·法仪》篇说道："然则奚以为治法而可？故曰：莫若法天。"只有"天"，才能成为人世间一切事物现象的最高主宰和监督者。

《墨子·天志上》篇进一步认为，庶人做事，有士人来裁断，士人做事，有将军大夫来裁决，将军大夫做事，有三公来裁定，三公做事有天子来裁决。而且天子做事，不能自己做裁决，必须要交由"天"来裁决。这就是说，只有"天"才是人世间最高的终审者和裁判者。

墨子指出，对于天子裁断三公诸侯以至士人和庶人的情况，当时天下的君子是明白的，但是对于天可以裁决天子，天下的百姓并不明白。所以，墨子强调，必须努力提倡上尊天，中事鬼，下爱人。殷周时期，统治者有时也讲天能对天子进行监督和赏罚，但更多是强调天子是天的儿子，是天的代理人，处处受到天的保护，具有无限的权力等。墨子却没有这么说。墨子把"天"看成是天子的裁决者，是天子的上司，天监督天子，对天子进行赏罚，就像天子监督和赏罚诸

129

侯，诸侯又监督、赏罚将军大夫，将军大夫又监督庶人和士人那样。墨子努力抬高"天"的至高无上的地位和权力，实际上等于贬低了人间天子的地位和权力。①

墨子的观点与《诗经》上说的情况根本不同。《诗经》说："普天之下，莫非王土；率土之滨，莫非王臣。"在墨子看来，所有的土地、人民，最终权力都不属于王，而是属于天所有，所以，王者不得据为私有。同时，国家无分大小，人也无分贵贱，都是天的臣邑。由此，人与人之间在天的面前是平等的。这正如基督教所讲的，在上帝面前是人人平等的。②墨子的尊天和爱人是一致的、相通的。

其次，天的意志就是"为义""兼爱"。所以，尊天就是兼爱，就是"为义"，而兼爱了、做义事了，也就是尊天了。

天的本性就是爱人利人的。《墨子·法仪》篇说："然而天何欲何恶者也？天必欲人之相爱相利，而不欲人之相恶相贼③也。奚以知天之欲人之相爱相利，而不欲人之相恶相贼也？以其兼而爱之、兼而利之也。"天的意志就是希望人们相互关爱，相互做对对方有好处的事情，天不希望人们之间相互贼害、相互憎恨。

天的意志就是希望人们都讲仁义，而不做那些不仁、不义、伤天害理的事情。《墨子·天志上》篇说："然则天亦何欲何恶④？天欲义而恶不义。然则率天下之百姓以从事于义，则我乃为天之所欲也。我为天之所欲，天亦为我所欲。然则我⑤何欲何恶？我欲福禄而恶祸

---

① 谭家健：《墨子研究》，贵阳：贵州教育出版社1995年版，第214页。
② 同上书，第214页。
③ 相贼：互相贼害。
④ 恶（wù）：厌恶。
⑤ 我：《道藏》本无此字，据毕沅校增。

祟。若我不为天之所欲，而为天之所不欲①，然则我率天下之百姓，以从事于祸祟中也。然则何以知天之欲义而恶不义？曰：天下有义则生，无义则死；有义则富，无义则贫；有义则治，无义则乱。然则天欲其生而恶其死，欲其富而恶其贫，欲其治而恶其乱，此我②所以知天欲义而恶不义也。"人世间的"义"，其根源在于天志。天下的事情从根本上都是"有义则生，无义则死；有义则富，无义则贫；有义则治，无义则乱"，人世间的事情都是天的意志的实际体现。

墨子还从天兼食天下来论证天是兼爱天下的。《墨子·法仪》篇说，"天"为什么是兼爱天下、兼利天下的呢？因为"天"就是化育天下所有人、供养天下所有人的。《墨子·天志中》篇说，既然"天"拥有天下，它也就像国君对待其境内的臣民一样，"天"也一定是会兼爱其所有臣民的。《墨子·天志下》篇进一步指出，由于天化育天下所有的人，同时天也供养天下所有的人，天下所有的人都是天的臣民，所以，天也是兼爱天下所有人的。

墨子还从自然现象和人类活动，来论证天的意志就是兼爱。《墨子·天志中》篇说："且吾所以知天之爱民之厚者有矣，曰：以磨③为日月星辰，以昭道④之；制为四时春秋冬夏，以纪纲⑤之。雷降雪霜雨露，以长遂⑥五谷麻丝，使民得而财利之；列为山川溪谷，

---

① 若我不为天之所欲，而为天之所不欲：《道藏》本无此十五字，据王念孙校增。
② 我：《道藏》本作"义"，据毕沅校改。
③ 磨：分离、分别。
④ 昭道：明白引导。
⑤ 纪纲：法度。
⑥ 长遂：长成。

墨子

播赋①百事,以临司②民之善否;为王、公、侯、伯,使之赏贤而罚暴;赋③金木鸟兽,从事乎五谷麻丝,以为民衣食之财。"上天分离日月星辰,就是为了明白引导天下的人民,而上天长成五谷麻丝,正是为了得到更多的财富和实际利益,天的意志就是为了兼爱广大的天下百姓。

《墨子·天志下》篇说:"顺天之意者,兼也;反天之意者,别也。兼之为道也,义正④;别之为道也,力正⑤。曰:义正者何若?曰:大不攻小也,强不侮弱也,众不贼寡也,诈不欺愚也,贵不傲贱也,富不骄贫也,壮不夺老也。是以天下之庶国⑥,莫以水火毒药兵刃以相害也。若事上利天,中利鬼,下利人,三利而无所不利,是谓天德。故凡从事此者,圣知也,仁义也,忠惠也,慈孝也,是故聚敛天下之善名而加之。是其故何也?则顺天之意。曰:力正者,何若?曰:大则攻小也,强则侮弱也,众则贼寡也,诈则欺愚也,贵则傲贱也,富则骄贫也,壮则夺老也。是以天下之庶国,方以水火毒药兵刃以相贼害也。若事上不利天,中不利鬼,下不利人,三不利而无所利,是谓之贼。故凡从事此者,寇乱也,盗贼也,不仁不义,不忠不惠,不慈不孝,是故聚敛天下之恶名而加之。是其故何也?则反天之意也。"墨子在这里用很大的篇幅来论证"天"的意志就是希望人们兼相爱,并且强烈批判和谴责"好攻伐之君""攻国杀君"的侵略

---

① 播赋:布敷。
② 临司:察视治理。
③ 赋:《道藏》本作"贼",据孙诒让校改,赋敛。
④ 义正:同"义政"。下同。
⑤ 力正:同"力政"。下同。
⑥ 庶国:众国,各国。

第六讲 宗教思想

行为。在墨子看来，天对"攻战"的行为是非常深恶痛绝的。

墨子认为，天的意志是主张互相帮助，提倡强力的。《墨子·天志中》篇说：天"欲人之有力相营，有道相教，有财相分也。又欲上之强听治也，下之强从事也。上强听治，则国家治矣；下强从事，则财用足矣。若国家治，财用足，则内有以洁为酒醴粢盛，以祭祀天鬼；外有以为环璧珠玉，以聘挠①四邻。诸侯之冤②不兴矣，边境兵甲不作矣。内有以食饥息劳，持养其万民，则君臣上下惠忠，父子弟兄慈孝。故唯毋明乎顺天之意，奉而光③施之天下，则刑政治，万民和，国家富，财用足，百姓皆得暖衣饱食，便宁④无忧"。天的意志就是要求在上位者要强听治，在下位者要强从事。因为上听治则国家得到治理，下从事则财用充足。

墨子认为，尚贤也是天志的应有之义。《墨子·尚贤中》篇说："故古圣王能⑤审以尚贤使能为政，而取法于天。虽天亦不辩贫富、贵贱、远迩、亲疏，贤者举而尚之，不肖者抑而废之。"天的意志就是要尚贤使能。尚同也是天的意志和天的要求。《墨子·尚同上》篇说："天下之百姓皆上同于天子，而不上同于天，则菑⑥犹未去也。今若天飘风苦雨溱溱而至者，此天之所以罚百姓之不上同于天者也。"人世间如果不尚同于天，就会遭到天的惩罚。

再次，天具有赏善罚恶的意志，顺天意者必然得到上天之赏，

---

① 挠：同"交"，据毕沅说。
② 冤：同"怨"，据苏时学说。
③ 光：通"广"。
④ 便宁：安宁。
⑤ 能：《道藏》本作"以"，据陶鸿庆校改。
⑥ 菑：同"灾"。

133

墨子

反天意者必然受到上天的惩罚。因为墨子认为，天的意志就是兼爱，所以，是否"兼爱"也就成为天用来赏罚人世的基本标准了。"墨子既断定天志是兼爱，于是天的赏罚，有了标准了。"[1]

墨子认为，天志作为一种方法论，它具有衡量一切是非真假的普遍性意义。《墨子·天志中》篇说："是故子墨子之有天志[2]，辟之[3]无以异乎轮人之有规，匠人之有矩也。今夫轮人操其规，将以量度天下之圜[4]与不圜也，曰：'中吾规者谓之圜；不中吾规者谓之不圜。'是以圜与不圜，皆可得而知也。此其故何？则圜法明也。匠人亦操其矩，将以量度天下之方与不方也。曰：'中吾矩者，谓之方，不中吾矩者，谓之不方。'是以方与不方，皆可得而知之。此其故何？则方法明也。故子墨子之有天之意也，上将以度天下之王公大人为刑政也，下将以量天下之万民为文学，出言谈也。观其行，顺天之意，谓之善意行；反天之意，谓之不善意行。观其言谈，顺天之意，谓之善言谈；反天之意，谓之不善言谈。观其刑政，顺天之意，谓之善刑政；反天之意，谓之不善刑政。故置此以为法，立此以为仪[5]，将以量度天下之王公大人、卿大夫之仁与不仁，譬之犹分黑白也。"

墨子在这里将自己所主张的天志，看成是用来衡量统治者的言论和行政的最高准绳、规范或者根据，就像做车轮的工匠有了圆规和矩尺那样，完全可以用天志来衡量统治者对社会的治理情况。因此，

---

[1] 梁启超：《墨子学案》，民国十年排印本，任继愈、李广星主编：《墨子大全》（第26册），北京：北京图书馆出版社2004年版，第55页。
[2] 志：《道藏》本作"之"，据毕沅校改。
[3] 之：《道藏》本作"人"，据孙诒让校改。
[4] 圜：同"圆"。下同。
[5] 仪：准则。

第六讲 宗教思想

图 6-1 墨子主张天志像规矩一样是衡量一切是非的标准。选自滕州市墨子纪念馆大型壁画《墨子圣迹图志》(1994 年 8 月)

"天志"成了墨子用来对统治者展开批判性思考的根本性标准或规范。有了这样的标准或规范，墨子所做出来的批判性思考也就是有标准的、有道理的、有方法的，而不是随便进行的。

二、明鬼

墨子认为，要实现天下的治理，必须要明鬼。天下混乱的原因在于鬼神不明。在墨子看来，鬼是"天"在人世间的具体表现，尊天和事鬼是一致的。

墨子认为，当时社会之所以混乱，就是人们对鬼神的存在持怀疑态度造成的。《墨子·明鬼下》篇指出，自从当初夏商周三代的圣王死后，天下人都不讲道义了，诸侯用武力相征伐，所以存在着君主对臣下没有恩惠，臣下对君主也不能尽忠；父兄对子弟不慈爱，子弟对父兄不孝敬；正长不能勤勉治政，贫民不努力从事生产，下面出现凶暴淫乱、抢劫偷盗的事情，用兵器、毒药、水火，在大小道路上遏阻无辜的人，抢夺别人的车马衣服来为自己获取好处等行为一齐出现，从这个时候开始，造成了天下大乱。这是什么原因导致的呢？都是因为人们对鬼神的存在与否的疑惑不定，对于鬼神能够赏善罚恶未能了解。现在倘若能够使全天下的人，都能够相信鬼神能够赏善罚恶，那么天下怎么还会动乱呢？！

墨子认为，尧舜禹三代圣王之后，之所以出现天下大乱，就是因为当时普遍疑惑鬼神的存在，不明确鬼神之能赏贤罚暴，由此导致天下大乱的。如果人们都能确信鬼神是存在的而且能够赏贤罚暴，就不会天下大乱了。

第六讲 宗教思想

墨子运用他所提出的"三表法",来证明鬼神是确实存在的。

首先,主张无鬼的人质疑说,谁见过鬼神是什么东西?墨子论证说,从众人耳目之实来看,如果他们曾经看到过鬼,那么还能说鬼神不存在吗?当然,如果他们都说从来不曾见过鬼神,则还能说有鬼神吗?《墨子·明鬼下》篇说:"与①天下之所以察知有与无之道者,必以众之耳目之实知有与亡为仪②者也,请惑③闻之见之,则必以为有;莫闻莫见,则必以为无。若是,何不尝入一乡一里而问之,自古及今,生民以来者,亦有尝见鬼神之物,闻鬼神之声,则鬼神何谓无乎?若莫闻莫见,则鬼神可谓有乎?"人们的耳朵和眼睛等感觉器官,可以作为判断有无鬼神的标准。如果人们曾经听到过鬼神的声音或者看到过鬼神的东西,则鬼神就是存在的,否则就可以说鬼神不存在。

对此,墨子列举事例认为鬼神是存在着的。比如,《墨子·明鬼下》篇记载,周宣王杀死了他的大臣杜伯,而杜伯实际上是无辜的。杜伯临死的时候就说:"我的君王要杀死我,而我却是无辜的,如果人死了一无所知也就算了;如果人死之后还有知的话,则不出三年,一定会使我的君王知道!"到了第三年,周宣王会合各路诸侯,在圃地打猎,打猎时的车子有好几百辆,随行的人有好几千,布满了田野。到了中午的时候,杜伯乘着一辆白马素车,穿戴着红色的衣帽,握着红色的弓箭,追赶周宣王,朝他的车上放箭,射中周宣王的心窝,宣王折断脊骨,扑倒在车中,伏倒在弓袋上死去。当时,跟从的

---

① 与(與):《道藏》本中此字前衍一"是"字,据张纯一校删,同"举(舉)"。
② 仪:标准,准则。
③ 请:同"诚",实际。惑:同"或"。

墨子

周人没有谁不曾看见过，远处的人没有谁不曾听说过。

其次，《墨子·明鬼下》篇记载，主张无鬼的人又质疑说：众人耳目之情岂能足以断疑？天下的高士君子，哪有能相信众人耳目之情的？对此，墨子论证说，从古代的三代圣王之事来看，尧舜禹汤文武都是可以作为准则的。比如，从前，周武王攻伐殷商，杀死商纣王，便命令诸侯分掌祭祀。如果是鬼神没有的话，周武王何必命令诸侯去分掌祭祀呢？

再比如，《墨子·明鬼下》记载，从前，虞夏、商、周三代圣王，他们开始建立国家营造都城时，必定要选择国都的中心建立祭坛；修建宗庙的时候，必定要选择树木茂盛的地方，设立神祠；必定要选择国都中慈孝、善良的父兄，让他们去做太祝、宗伯；必定要选择肥壮而毛色也纯正的牲畜，作为祭祀的供品；置备珪璧琮璜等玉器，以适合自己的财力为度；必定要选择芳香黄熟的五谷，作为祭祀的酒醴米饭。所以，酒醴米饭按照年岁的好坏而有增减。所以，古代圣王治天下，一定要先祭祀鬼神，然后才办理人事，就是这个道理。

再次，主张无鬼的人又问，到底什么书上说过鬼神是存在的事实呢？墨子举例说，《周书·大雅》就有记载说："文王在上，于昭①于天，周虽旧邦，其命维新。有周不②显，帝命不时③。文王陟降④，在帝左右。穆穆⑤文王，令问不已⑥。"（《墨子·明鬼下》）周文王

---

① 于：语气助词。昭：昭明。
② 不：同"丕"，大。
③ 时：同"是"，正确。
④ 陟降：指逝世。
⑤ 穆穆：勤勉的样子。
⑥ 令：美好。问：同"闻"，指名声。

在万民之上，他的功德昭著于天下。周虽然是一个古代的国家，但到周文王接受了天命，就焕然一新了。周国的功业非常辉煌，天帝的授命十分正确。周文王的神灵浮沉于天地之间，伴随在天帝左右。勤勉的周文王，他的美名永远也不会泯灭。如果鬼神不存在的话，那么周文王死了之后，他怎么还能在天帝的左右呢？

《夏书·禹誓》说："尔卿大夫庶人，予非尔田野宝玉①之欲也，予共②行天之罚也。左不共于左③，右不共于右④，若不共命⑤，御非其马之政⑥，若不共命，是以赏于祖而僇于社。"（《墨子·明鬼下》）这段话说的是：你们各位卿大夫和平民要知道，我们并不是要得到土地和宝玉，我是忠实地替上天执行诛罚。战车左边的射手，如果不尽力从左边进攻，战车右边的枪手，如果不从右边进攻，就是不服从命令。御者不能驾驭车马，就是不服从命令，就当论罪。所以在祖庙里行赏，在神社里罚罪。为什么要在祖庙里行赏呢？就是为了向先祖表明赏赐是公平的；那为什么要在神社里惩罚罪人呢？是为了向鬼神表明处罚是公正的。古代的圣王必定认为鬼神是要赏赐贤人，诛罚罪人的，所以才一定要在祖庙里行赏，在神社里处罚，这就是众所周知的《夏书》上记载的鬼神之事的内容。在墨子看来，先王之书足以证明，鬼神是存在着的。

墨子还从国家百姓人民之利来论证鬼神是存在的。他说，如果

---

① 宝玉：《道藏》本作"葆士"，据俞樾校改。
② 共：同"恭"，恭谨。
③ 左：指车左边之射手，乃执弓箭者。共：同"攻"。
④ 右：指车右边之枪手，乃执矛者。
⑤ 共命：恭谨从命。
⑥ 御：驭，驾车者。其：《道藏》本作"尔"，据谭家健校改。政：同"正"。

墨子

认为鬼神是能够赏善罚恶的，那么用这种观念去治理国家、治理万民，实在是实现国家治理造福万民的正道。如果不认为是这样，那么官吏在办公室办公的时候不廉洁，男女混杂而没有分别，鬼神都能看见。老百姓做淫邪横暴的事情，扰乱社会，偷盗抢劫，用兵器、毒药、水火等，在道路上遏阻袭击无辜的人，抢夺别人的车马衣裘以自利的人，也有鬼神能够看见。因此，官吏在办公室办公的时候就不敢不廉洁，看到善的行为就不敢不赏赐；看见恶的行为就不敢不惩罚；老百姓淫邪横暴，扰乱社会，偷盗抢劫，用兵器、毒药、水火等在道路上袭击无辜的人，抢夺别人车马衣裘以自利的人，也就没有了，所以，天下安定。因此，鬼神的明察秋毫，无论是幽深隐微、浩渺广阔的地方，还是山林深谷掩蔽之处，鬼神的明察都一定是能够知道的。鬼神的惩罚，无论是富贵势众，勇武强悍，还是拥有坚固的铠甲和锋利的武器的人，鬼神的惩罚都一定能够战胜他们。在墨子看来，即使像夏桀、商纣这样凶恶残暴的君主，鬼神也是能够制裁他们的。无论其地位有多高，鬼神都能够对之加以处罚。

针对主张无鬼的人所质疑："明鬼神会导致浪费，因而和墨家所主张的节约节用相矛盾。"墨子回应说，"古①今之为鬼，非他也，有天鬼，亦有山水鬼神者，亦有人死而为鬼者。今有子先其父死，弟先其兄死者矣，意虽使然，然而天下之陈物②曰'先生者先死'。若是，则先死者非父则母，非兄而姒③也。今絜为酒醴粢盛，以敬慎祭祀，

---

① 古：《道藏》本中此字后有一"之"字，据孙诒让校删。
② 陈物：常言，俗话。
③ 姒：古指年轻的女子，这里指姐姐。

若使鬼神诚①有，是得其父母姒兄而饮食之也，岂非厚利哉？若使鬼神诚②亡③，是乃费其所为酒醴粢盛之财耳。且夫④费之，非特⑤注之汙壑而弃之也，内者宗族，外者乡里，皆得如具饮食之。虽使鬼神诚⑥亡，此犹可以合欢聚众，取亲于乡里。"(《墨子·明鬼下》）

在墨子看来，古今称为鬼神的，不是别的东西，有天上的鬼神，有山水的鬼神，也有人死后变成鬼神的。现在也有儿子先于父亲而死的，弟弟比哥哥先死的。虽然是这样，但是按照天下比较普遍的说法，常是先出生的先死。如果是这样，那么先死的，不是父亲就是母亲，不是哥哥就是姐姐了。现在准备好洁净的酒食祭品，恭敬谨慎地祭祀。如果鬼神真的实有，则等于是请祖先吃喝，岂不是很好的事情？如果鬼神是没有的，也不过是花些小钱置办些酒食，而且祭祀完毕之后也并不是要将这些酒食丢到污水沟里，白白扔掉。内部同族的人，外面乡里邻居，都可以请他们来吃。所以，即使鬼神不存在，也可以用来聚众欢乐，使得邻里亲近。所以，祭祀鬼神并不浪费，更不会与节约节用的主张矛盾。

墨子不但论证鬼神是存在的，还认为鬼神是非常神明的。这种神明就是鬼神能够赏善罚恶，能够监督所有的人，能够制裁所有的人，不管其地位有多高。"鬼神之所赏，无小必赏之；鬼神之所罚，无大必罚之。"(《墨子·明鬼下》）鬼神所赏赐的，无论其地位多么

---

① 诚：《道藏》本作"请"，据孙诒让校改。
② 同上。
③ 亡：通"无"。
④ 且夫：《道藏》本作"自夫人"，据孙诒让校改，发语转折词。
⑤ 非特：《道藏》本作"非直"，据孙诒让校改，不只是。
⑥ 诚：《道藏》本作"请"，据孙诒让校改。

低贱,都会给予赏赐;鬼神所惩罚的,无论其地位多么高贵,也都会给予惩罚的。

《墨子·公孟》篇记载,有一个在墨子门下求学的人,对墨子说:"先生以鬼神为明知,能为人祸福哉[1]?为善者富之,为暴者祸之。今吾事先生久矣,而福不至。意者先生之言有不善乎?鬼神不明乎?我何故不得福也?"意思是说,您墨子认为鬼神是明智的,能给人带来祸福,让行善的人富裕,让为恶的人遭殃。但如今我侍奉您那么久了,福气却没有来。或许是您所说的话有不对的地方?鬼神并不神明?我为什么得不到福呢?墨子回答说:"虽子不得福,吾言何遽不善?而鬼神何遽不明?子亦闻乎匿徒之刑之有刑乎?"虽然你还没有得到福,但我说的话有什么不对的呢?鬼神为何就不明智呢?你有听说过藏匿犯人是有罪的吗?这个人说:"未之得闻也。"没有听说过。墨子这时论证道:"今有人于此,什子,子能什誉之,而一自誉乎?"现在有一个人在这里,才能十倍于你,你能十次称赞他,而只有一次称赞你自己吗?这个人回答说:"不能。"墨子又问:"有人于此,百子,子能终身誉其善,而子无一乎?"有一个人在这里,才能百倍于你,你能终身称赞他的长处,而没有一次称赞你自己吗?这个人说:"不能。"墨子最后反问道:"匿一人者犹有罪,今子所匿者若此其多,将有厚罪者也,何福之求?"藏匿一名犯人,尚且有罪,现在你藏匿他人之善者如此之多,你将有重罪啊!还求什么福?在墨子看来,一个人虽然也许做了一些善事,但还有很多善事没有能够去做,所以,自己做善事没有得到及时回报,不要怪鬼神不明,而是应

---

[1] 能为人祸福哉:《道藏》本作"能为祸人哉福",据孙诒让校乙。

第六讲 宗教思想

该怪自己所做的善事还不足够多而已。

墨子尊天明鬼思想存在一定的迷信成分，但不能一概而论就否定其合理性。今天看来，墨子的天志明鬼思想基本上属于一种原始宗教，①因为墨子的尊天明鬼思想，从根本上是为了推行他的兼爱思想。

墨子天志明鬼思想体现了中国传统哲学的基本精神，这个精神就是"推天道以明人事"。中国传统哲学有一个普遍的架构，就是意图以天道来明人事。老子主张自然无为，所以人事也无不如此。《老子》五十一章指出："道生之，德畜之，物形之，势成之"，所以，"万物莫不尊道而贵德"。既然天道是自然无为柔顺，所以人事也应该是自然无为柔顺。如王国维所说，墨子主张兼爱、为义。义者，利也。既然天道讲爱利，则人道也不可不如此。②

《墨子·天志上》说："我为天之所欲，天亦为我所欲。"我所希望做的也就是天所要做的，所以天要做的和我想做的是一致的、相通的。"天下有义则生，无义则死；有义则富，无义则贫；有义则治，无义则乱。"（《墨子·天志上》）天下有义的就生存，无义的就死亡，有义的就富足，无义的就贫穷，有义的就安定，无义的就混乱。所以，在墨子看来，既然天主张"义"，反对"不义"，主张兼爱交利，所以，我墨子主张兼爱，做义事，也就不过是表现天的意志而已。同理，墨子主张非攻、非命，尚力、尚贤、尚同等思想主张，也都是天的意志的体现。所以，墨子说："我有天志，譬若轮人之有规，匠人之有矩。"（《墨子·天志上》）有了上天的意志，就像做车

---

① 谭家健：《墨子研究》，贵阳：贵州教育出版社1995年版，第227页。
② 李存山：《墨子的天志明鬼和非命思想》，李守信、邵长婕主编：《墨子公开课》，北京：商务印书馆2018年版，第290页。

墨子

轮的人有了圆规，木匠有了矩尺那样。"天志"是"人事"的规矩、法仪、规范，墨子就是用"推天道以明人事"的方式来为人的生活世界确立价值标准和准则。①

墨子的天志明鬼思想并非一些人所认为的封建迷信。如所周知，墨子非命，反对命定论，也是反对迷信的。《墨子·贵义》篇记载，墨子有一次到北方的齐国去，遇到一个算命的人。算命者对墨子说："帝以今日杀黑龙于北方，而先生之色黑，不可以北。"墨子并不听这个算命者的话，继续往北方走。到了淄水，发现河水上涨，不能前进，只得返回。回来的路上又遇到先前的算命者。算命者于是对墨子说："我就说先生不可以往北吧。先生却不听我的话。"墨子对此回答道："南之人不得北，北之人不得南，其色有黑者，有白者，何故皆不遂也？且帝以甲乙杀青龙于东方，以丙丁杀赤龙于南方，以庚辛杀白龙于西方，以壬癸杀黑龙于北方，若用子之言，则是禁（天）下之行者也。是围心而虚天下也，子之言不可用也。"

算命者的言论就是迷信，不值得相信，是不可用的。如果人人都相信算命者的迷信言论，则就无所适从了。由此看来，墨子用"三表法"来论证鬼神的存在，是其为推行兼爱思想的良苦用心而已。当然，墨子用百姓耳目之实来论证鬼神的存在，也是受他的狭隘的个体经验论的消极影响而导致的罢了。但是，墨子最终是反对迷信，崇尚科学的，所以，他也一定要尊天、事鬼、爱人。

总之，墨子为了推行其兼爱思想主张，采用了中国传统哲学的

---

① 李存山：《墨子的天志明鬼和非命思想》，李守信、邵长婕主编：《墨子公开课》，北京：商务印书馆2018年版，第291页。

第六讲　宗教思想

图6-2　墨子反驳算命先生的迷信思想。选自张若宽《墨子圣迹》国画作品集

以天道明人事的哲学方法，认为必须尊天明鬼，这体现了宗教的超越性精神。既然人事之最终根据在于天道的主宰和裁断，所以人事就得服从天道或者天理，所以，"人在做，天在看"，天是人事的监督者和最终审判者。墨子提出"天"的主张，相当于指出了某种规律性，它警示统治者，包括每一个人，必须要有敬畏之心，不要胡作非为，而要有所畏惧，有所顾忌。

第七讲　哲学思想

墨子为了推行他以兼爱为核心的社会政治学说，提出了"天志""明鬼"的思想主张。他认为，天是有意志的，人间的事情全都是由天所控制的，上天在地上的代表就是鬼神。墨子通过他们所提出的"三表法"，通过他所主张的"耳目之实"的经验论，来论证鬼神的存在。显然，在墨子的思想中，存在着严重的神学思想，存在着许多不科学、不合理的成分。但是，墨子作为中下层小生产阶级的代表，作为劳动者的代言人，他的思想整体上又呈现出科学的唯物主义精神。

一、物质观

古代的朴素唯物主义，通常把宇宙的本原归于某一种或某几种具体的物质形态。墨子关于这个问题的回答已经达到了比较高的水平，他们将对整个宇宙的抽象统一称为"物"。《墨子·经说上》篇说："物，达也，有实必待之名①也命之。""达名"是外延上最大的普

---

① 之名：《道藏》本作"文多"，据孙诒让校改。

遍概念，即范畴，它是对整个物质世界的反映，它同"实"（实体、事实或者事态）的范围一样大，凡是存在着的"实"都一定有相应的名来称呼它。从而，墨子把"物"界定为外延最大的概念，它的内涵就是"实"，所有的"实"都可以用"物"来加以概括。

墨子关于"物"的思想，与恩格斯关于"物质"概念的界定非常接近。恩格斯说："实物、物质无非是各种实物的总和，而这个概念就是从这一总和中抽象出来的。"[1]哲学上的"物质"概念，正是对实际存在着的各种事物或事实的总和、抽象。关于这个问题，张岱年的观点值得讨论，他说："'物质'一词是一个翻译名词，取'物'与'质'二字。在中国古代哲学中，所谓质都有其确实的意义，不同于今日所谓物质。中国古代哲学中，所谓物指具体的实物。"[2]如上所述，墨子所说的"物"，并非仅仅指某种"具体的实物"，也可以指对各种具体实物的抽象，也就是作为哲学概念的"物"。而且，墨子并没有随便使用"物"这个字。据笔者统计，在狭义《墨经》四篇中，"物"字共出现8次，都是作为哲学上的范畴"物质"来使用的。

20世纪初，列宁曾把"物质"界定为"客观实在"。他说："物质是标志客观实在的哲学范畴，这种客观实在是人通过感觉感知的，它不依赖于我们的感觉而存在，为我们的感觉所复写、摄影、反映。"[3]这里的客观实在性包括第一性和可知性两个方面。就第一性来说，物质的唯一特性就是它的客观实在性，现代科学中所讲的"场"，其实就是物质的一类具体形态。墨子主张"取实予名"，反对"以名

---

[1] 《马克思恩格斯选集》（第3卷），北京：人民出版社2012年版，第939页。
[2] 张岱年：《中国哲学史发凡》，北京：中华书局1983年版，第132页。
[3] 《列宁全集》（第18卷），北京：人民出版社2017年版，第130页。

墨子

正实",其实就是要坚持物质的客观实在性。就可知性来说,物质又是能够为人们所认识的,人们可以通过感知具体的各种物质形态,从而把握物质概念。墨子强调"以见知隐",强调理性认识的重要性,注重认识的主体性,显然也主张"物质"是可知的,属于可知论。

墨子的物质观的特点就在于,古代的一般朴素的物质本原论,普遍把宇宙的本质归结为某一种或者某几种具体的物质形态,而墨子则在具体的物质形态之中,看到了"物",这个物就是对各种具体实物的一般性抽象,而且它必然为人们所认识并可以用名称来指称它。显然,墨子的物质观是十分深刻的。

墨子还对时间和空间等概念作了科学的界定。他把时间称为"久",把空间称为"宇"。《墨子·经上》篇说:"久,弥异时也。"《墨子·经说上》篇解释说:"[久]合①古今旦②莫③。"时间这个概念是对各种具体时间形式的抽象概括,比如古、今、旦、暮,都是包括在时间概念中的具体时间。具体的时间形式叫"时",连续的有差异的"时"就叫作"久",也就是哲学上的时间概念。《墨子·经上》篇说:"宇④,弥异所也。"《墨子·经说上》篇解释说:"[宇]东西家南北。"空间概念是对各种具体空间形式的抽象概括,比如东、西、南、北、家,都包括在空间的概念之中。具体的空间形式叫作"所",即处所,连续的有差异的"所",就叫作"宇",即哲学上的空间概念。《淮南子·齐俗训》说:"往古来今谓之宙,四方上下谓之

---

① [久]合:《道藏》本作"今久",现乙正,据胡适校改。
② 旦:《道藏》本作"且",据王引之校改。
③ 莫:暮,夜晚。
④ 宇:《道藏》本作"守",据孙诒让校改。

宇。"这是对墨子宇宙观或时空观的继承和总结。当代哲学把时间概念界定为物质运动过程的持续性,把空间概念界定为运动着的物质的广延性,这和墨子关于时间和空间的定义是基本符合的。

关于时间、空间和物质三者之间的关系,墨子认为,时间和空间与物质运动之间是密切不可分离的。《墨子·经下》篇说:"宇或①徙②,说在长宇久。"《墨子·经说下》篇说:"宇徙而有处,宇南宇北③,在旦④有⑤在莫⑥。"在墨子看来,物质是运动的,物质的运动必然表现为在一定的空间和时间中的运动,物质运动在空间中有处所,也就是要有东西南北,在时间上要有久,也就是要有旦有暮,时间和空间是密切相联的。墨子以人走路的现象做例子,说"行修⑦以久,说在先后"(《墨子·经下》)。人行走一定长的空间必须经历一定长的时间。《墨子·经说下》篇说:"诸⑧行者必先近而后远。远近⑨修也,先后久也。民行修必以久也。"人走路,必然要先走近处,后走远处。远近就是空间,先后就是时间。

在墨子看来,时间和空间是紧密相联的,相对于时间而言才有空间,相对于空间而言才有时间,时间和空间二者都不是绝对的,它们都是物质运动的表现形式和存在方式。墨子这一思想与狭义相对论

---

① 或:"域"的正字。
② 徙:《道藏》本作"從",据孙诒让校改。
③ 宇南宇北:《道藏》本作"宇宇南北",据高亨校乙。
④ 旦:《道藏》本作"且",据孙诒让校改。
⑤ 有:通"又"。
⑥ 莫:暮,夜晚。
⑦ 修:《道藏》本作"循",据张惠言校改。
⑧ 诸:《道藏》本作"者",据吴毓江校改。
⑨ 远近:《道藏》本作"远修近",据俞樾校删。

和广义相对论的基本原理不谋而合。狭义相对论是说,物质尽管有其在空间上的广延性和时间上的持续性,但是如果处在不同的物质体系中,空间广延的长短和时间间隔的快慢也将不是绝对的而是相对的。根据相对论的公式,可以算出,尺子的长度在不同的物质运动体系中也是不一样的,会随着运动速度的增加而缩短,也就是运动的速度越快,则长度就变得越短,空间的广延性是随物质运动的变化而变化的。同样地,同一个时钟的时间间隔在不同的物质运动体系中也是不一样的,会随着运动速度的增加而变慢,运动的速度愈快,其指针的速度就愈慢,即时间的间隔是随着物质运动的变化而变化的。广义相对论则进一步提出时空曲率和引力场、质量密度之间的关系,证明了时间和空间与物质运动之间的密切联系。

爱因斯坦(Albert Einstein, 1879-1955)曾经指出:"在广义相对论中,空间和时间的学说,即运动学,已不再表现为同物理学的其余部分根本无关的了。物体的几何性状和时钟的运行都是同引力场有关的,而引力场本身却又是由物质所产生的。"[1] 广义相对论表明,时间、

图 7-1 爱因斯坦

---

[1] 许良英、范岱年编译:《爱因斯坦文集》(第 1 卷),北京:商务印书馆 1976 年版,第 112 页。

空间和运动，都不过是物质本身的属性。

总之，墨子虽然没有能够发现相对论，但是他的时空观和相对论的时空观在强调时间、空间与物质运动之间的不可分割性这一点上是完全没有分别的。

墨子还讨论了时间和空间的有限性和无限性的问题。他把"有限"叫"有穷"，把"无限"叫"无穷"。《墨子·经说下》篇说："久：有穷，无穷。"时间既可以是有限的、有穷的，也可以是无限的、无穷的，是有限和无限、有穷和无穷的统一。《墨子·经上》篇说："穷，或①有前不容尺也。"《墨子·经说上》篇说："或不容尺有穷，莫不容尺无穷也。"空间既可以是有限的、有穷的，也可以是无限的、无穷的。有穷是空间区域不能再容纳一条线的情况。也就是说，空间区域前面不能再容纳一条线，称为有穷；要是没有不能容纳一条线的情况，就称为无穷。这说明了，无穷是无数有穷的集合，无穷即存在于无数的有穷之中。时间和空间的有穷或者无穷的性质是相互联系、相互渗透、相辅相成的。

墨子的时空理论与唯物辩证的时空观相吻合。在辩证的时空观看来，时间和空间是有限性和无限性的辩证统一。一方面，无限包含有限，无限是由有限构成的。无限的时间和空间，必定把具体的有限的时间和空间包含在自身之中，离开一个个有限的具体的时间和空间，时间和空间的无限性也就不存在了。所以，恩格斯说："无限纯粹是由有限组成的，这已经是矛盾，可是情况就是这样。"② 另

---

① 或："域"的正字，区域，据孙诒让说。
② 《马克思恩格斯选集》（第3卷），北京：人民出版社2012年版，第427页。

墨子

一个方面，有限也包含着无限，体现出无限。任何具体的确定的事物在时间和空间上都有自己的界限，然而由于事物运动转化的本性，有限的界限又不断地被打破，被否定从而趋于无限。总之，有限是局部，是无限的必要环节；而无限则是全体，是有限的必然趋势。有限是有条件的、暂时的，因而有限是相对的；无限则是无条件的、永恒的，因而是绝对的。有限和无限之间既相互排斥，同时又相互贯通、相互统一。

二、辩证法

恩格斯（Friedrich Engels, 1820-1895）曾经说："古希腊的哲学家都是天生的自发的辩证论者。"[①] 这一个论断对墨子来说也是非常合适的。

墨子所提出的一个非常重要的辩证命题是"同异交得"。《墨子·经上》篇说："同异交得，放[②]有无。"同和异二者之间相互渗透，是可以同时把握的，就像"有"和"无"这对矛盾那样。墨子列举了十多个典型事例以说明这一矛盾。《墨子·经说上》篇说："于福[③]家良恕[④]，有无也。比度，多少也。蛇蚓旋圆[⑤]，去就也。鸟折用桐，坚柔也。剑犹甲[⑥]，死生也。处室子、子母，长少也。两绝胜，

[①] 《马克思恩格斯选集》（第3卷），北京：人民出版社2012年版，第394页。
[②] 放：通"访"。
[③] 福：通"富"。
[④] 恕：《道藏》本作"恕"，据孙诒让校改。
[⑤] 蛇蚓旋圆：《道藏》本作"免蚓还圆"，据孙诒让校改。
[⑥] 犹：《道藏》本作"尤"，据沈有鼎校改。甲：《道藏》本作"早"，据孙诒让校改。

白黑也。中央，旁也。论行、行行、学实，是非也。鸡[①]宿，成未也。兄弟，俱适也。身处志往，存亡也。霍[②]，为姓故也。贾[③]宜，贵贱也。"

墨子举例说，一个人家财万贯，但却学识贫乏；另一个人学识渊博，但却穷困潦倒。这就是"有富家"和"无良知"，或者"有良知"和"无富家"，两者一有一无，是"有无"两种性质共存于一人之身。一个数，在与不同的数相比较度量时，就会既多又少。比如，月收入 50000 元，比 30000 元多，但比 80000 元少，这就是既多又少。蛇和蚯蚓的蠕动，既离开又接近。鸟儿筑巢的时候，折取梧桐树枝，既坚实又柔软。剑的根本作用，在于消灭敌人，但是消灭敌人的目的也是为了保存自己，所以，剑具有与保护生命的铠甲相同的作用。在一个家庭里，一个妇女，对女儿来说是母亲，对母亲来说又是女儿，既长一辈又少一辈。一个物体的颜色，比甲物淡却比乙物浓，这就是既白且黑。一个圆的圆心，可作为另一个圆的圆周，既是中央又是旁边。一个人的言论和行动、行动和行动、学问和实际之间，可能既有是又有非。母鸡孵雏，在小鸡将要出壳却又未出壳时，就处于既成又未成的阶段。在一个家庭里，排行老二的人，他会既是兄又是弟，所以，说兄或弟都合适。一个人，身处此地，但他的心志却跑到别处去了，这就是既存且亡。霍这个字，可以指一种动物鹤，也可指一个姓霍的人。因为在古代，"鹤"和"霍"二字通假，使得"霍"字存在歧义。一个合适的价格，对于卖方来说已经够贵的了，否则他

---

① 鸡：《道藏》本作"难"，据高亨校改。鸡宿：鸡孵卵。
② 霍：通"鹤"。
③ 贾：通"价"。

就不会卖，但是对于买方来说却是够贱的了，不然他就不会买，这就是既贵且贱。

"同异交得"的"同"和"异"，就是指的同一性和差异性。《墨子·经上》篇说："同，异而俱于之一也。"就是说，"同"是相异的事物都具有的某种共同方面。墨子在这里用"异"来规定"同"。这与唯物辩证法的看法是一致的。因为同一无非是以差别和对立为前提的，是包含着差别和矛盾的具体的同一。换句话说，没有矛盾双方的相互对立、相互斗争，就谈不上它们之间的相互依存和相互贯通。《墨子·大取》篇说："有其异也，为其同也；为其同也异。"也就是说，事物都有其相异的方面，这恰恰就在于其具有它们相同的方面。所有的相异都生长于它们相同的根基之上。

墨子通过"同"来规定"异"，这与唯物辩证法是大致相通的。因为差别和对立无非是事物内部的差别和对立，因而差别、矛盾、对立和斗争都必然和同一性相联系，为同一性所制约。墨子的"同异交得"的意思，也就是说的同一性和差异性是相互渗透的，是可以同时加以把握的，即差异对立的属性均存在于同一事物之中。墨子的观点非常类似于唯物辩证法的对立统一规律。当然，墨子在这里并没有能够提出矛盾的斗争性，更没有认识到矛盾的同一性是有条件的、绝对的，对立面的同一和斗争是事物运动、变化和发展的源泉和动力。这表明了墨子的哲学尚属于古代哲学的范围，它具有朴素、直观的性质，有其历史的局限性。墨子的"同异交得"法则的提出是有其针对性的。比如，与墨子同时代的名家学派就坚持"离坚白"的形而上学命题，即坚和白是两种绝对排斥的属性。墨子针锋相对地提出了"坚白相盈"的命题。《墨子·经说下》说：

"抚①坚得白，必相盈也。""石，一也。坚白，二也，而在石。"在同一块石头之中所存在的坚和白两种性质，是相互渗透和同时包含着的，可以同时加以把握。

《墨子·经下》篇说："一少于二，而多于五，说在建住②。"《墨子·经说下》篇解释说："五有一焉，一有五焉。十，二焉。"一比二少但却比五多，这显然是一个矛盾，但这个矛盾不是逻辑矛盾而是辩证矛盾。因为它是从"建"和"住"这两个不同的事物方面来说的。亚里士多德（Aristotle，前384—前322）曾经指出，"关于同一事物的对立命题不能同时为真。"③

图7-2 亚里士多德

也就是说，在同一条件下不能同时肯定两个互相矛盾的判断，否则就会自相矛盾。自相矛盾就是在同一条件下同时断言两个互相矛盾的判断为真而犯的逻辑错误。《墨子·经说上》也说："或谓之牛，或谓之非牛，是争彼也。是不俱当。不俱当，必或不当，不若当犬。"一个人说"这是牛"，另一个人说"这不是牛"，这是围绕同一个事物

---

① 抚：《道藏》本作"无"，据梁启超、高亨校改。
② 建住：建立集合与住入元素，据沈有鼎、孙中原说。孙诒让改"建"为"进"，改"住"为"位"并属下一条，不确。曹耀湘、高亨不改"建"但改"住"为"位"，姜宝昌同意这样的看法，或者将"建住"改为"进位"，均不确。
③ 苗力田主编：《亚里士多德全集》（第1卷），北京：中国人民大学出版社1990年版，第252页。

对象所进行的一对矛盾命题之争。他们所争论的两个命题不能同时都是真的,其中必然有一个是假的,这和犬的那个例子不同。但是,对于"一少于二而多于五"这样的命题,则是讲改变了条件的情况。"一多于五"是指,比如,五个手指头里,"一"总共有五个,而"五"却只有一个,可见"一"确实是比"五"多了。"建"的意思是指建立集合,"住"的意思是在集合里住进元素。这样,单纯地建立一个集合与单纯地建立二个集合的数量比起来,当然是前者少于后者。但是,如果是在一个集合里住进一个元素和同时住进五个元素的次数相比较起来,则是前者多于后者。所以,就"建"来说是"一少于二",但如果是就"住"来说却是"一多于五"。"一"对于"五"来说,分别"建"和"住"两个不同的方面,是既"少"又"多"的,是"同异交得"的,是"少"和"多"可以同时把握的。

墨子提出来的另外一个重要的辩证命题是"两而勿偏"。《墨子·大取》篇说:"权者两而勿偏。"《墨子·经上》篇说:"见:体、尽。"《墨子·经说上》篇说:"特[①]者,体也。二者,尽也。"权衡思考问题需要顾及两面而不是只顾一面。要全面地看问题而非片面看问题。《墨经》中的"体""特""或""偏"等范畴都表示一面、部分的意思,而"兼""俱""二""尽"等范畴,则表示全面、整体的意思。《墨子·小取》篇说"故言多方、殊类、异故,则不可偏观也"。就是说,人的言论有多方面的道理、不同的类别和理由,不能片面地观察和分析事物。墨子定义了许多对立范畴,比如体和兼、利与害、有穷和无穷、久与宇等,全面深入地论证了思维的全面性原则和整体

[①] 特:《道藏》本作"时",据孙诒让校改。

性原则。

当代西方的结构主义哲学强调对事物的结构性和整体性研究,认为整体性结构规定着事物的各个组成部分的性质和意义,规定着事物的根本性质。这和墨子所阐述的"两而勿偏"的原则所强调的必须整体地把握事物这一点一致。但是,墨子所讲的整体地把握事物是要看到事物的矛盾的两面、事物的各个方面,从而全面地整体地认识事物。而结构主义哲学却把事物的结构整体性都看成是完全各自独立的,同其构成要素和部分毫无联系的唯一存在,这完全是错误的认识。

总之,墨子的"两而勿偏"全面性原则与其"同异交得"的矛盾原则是一脉相承的。因为既然客观事物都是矛盾的统一体,那么人们在观察思考各种问题的时候,就应该具有全面性而不要片面化,要顾及事物情况的两面和多面,而不要只顾一面。事物的辩证本性要求应用辩证的分析方法,事物的矛盾性决定了人们认识的全面性,否则人们就难以正确地认识世界和改造世界。正如系统论的整体观所认为,一方面我们必须把握事物的整体,同时另一个方面,我们还必须整体地来把握事物。随着当代科学发展的整体性、综合性、复杂性的日益加强,自然科学、社会科学本身的发展,内在地要求必须进行辩证的思维。系统论、控制论、信息论、耗散结构论、协同学等系统科学或复杂性科学的建立和发展,充分说明了辩证法和辩证思维的生命力之所在。墨子"同异交得""两而勿偏"的辩证思维法则的真理性必将越来越被显示出来。

三、认识论

墨子非常重视探讨认识主体本身，对人的认识能力和认识过程进行了很多的思考和研究。《墨子·经上》篇说："知，材也。"《墨子·经说上》篇对此解释道："[知材]知也者，所以知也，而必知。若明①。""知材"的"知"指的是人的认识能力，它是人们之所以能够认识事物、获取知识的生理条件，同时也是必要条件。在墨子看来，具备了认识的生理条件也是必然能够使人们获得知识的。

墨子认为，人们要获得正确的认识，还必须从事认识活动。《墨子·经上》篇说："虑，求也。"《墨子·经说上》篇解释说："虑也者，以其知有求也，而不必得之，若睨②。"虑即思虑、思索，它是人们运用自己的认识能力从事认识活动，但从事认识活动却不一定就能够获得正确的认识，因为人的认识难免片面。墨子在这里所说的"虑"，是人们运用自身所特有的认识能力，进行探寻求索的认知活动与状态，这是墨子强调人的主观能动性的体现。

皮亚杰的发生认识论认为，人作为能动的主体，并不是被动地承受外部世界的信息的，而是以大脑中的信息性结构为认知和思维的定势，对来自外部世界的信息进行有组织的加工和分类等。墨子认为，即使人们有了求知的状态，也不一定能够获得认识，就像人只是用眼睛的一角斜着一瞥，如果不正面审视，不全面考察事物的话，人们也就不能看清楚事物的本来面目。因此，参加认识活动是人们获得

---

① 明：眼睛，从姜宝昌说。
② 睨：斜视。

第七讲 哲学思想

认识的必要条件，如果人们不参加认识活动，则必定不能获得正确的认识。墨子的观点和辩证唯物论的认识论是一致的。因为客观事物的情况是多种多样的，所包含的信息也是复杂多样的，所以，客观事物本身作为认识课题所包含的多种属性、结构、层次和关系，就会必然地制约着认识主体对事物本身的认识。所以，认识主体对客体的认识是不会一次就能完成的。

所以，墨子认为，当人们的认识器官不处于认识活动的过程中，不进行认识时，就不会产生知识。例如，当人睡熟的时候，人的眼睛和视力虽然都在，但却并不参与认识活动，所以，也就不能看见外物。《墨子·经上》篇说："卧，知无知也。""梦，卧而以为然也。"人在睡眠的时候，人的认识能力也就不再发挥作用，这时，人的认识活动处于停止状态，也就不能产生知识。所以，做梦只是人处在睡眠状态、处在不进行认知的状态时的一种"以为"情况，它并不就是真实的情况。

墨子的认识论是一种感性和理性并重的认识论。《墨子·经上》篇说："知，接也。"《墨子·经说上》篇解释道："知也者，以其知过物而能貌之，若见。"在墨子看来，感性认识、经验知识就是人们通过与外界事物相接触、相过从，从而获得的关于事物的表面情况的认识。犹如人想看东西，就可以用自己的目光跟外物相接触，而在自己的视网膜上留下外物的形象一样。墨子的看法和当代认识活动论的观点是一致的，即人们的感性认识是在具有各种刺激信息的客体系统和主体的感知能力系统之间的互相作用中发生的，它具有直接性、具体性、形象性和生动性等特点。《墨子·经上》篇说："恕，明也。"《墨子·经说上》篇解释道："恕也者，以其知论物而其知之也著，若明。"恕相当于理性认识。墨子为了表明理性认识需要通过心智来把握,所以他们特别地造了一个新字,即在"知"下加一个"心"字来表示,足见墨子在表达其创新思想时的良苦用心。在墨子看来,人们的理性认识具有清楚明白的基本特征,它反映的是事物的本质,它是人们运用自己的认识能力对事物情况进行分析、整理、抽象、思考和论证,从而把握事物的本质与规律性,从中得到深切显著而明确的认识。在墨子看来,通过感性认识,人们只能把握事物的现象和表面联系,只有通过心智思维或理性认识,人们才能认识事物的本质、规律和内在联系,所以,理性认识比感性认识更显著,也更深刻。

墨子已经认识到,人的认识器官各有其自己的功能,是不能互相替代的。《墨子·经下》篇说:"不能而不害,说在容[①]。"人们的每一种感觉器官都各有其自身的功能,同时没有别的功能,比如人的眼睛,它能够见物但却不能听到声音。所以,一种感觉器官虽然没有某一种功能但这并不妨碍它可以成为人的认识器官。《墨子·经下》篇说:"知而不以五路,说在久。"人们有些知识的获得并不是通过五种感觉器官(眼、耳、鼻、舌、身)的,如人们对时间概念的认识。《墨子·经说上》篇进一步解释说:"以目见而目见,以火见而火不见。惟以五路知久,不当以目见,若以火见。"眼睛是人们能够见物的器官,光线则是人们能够见物的条件。我们说,人们只有通过五种感觉器官才能够获得关于时间概念的认识,这其实是相当于光线对于见物的关系一样,而并不相当于眼睛对于见物的关系。也就是说,人的五种感觉器官并不是人们认识时间"久"这样的抽象概念的器官,

---

[①] 容:《道藏》本作"害",据谭戒甫校改。

而仅仅是人们获得认识时间这样的抽象概念的条件和中介。由于中国当时的解剖学还不发展,墨子认为认识时间概念的器官是"心",即心脏(思维器官)才是人从事认识活动和思维活动的器官。

公孙龙曾经说:"于石,一也。坚白,二也,而在于石。故有知焉,有不知焉;有见焉,有不见焉。故知与不知相与离,见与不见相与藏。藏故,孰谓之不离?"(《公孙龙子·坚白论》)所在的石头,是一个,而在这块石头上的属性坚和白,却有两个。因而有摸得着的,有摸不着的;有看得见的,有看不见的。所以,摸得着的与摸不着的互相分离,看得见的与看不见的互相隐藏。藏起来了,谁能说是不相分离?主张人的感觉器官是互相分离的,是不能同时起作用的。公孙龙说:"视不得其所坚,而得其所白者,无坚也。抚不得其所白,而得其所坚者,无白也。"[1](《公孙龙子·坚白论》)看的时候,看不到它的"坚",只能看到它的"白",那就是没有"坚"。摸的时候,摸不到它的"白",只能摸到它的"坚",那就是没有"白"了。[2]在公孙龙看来,只要是人们的某种感觉器官所感觉不到的,那么这种东西就是不存在的。墨子有针对性地指出:"于一,有知焉,有不知焉,说在存。"(《墨子·经下》)在一块石头中,它的"坚"和"白"两种属性有时感知,有时不感知,理由在于这两种属性都存在于这块石头之中。《墨子·经说下》篇说:"石一也,坚白二也,而在石。故谓[3]有智焉,有不智焉,可。"石头是一个实体,"坚"和"白"是两种不同的属性,它们共同存在于石头这一实体中。因此,

---
[1] 庞朴:《公孙龙子研究》,北京:中华书局1979年版,第46页。
[2] 同上书,第44页。
[3] 谓:《道藏》本无此字,据孙诒让校增。

墨子

说对于一块石头，一时有感知的有不感知的，是可以的。

墨子认为，人的不同的感觉器官各自具有其不同的功能或作用，可以各自认识事物的不同属性，但是人的认识能力又是可以对这些不同属性加以同时把握的，人的感觉器官是可以同时起作用的。《墨子·经下》篇说："有指于二，而不可逃。说在以二参①。""参"即相互渗透，有一人抚石指谓坚，一人视石指谓白，对石头的坚白两种属性既然同时认识因而也就无所逃离，理由是用两人的认识来加以参验综合。

《墨子·经说下》篇说："[有指] 子智是，有②智是吾所先举，则重③。子智是，而不智吾所先举也，是一④。谓有智焉有不智焉，可。若智之，则当指之智告我，则我智之。兼指之以二也。衡指之，参直之也。若曰，'必独指吾所举，毋指⑤吾所不举'，则二⑥者固不能独指，所欲相不传，意若未校⑦。且其所智是也，所不智是也，则是智是之不智也，恶得为一⑧？谓而⑨'有智焉，有不智焉？'"假如你知道这块石头是白色的，又知道我先前所举的也是这石的白，那么我们同样知道白，这就是重。又假如你知道这石头的坚，却不知道我先前举的是什么，那么你知道石头的坚，就只知其一，不知其二。如

---

① 参：《道藏》本作"綦"，据张惠言校改，参验、交互、参校。
② 有：通"又"。
③ 则重：《道藏》本作"重则"，据高亨校乙。
④ 是一：只知其一。
⑤ 指：《道藏》本作"举"，据高亨校改。
⑥ 二：《道藏》本中无此字，据张惠言校增。
⑦ 交：《道藏》本作"校"，现在改正。
⑧ 恶得为一：何能仅指一坚或一白。
⑨ 而谓：《道藏》本作"谓而"，据谭戒甫校乙，"你说"的意思。

此，你只知道一偏，说："有知道的，有不知道的。"是可以的。你知道的，就当把你知道的告诉我，那么我就能全面认识，石头的坚和白两种属性就可以完全指认出来。衡量你我同时的指认，你指坚我指白，或你指白我指坚，就可参验出坚白相盈于石头之中。如果你说，"一定要单指我说的一性，不指我没说的另一性"，这是不对的，因为坚白两性本来就充盈于石头中，不能分割，想要知道的事互不相传，两意才不交通。再说，你知道这一点，你不知道也是这一点，如此你知道的也就是你不知道的，明明坚白两性同存于石头中，怎能仅指一性，说你"有知道的，有不知道的"呢？

墨子一再强调，人的心智思维具有超越感觉的特殊作用。《墨子·经上》篇说："闻，耳之聪也。循所闻而得其意，心之察也。言，口之利也。循所言而意得见，心之辩也。"语言的产生需要凭借人的健全的发音器官，人的语言的接受需要通过人的健全的听觉器官，而把握语言中的语义和思想，则需要依靠人的心智思维辨察和分析的作用。墨子认为，人们通过感性认识只能把握事物的现象和表面，即事物的面貌和外部联系，只有通过心智思维人们才能把握事物的本质，才能认识事物的规律性和内部联系，所以，理性认识是比感性认识更深刻、更透彻的认识。墨子这一思想非常符合辩证唯物论的认识论。毛泽东说："感觉到了的东西，我们不能立刻理解它，只有理解了的东西才更深刻地感觉它。感觉只解决现象问题，理论才解决本质问题。"[1]

在墨子看来，人们的认识能力，人们参与认识活动，人们通过

---

[1]《毛泽东选集》（第 1 卷），北京：人民出版社 1991 年版，第 286 页。

墨子

与外物相过从、相接触从而获得感性认识,通过分析事物从而获得的理性认识,其中的每一个方面,都是人们获得正确认识的必要条件,都是人们获得科学知识的"小故",而如果将这些方面全都综合起来,则将构成人们能够获得正确认识的"大故"。也就是说,如果人们充分运用自己所具有的各种认识器官或认识能力参与到认识活动中来,从而全面把握事物,最终是必然能够获得关于事物的本质的正确认识的。所以,《墨子·经上》篇说:"故,所得而后成也。"

墨子根据知识的来源,将知识分为三类。《墨子·经上》篇说:"知:闻、说、亲。"《墨子·经说上》篇解释说:"传授之,闻也。方不障①,说也。身观焉,亲也。""亲知"是一种最直接的知识,相当于经验认识、感性认识;"闻知"是通过传授而得到的知识;"说知"是不受时间和空间的限制,而从已有的知识通过推理得来的知识。在墨子看来,"闻知"和"说知"这两种知识都属于间接知识,它们往往都经过了理性的思考,属于理性知识或理论。

墨子特别重视通过推理活动即通过"说"获得的知识。《墨子·经下》篇说道:"说,所以明也。"通过推理活动,人们不但可以知其然,同时还可以知其所以然。《墨子·小取》篇说:"以说出故",通过推理,人们可以将一个论断或结论成立的理由表达出来。在墨子看来,在理由和推断、前提和结论之间,存在着"所得而后成""有之必然"的制约关系。墨子认为,"故、理、类"这三种条件,是能够推出结论的必然性依据,他们强调人们的推理必须符合"理"和"法"的要求,必须要根据"类"(同类相推,异类不比)的原则进行

---
① 障:《道藏》本作"廧",据毕沅校改。

推论。墨子具体研究了"辟、侔、援、推"等各种推论形式。他所创立的逻辑学说对后世具有全面而深刻的影响,是能够与西方逻辑和印度因明相媲美的世界上的三大逻辑传统之一。

如所周知,人们的认识要从经验上升到科学理论,离不开对归纳法和演绎法的应用。墨子虽然没有能够透过推论形式,研究其背后所隐含着的推理形式,即没有研究具体的演绎推理形式和归纳推理形式,但是墨子着重研究了类比推论。墨子所研究的类比推论比西方说的类比推理要复杂得多,内容要丰富得多,因为其中包含着演绎和归纳。正如沈有鼎先生所说:"古代中国人对于类比推论的要求比较高,这是因为在古代人的日常生活中类比推论有着极广泛的应用。"[①]如墨子在阐述"止"这种类比推论时,说道:"彼举然者,以为此其然也"(《墨子·经说上》),即对方用某类中有某事物对象具有某种属性,推出这类事物都具有这种属性,这显然是在归纳;而说"彼以此其然也,说是其然也"(《墨子·经说下》),即对方用某类事物都具有某种属性,推出这类事物中的某一个事物具有这种属性,则属于演绎推理。不过,墨子并没有直接研究这些推理的结构形式。正如沈有鼎所说:"类比推论是推论的原始形式,在这形式中普遍规律只是隐含着没有说出。这里归纳和演绎也是隐含着没有明确地分化出来。"[②] 墨子的类比推论是包含了演绎推理和归纳推理在内的独特推论形式。

墨子已经充分认识到了人具有两种思维的抽象能力。一种是类

---

① 《沈有鼎文集》,北京:人民出版社1992年版,第336页。
② 同上书,第338页。

的抽象能力，另一种是整体的抽象能力。《墨子·经上》篇说："同：重、体、合、类。"《墨子·经说上》篇解释说："二名一实，重同也。不外于兼，体同也。俱处于室，合同也。有以同，类同也。"其中的"类同"，是指同类事物所具有的相同性质或者相同属性。类包含着子类，从子类可以抽象到类。《墨子·经上》篇说："名：达、类、私。"概念分为外延最大的"达"名，外延最小的"私"名即单独概念，以及外延处于中间的"类"名或者类概念。在墨子看来，从"私"名可以抽象出"类"名，最高可抽象出"达"名。"体同"，即部分相同，就是指若干部分同属于一个整体。墨子将这样的整体称为"兼""二"等。比如，《墨子·经说下》篇说："牛不二，马不二，而牛马二。则牛不非牛，马不非马，而牛马非牛非马。"单独地说牛和马，都是指的元素，但当合起来说"牛马"时则是指的集合。牛是牛，马是马，但"牛马"却非牛又非马，因为合起来说"牛马"，已经构成了一个集合概念。类的抽象能力和整体的抽象能力，是人所能够具有的两种根本性思维能力，墨子能够充分地认识到它们，并开展深入的研究，这说明墨子的认识论和逻辑学已经达到了一个比较高的程度。

墨子将理论的作用称为"名"的功能，将实践的认识看成是"为之"或"行"。一般认为，中国哲学家所谈的"行"主要是一种道德践履，但墨子的"行"或"为之"，却主要不是这样的道德践履，而是从事生产或生活的实践活动。

《墨子·经上》篇说："知：名、实、合、为。"《墨子·经说上》篇解释说："所以谓，名也。所谓，实也。名实耦[1]，合也。志行，为

---

[1] 耦：相对，配合。

也。"这里的"名"相当于人们关于事物的概念或理论性认识,"实"就是客观存在的情况。"名知"相当于理论知识或者观念的知识,"实知"则相当于实际知识、经验认识,通常是人们通过亲知得来的知识。"合知"是主观和客观相一致,是经过人的认识能力做出了判断的正确认识。

墨子关于命题的真和假的判定方法是和亚里士多德的观点相一致的。亚里士多德认为,确定一个命题是否为真的根据是看它的断定与客观实际是否符合。他说:"一方面,说存在者不存在或不存在者存在的人为假;另一方面,说存在者存在和不存在者不存在的人则为真。"[①]命题的真假,必须根据实际情况的存在与不存在来进行判断。墨子所说的"名实耦",也就是说,名称概念或者思想,实际上也就是人们所作的断定,必须要和客观实际相符合。墨子与亚里士多德关于命题的真假的认识是非常接近的。"志行,为也"中的"志",指的是意志、志向,泛指人的思想意识。墨子所说的"为知",就是指要在理论指导下进行有意志的行动或实践,它是已经过实践检验过了的正确认识。

墨子非常强调"为知",即实践之知的重要性,可能是要反对只重视理论不注重实践,只注重知不注重行的空头理论家,认为有了正确的知识和理论,还必须用它来指导人们的行动和行为,因为实践之知才是最高类型的知识。《墨子·经下》篇说:"知其所以[②]不知,

---

[①] 苗力田主编:《亚里士多德全集》(第7卷),北京:中国人民大学出版社1993年版,第106—107页。
[②] 以:章太炎、梁启超均主张应将"以"字作为衍文而删除,无据。

墨子

说在以名取①。"《墨子·经说下》篇解释说:"杂所知与所不知而问之,则必曰:'是所知也,是所不知也。'取去俱能之,是两知之也。"知识有两种类型,即概念的知识和在实践中通过选取概念所反映的事物的知识。比如,把对方所知道的东西和所不知道的东西都混杂在一起问他,如果他还能够说出"这个是我所知道的,这个是我所不知道的",像这样的取舍如果都能够做到的话,才算是真正具有了两方面的知识。墨子这一"取去俱能之"的知识观,非常类似于辩证唯物论所主张的观点,从认识到实践的飞跃才是认识过程中意义更为重大的飞跃。这里,针对儒家所提出来的"正名说",墨子提出了自己的"取实予名"的主张,即根据事物的实际情况来给予相应的名称。

重视实践是墨子在认识论上的一个重要特色。儒家虽然也讲"行",讲实践,但主要说的是道德上的践行。比如,荀子说:"学至于行而止矣。"(《荀子·劝学》)儒家说的"行",主要就是指道德实践活动,即人的主观道德行为要符合社会道德原则和各种礼仪规范。墨子所说的"为",则主要是指人们所从事的生产实践和社会实践、科学实验活动,是人们有意识、有计划,自觉改造世界的行动和实践。《墨子·经上》篇说:"为:存、亡、易、荡、治、化。"《墨子·经说上》篇解释说:"甲②台,存也。病,亡也。买卖,易也。削尽,荡也。顺长,治也。蛙鼠③,化也。"这里所说的"存",比

---

① 以名取:"以名取实"的意思。
② 甲:《道藏》本作"早",据孙诒让校改。
③ 蛙鼠:《道藏》本作"鼍(wā)鼠",据孙诒让校改。《列子·天瑞》:"田鼠之为鹑也。"

如，制作铠甲、筑城台，是救亡图存的行为。"亡"，比如，治病除掉病根，是把病由"有"变"无"的行为。"易"比如，买进卖出，是一种交易的行为。"荡"，比如，追剿来犯之敌，扫荡寇仇的行为。"治"，比如，遵循庄稼生长的规律性以耕作，是人们治理农事的行为。"化"，比如，人们养殖青蛙、田鼠等，是人们促使动物生长变化以致富的实践行为。这里，墨子所论及的活动，涉及了农业、牧业、副业、商业、医学、军事等多个人类自觉的实践领域。

第八讲　逻辑思想

我们在阅读《墨子》文本的过程中会发现，其中的"墨论"部分具有很强的逻辑性和论证力，而《墨子》文本的科学理论部分也体现了逻辑和思维方法的强大力量。例如，墨子在光学理论方面之所以能够有这么深刻而系统的发现，他肯定是做了成百上千次的科学实验，而这些实验为什么能得出如此巨大的科学研究成果，其背后正是墨子经过了严格的分析、思考和论证。而整个来看，墨子的思想学说之所以能有如此强的论证性和逻辑说服力，正是他非常重视"谈辩"，并将它作为重要的教育科目即辩学来进行推广的结果。

一、辩学的对象和任务

《墨子·小取》篇中，对辩学即墨辩逻辑作为一门学科的研究内容、任务和作用等问题，做出总结："夫辩者，将以明是非之分，审治乱之纪，明同异之处，察名实之理，处利害，决嫌疑。"墨子在这段话中所讲的，是辩学的基本内容，包括辩学的根本目的和任务是什么，即辩学的目标是什么。辩学的这几个内容或任务放一块，究竟哪一个是最为根本的目标？虽然仅就这几句话，我们还看不太清楚，但如果更全面深入地考察墨子思想的整体情况将会发现，这里面最根本的任务就是通过其他目标来达成"处利害、决嫌疑"，即"审治乱之纪"这个最终目的。利害和嫌疑是最难决断的，治乱之纪是与我们每个人的日常生活和生存需要密切相关的根本问题。因此，如果是非不明，是难以做到"处利害、决嫌疑"的。所以，"明是非之分"是达成审治乱之纪的必要手段和重要条件，而察名实之理和明同异之处则又是明是非之分的两个非常重要的方面。

首先，"明是非之分"是墨辩逻辑的首要任务。

墨子将明辨是非的问题提到了一个非常的高度。这是与当时的社会发展状况和社会历史发展背景紧密相关的。当时的社会历史背景，正处于礼崩乐坏的情况下，孔子所创立的儒家要维护周礼，道家学派则主张是非无定、辩无胜等相对主义的观点，从老子到庄子，相对主义都比较严重。墨子从自己小生产者的阶级立场出发，高扬理性精神，主张一切思想或言行都必须要拿到理性的法庭上来接受检验，这个理性的检验从根本上就是要明是非。所以，墨子特别强调"辩"必有胜，强调一定要明是非之分。因为作为小生产者的代表，墨子处于社会弱势地位的底层，只有是非辩明之后，才有可能坚持住自己所在阶层的利益，所以，我们看到墨子为什么特别强调这个问题的重要性。而明是非之分这样一个主题，也正是逻辑学所需要特别研究的主题。

怎么样来明是非之分呢？明是非之分中最关键的是：什么叫明是非？《墨子·经下》篇说："谓'辩无胜'，必不当，说在辩。"意思是说，说辩论没有胜方可言，这是不正确的。因为作为辩论本身来

墨子

说，必然存在胜利者的一方，也必然存在失败者的另一方。《墨子·经说下》篇进一步解释说："所谓非同也，则异也。同则或谓之狗，其或谓之犬也。"这里的"同"是什么情况？比如一个人说"这是狗"，另一个人说"这是犬"，这两个人的说法完全一样，这就是"同"①。当两个人的断定完全一样时，就谈不上谁胜谁败的问题。《墨子·经说下》篇说："异则或谓之牛，其②或谓之马。俱无胜，是不辩也。"这里的"异"又是一种什么情况呢？假如这里有一条狗，一个人就说"这是一头牛"，另一个人则说"这是一匹马"。这两个人的断定都是错的，从而也就谈不上谁胜谁败的问题。

《墨子·经说下》篇说："辩也者，或谓之是，或谓之非，当者胜也。""辩"是一种是非之争，例如，两个人同时面对一个动物，一个人说"这是狗"，另一个人说"这不是狗"，如果这里的动物确实是一条狗，则前者胜而后者败，而如果这里的动物不是一条狗，则前者败而后者胜。墨子认为，一定是当者才可能取胜，不当者肯定是失败的一方。在另外一个地方，墨子也说到"辩"是一种是非之争。《墨子·经说上》篇说："或谓之牛，或谓之非牛，是争彼也。是不俱当。不俱当，必或不当，不若当犬。"一个人说"这是牛"，另外一个人说"这不是牛"，这必然有一方是不对的，如果该动物是一条狗，则说"这是牛"就不对。在墨子看来，"辩"就是必有胜败可言的东西，它就是关于区分真假是非的把握。

《墨子·经上》篇总结道："辩，争彼③也。辩胜，当也。"辩胜

---

① 成玄英说：狗乃未成豪之犬也。
② 其：《道藏》本作"牛"，据孙诒让校改。
③ 彼：《道藏》本作"攸"，据梁启超校改。

者必定是所持言论一定符合客观实际的一方。这里,"当"就是符合客观实际的意思。"当"为什么是符合客观实际呢?《墨子·小取》篇说:"以辞抒意。""辞"就是判断,即语句。我们用语句或者判断来表达思想。"意"就是我们的想法或思想。《墨子·经上》篇说:"信,言合于意也。""信"实际上就是讲诚信,但讲诚信了是不是就是讲真话了呢?那不一定。因为我们可能说的很多话,确实是我们真心说出来的,但我们所说的却不一定就是真话。真话和我们平常所说的"说真话"有点区别。我们通常以为,讲真话就是讲真的"真话",其实假话也可以是"真话",即诚信的话而已。

那么,真的真话到底是什么呢?在墨子看来,只有"当"者才可能是真的真话。所以,墨子说:"[信]不以其言之当也。"(《墨子·经说上》)即诚信的话不一定就是真的,不一定就是"当"的。但是,当的、真的判断,一定是符合客观实际的,也就是诚信的话,所以,墨子说的"当",实际上就是逻辑上所讲的"真"。墨子的这句话,是否意味着我们在实际生活中要讲诚信呢?确实是要讲诚信,但讲诚信不一定最后就一定能够成功,但是每一个人都还是得讲诚信,每一人都应该认识到,讲诚信这是个最根本性的东西,当然它也是非常重要的。这里,从逻辑上看,"当"比"信"的要求更高,就是还要与最后的实际或结果完全相吻合,但"信"不一定就和最后的实际或结果相吻合。比如,有时候我对别人好,而别人却未必就会对我好,这样就会出现以怨报德的问题。所以说,墨子在这里要讨论的,主要还是真假、是非的问题。

要讲清楚如何才能够明是非之分,还需要分别从察名实之理、明同异之处出发来进一步挖掘其中的理路。先秦时代,名实问题是一个非常重要的问题，通常把这个名实问题称为名实之辩，或者称之名辩思潮。这里，除了"辩"，还有"名"，所以，名实之辩在当时是一个非常重要，各家各派几乎都喜欢讨论的问题。

首先，要明是非之分，必须要察名实之理。因为思想最终都要落实到通过语言表述出来，而语言又需要通过语句来表达。表达思想的语句叫命题，命题有真与不真的问题，判断也有对与不对的问题。判断是真还是假，命题真不真，又涉及所使用的概念是不是明确的问题？如果概念不明确，命题的真假也就说不清楚。因为如果所讲的"名"表达的是另外一个不同的概念，判断的真假就会发生变化，所以，要弄清楚是非真假问题，还需要讲清楚名实关系问题。

《墨子·经说下》篇说："或以名视人，或以实视人。"这里的"视（示）"就是展示来让别人知道。通常来说，我要向别人传达我的想法，我要想告诉某人某一个对象或者某一个事实，如果这个对象或者事实就在我的眼前，我就直接用手指指给他看：就是这个东西。但是，通常我们在说什么东西的时候，往往这个东西不在我们的跟前。比如说，打仗的事儿，这里并没有发生打仗的事情。再比如，我们在这里要说奥运的事儿，这里却并没有进行奥运比赛，所以，只能用"名"来表达我们的思想。所以，我们还需要以"名"示人。这个"名"是非常重要的问题，在现代逻辑或者现代哲学中，"名"的问题被进一步拉宽，就成了语言的问题。可以说，我们的哲学所面临的所有问题，从根本上讲，无非就是语言和世界的问题。

"名"应该如何表达才能更好地明是非之分呢？《墨子·小取》篇说："以名举实。""名"需要概括客观实际，那么，怎么样来概括实际，"举"是什么意思？我"举"这个实际，怎么样才能够"举"？

第八讲 逻辑思想

《墨子·经上》篇说:"举,拟实也。"《墨子·经说上》篇说:"名若画虎也。""举"就是拟实。"拟"就是刻画、描述,但是所拟的"实"不等于就是真正的"实"。"以名举实"就像画一只老虎,来表征真实的老虎一样。比如,我们拿到一张照片,说"这张照片好像我,但不是我"。因此,这里的"拟实",只是一种描述,这里的"名"意味着带上了主体自身的痕迹。既然带上了痕迹,就有可能与实际存在着的这样那样的事实或者事态相分别了,所以,要通过"名"来认识"实",就要察名实之理。

墨子特别强调必须以"实"来确定"名",而我们知道,儒家坚持的则是正名或者以名正实。这里,墨子的主张,是把儒家的学说反过来看的。《墨子·经说下》篇说:"有之①实也,而后谓之。无之②实也,则无谓也。不若敷③与美,谓是,则是固美也;谓也,则是非美无谓,则叚④也。"墨子认为,首先要有实,然后才有名来称谓它。无其实,则无其名。不像皮肤与美丽的关系那样(美丽并非皮肤的本质属性)来进行称谓。因此,某种东西本来就是美的,则称谓它美;如果这种东西并不美则不能这样称谓它,若这样称谓它就是假的。为什么呢?主要就是因为,有时实际情况可能会发生非常大的变化。所以,《墨子·经下》篇说:"谓⑤而固是也,说在因。"即用来称谓的名必须要反映事物的本质属性,理由在于:称谓要随事物的实际情况而

---

① 之:《道藏》本作"文",据孙诒让校改。
② 之:《道藏》本作"文",据孙诒让校改。
③ 敷:借为"肤",据吴毓江说。
④ 叚:《道藏》本作"报",据沈有鼎校改。
⑤ 谓:《道藏》本作"未",现改正。

墨子

变化。所以,《墨子·经下》篇就说:"或①过名也,说在实。"有的时候,概念或者"名"的使用,在实践中会出现错误。墨子所说的"以实定名",说的就是这个"名"要和"实"对应上,所以《墨子·经说下》篇说:"知是之非此也,有②知是之不在此也,然而谓此南、北,过而以为然也。"因为有可能实际情况发生了变化,所以,用"名"来指"实",必须要根据实际情况做出相应的变化。

在"以名举实"过程中,墨子特别注意到了语言的复杂性。我们知道,语言具有多样性、复杂性的特点。世界是多样化的,世界在变化,但语言不能老变,所以,我们用语言来把握世界,就需要弄清楚语言究竟是怎么来把握世界的,它所把握的又是一个什么样的世界。《墨子·经下》篇说:"通意后对,说在不知其孰谓也。"这里的"通意后对"是什么意思呢?就是要先弄清楚对方说话的意思,然后再来做应对。这里,牵涉到人与人之间的交流,因为人是社会关系的总和,人在社会关系中必须要有交流和交往。在人与人之间进行思想交流的时候,有时就需要注意"通意"才能"后对"。比方说,对方所说的某句话,很可能是在一定背景下说的,这样,你就需要先弄清楚对方所说话的背景,也就是先要达到真正地理解对方的话。《墨子·经说下》篇说:"问者曰:'子知羁③乎?'应之曰:"羁何谓也?'彼曰:"羁旅④。'则知之。"在进行思想交流的时候,我们一定要先弄清楚对方的意思,然后再做出应答。如果在尚未弄清楚对方所要表

---

① 或:"域"的正字,据孙诒让说。
② 有:同"又"。
③ 羁:《道藏》本作"飘(jì)",据高亨校改。下同。
④ 羁旅:《道藏》本作"飘(jì)施",据高亨校改。

达的到底是什么意思就作出应对的话，很可能就会出现交流当中的障碍。

在"通意后对"这个原则的基础上，墨子还针对名实之间的确定问题，提出了"正名原则"。这个"正名原则"就是"彼此可：彼彼止于彼，此此止于此。彼此不可：彼且此也。彼此亦可：彼此止于彼此"（《墨子·经说下》）。正名就是要把彼和此区别开来。彼此可以是这样的：彼只能指彼，此只能指此。彼此不可以是这样的：指彼又指此。墨子曾经举了一个例子，比如说"牛"这名只能指牛，"马"这个名只能指马，而"牛马"这个名也只能指牛马。"牛马"这个名称，在墨辩逻辑里面是一个整体性的概念，"牛马"这个名，只能整体地指称牛马这整个的实。这个"牛马"不能确指具体的牛和马。比如，当我们说旧社会的劳动人民做牛马时，这里的"牛马"就是一个整体的指称，并不就是指劳动人民真的成了牛或成了马了。所以，《墨子·经说下》篇说："牛马非牛非马"，其中的"牛马"是一个独立的整体性的概念。我们逻辑上把它叫作集合概念，只有一个个体，这个个体就是一个整体，就是说，要把"牛马"作为一个整体来看，就像把"人民群众"当作一个整体来看那样，并不是单独地指称某个具体的人。

从这里，我们可以看到，在察名实之理这个过程中，墨子提出了"先意后对""彼此止于彼此"这样的根本性原则，这对我们的思维活动是有重要的指导意义的。如果我们能够坚持这一原则，我们就能够更好地去明是非之分。

察名实之理，主要是就概念的层面来说的，而概念最终又需要通过命题才能表达思想。命题、语句的是非或者真假，则需要牵涉到实际或事物对象之间的同异关系。实际上，先秦时期各家各派，都给出了"同异之辩"的各种看法。比如，公孙龙说的"白马非马"，就是要表达他心目中的"白马"和"马"之间的同异关系。公孙龙离"白马"于"马"，放大了"白马"与"马"之间的异，而墨子则坚持"白马"与"马"之间的真包含于关系，所以，《墨子·小取》篇说："白马，马也。"晋鲁胜说："同异生是非"，同样是"白马"与"马"的关系，在墨子这里，生出来的是"是"，即白马是马，而在公孙龙那里却生出来了"非"，即白马非马。因此，我们完全可以通过事物之间的同异关系来明确判断的是与非。

《墨子·经上》篇说："同，重、体、合、类。"这里的"同"，包括重同、体同、合同、类同四种，"异"也相应地包括不重、不体、不合、不类四种，就是说有"二之异""不体之异""不合之异""不类之异"。墨子还给"同"下了定义，《墨子·经上》篇说："同，异而俱于之一也。"什么是"同"呢？"同"就是"异而俱于之一"，就是不同的事物所共同具有的部分或方面。"异"就是不同，不同的事物，它们虽然是不同的事物，但却有共同的部分、共同的方面，这就是"同"。所以，墨子在这里所讲的"同"并非绝对的"同"，这里的"同"是因"异"才有了"同"。具体来说，这四种"同"、四种"异"可以这么来看：

重同。属于两个名，内涵外延都一样。比如说玉米，北方叫棒子，南方叫苞谷，名字不同，说法不一样，但是都指玉米这样的作物。

体同。"不外于兼，体同也。"比如，我的手和脚，均不在我身体之外，《墨子·大取》篇中称"体同"为"连同"。"体"是指"兼"

（整体）的构成部分。体同即构成一个共同整体的部分与部分之间的联系。

合同。"共处于室，合同也。"什么是"合同"呢？比如，合作就是一种"合同"。再如，假如我们共同坐在某个地方、共同听报告等，都属于"合同"，共同的意志和共同的理想，让我们坐在了一起。值得注意的是，"合同"是指不同的个体，而且这些个体都是可列的，而构成体同或连同的部分则是不可列的。

类同。"有以同、类同也。"类同是具有某种共同属性的不同对象之间的关系。

需要进一步问的是，墨子为什么要区分上述这几种不同的"同"呢？其实，就是为了他所创立的辩学研究做基础，就是为他所创立的逻辑学做铺垫。

我们可以发现，墨辩逻辑中有两个概念特别重要。一个是"辩"的概念，另一个就是"类"的概念。其中，"类"这个概念，在整个墨辩逻辑体系里占到了一个非常核心的位置，对于墨辩逻辑体系的整体建构起到了非常重要的作用。为什么呢？因为我们从前面所阐述的同异之分来看，具体到推论的过程中，就是要贯彻"同类相推""异类不比"的原则。所谓同类相推，就是一定要按照同类来进行推论。类同是最广泛的"同"，可以根据同类来进行推论，如果属于异类事物就不能进行推论。《墨子·小取》篇里面，讲到要按照"以类取，以类予。有诸己不非诸人，无诸己不求诸人"的原则来推论。这里的"取"是推理或者证明，"予"则是反驳。比如，在反驳过程当中，我们需要特别注意，"有诸己"即自己坚持某种观点，就不要反对别人也坚持同样的一种观点。"无诸己"即自己没有坚持某种观点，那就不要强求别人必须坚持这种观点。墨子在这里，其实就是强调要注意思维的同一性或一致性原则，即在推论过程中我们大家必须遵守同样的思维原则，否则思想就无法进行交流。

那么，什么叫异类，什么样的情况就不能进行推理呢？《墨子·经下》篇说："异类不吡①，说在量。"比如说量上不同的事物之间就不能进行推论。《墨子·经说下》篇说："木与夜孰长？智与粟孰多？爵、亲、行、贾②四者孰贵？麋与霍③孰高？麋与霍孰霍？蚓与瑟孰瑟④？"比如，木头与夜晚哪一个更长？木头的长短和夜晚的长短怎么能够相互比较呢？智慧与粮食哪一个更多？高贵的爵位、贵重的亲属、很贵的价格、高贵的品行，它们之间哪一个更高贵？这怎么能比较呢？在地上奔跑的动物，比如麋鹿，和在天上飞行的动物，比如鹤，哪一个更高？这又怎么能进行比较？蚯蚓的叫声，与琴瑟的和声，哪一个的声音更好听？再比如，自然之美和人之美，哪一个更美？这些情况确实很难进行比较和推理。所以，如果非要在不可比的事物之间进行比较的话，就会出现错误。

墨子充分考虑到了推类问题的困难之处，因为事物情况并非所有都是这样，而是有些不是这样，即事物情况往往存在着反例（不同类）。《墨子·经下》篇说："推类之难，说在之大小、物尽、同名、

---

① 吡："比"的繁文。
② 贾：同"价"。
③ 霍：通"鹤"。
④ 蚓与瑟孰瑟：《道藏》本中句前有"麋与霍孰霍"，据孙诒让校删。蚓：《道藏》本作"虭"，据孙诒让校改。

二与斗、爱、食与招、白与视、丽与暴①、夫与屦②。"《墨子·经说下》篇说:"谓四足,兽与③?并④鸟与?物尽与?大小也。此然是必然,则俱为麋,同名。俱斗不俱二⑤,二与斗也。包肝肺子,爱也。掘⑥茅,食与招也。白马多白,视马不多视,白与视也。为丽不必丽,为暴必暴⑦,丽与暴也。为非以人,是不为非,若为夫勇不为夫;为屦以买衣,为屦,夫与屦也。"推类的困难,理由可以列举大小、物尽、同名、二与斗、爱、食与招、白与视、丽与暴、夫与屦。比如,说到四足,能够断定就是兽吗?还是两只鸟相并而立?甚至说万物都是如此?这就涉及"四足"范围的大小问题。如果从这类事物是这样,就说事物全都是这样,则可以说所有事物都是麋,这就是同名(同类)问题。甲与乙斗殴(关系命题),则甲与乙俱在斗殴,但不能说甲与乙俱是二人。肝肺本是内脏器官,但可以引申来指对儿子的爱(一词多义)。一个人在挖掘茅草,可能他是为了食用,但也可能是为了用来招神祭祀。说白马是因为马身上白的地方多,但视马却并不需要视马视得多。人为地想美丽不一定真的美丽,但人为地残暴却一定就是残暴。因为别人而犯错误,不等于自己主观上就想犯错误,就像表现出武夫之勇不等于就是做了武夫。但是做鞋子以交换衣服,却就是做鞋子。

---

① 暴:《道藏》本无此字,据顾广圻校增。
② 屦:《道藏》本作"履",据孙中原校改。
③ 与:通"欤"。下同。
④ 并:《道藏》本作"生",据沈有鼎校改。
⑤ 斗:《道藏》本作"鬪","斗(鬥)"的异体字。二:《道藏》本作"三",据顾广圻校改。
⑥ 掘:《道藏》本作"橘",据高亨校改。
⑦ 为暴必暴:《道藏》本作"不必",据沈有鼎校改。

墨子

《墨子·小取》篇说:"夫物有以同,而不率遂同。辞之侔也,有所至而正。其然也,有所以然也。其然也①同,其所以然不必同。其取之也,有所②以取之。其取之也同,其所以取之不必同。是故辟、侔、援、推之辞,行而异,转而危③,远而失,流而离本,则不可不审也,不可常用也。故言多方,殊类,异故,则不可偏观也。"事物有相同之处,但并不因此就完全相同。命题间的推论,必须限定在一定范围内进行才是正确的。事物是这样的情形,自有其所以这样的原因。这样的情形虽然相同,而所以造成这样的原因却不一定相同。赞成某一观点,自有其所以赞成的理由。所赞成的观点相同,而所赞成的理由却不一定相同。这就是为什么"辟""侔""援""推"等命题间的推论,运用起来就会有差异,几经转换就会变成诡辩,推论过远就会失真,牵强推论就会离开根本法则,这是不能不慎重的,也不能到处搬用。所以,既然言论具有多方面的道理、特殊的类别和不同的缘故,就不能片面地观察。因此,人们在做判断的过程中,必须要注意避免犯"以偏概全"等臆断之错误。

《墨子·经说下》篇说:"逢④为务则士,为牛庐者夏寒,逢⑤也。举之则轻,废⑥之则重,若石羽⑦,非有力也。沛⑧从削,非巧也,

---

① 其然也:《道藏》本无此三字,据孙诒让校增。
② 所:《道藏》本无此字,据王引之校增。
③ 危:通"诡",据俞樾说。
④ 逢:《道藏》本作"蓬",据《经》校改。
⑤ 逢:《道藏》本作"蓬",据《经》校改。
⑥ 废:放置。
⑦ 若石羽:《道藏》本中此三字误置于"非巧也"之后,据谭戒甫校乙。
⑧ 沛(fèi):指削下的木片。

楯①也。鬭②者之敝也以饮酒，若以日③中，是不可智也，遇④也。智与⑤？以已为然也与？过⑥也。"通常值得怀疑的四种情况是逢、循、遇、过四种情况。比如，见到做事勤敏的人就认为他是知识人；见到有人建牛圈，就以为是为了在夏天让牛乘凉，这就叫逢疑。举起来像羽毛一样轻，放下去像石头一样重，这并不是因为用力的结果；刨削木头，木屑随之散落，这并不是木工有超人的技巧，而是因为顺势而为，这就叫循疑。斗殴者的弊端，是因为饮酒，还是因为市场买卖起冲突呢？这是一时难以确知的，这就叫遇疑。关于对客观事物的认识，有时我们需要问的是，我们是真的知道呢？还是以为过去如此觉得现在也应该是这样的呢？这就是过疑。

那么，对于"异类"问题，对于复杂问题，人们就无法处理了呢？显然不是。在墨子看来，对于"异类"问题或者复杂问题，虽然不能按照处理同类问题的方法来推理，否则就会犯"不当类比"的错误，但却可以通过"两而勿偏"的辩证思维、辩证逻辑方法来解决。因此，异类问题只能根据异法来进行处理。《墨子·经上》篇说："法异则观其宜。"法异问题或者异类问题，就相当于我们今天所说的复杂问题或者复杂科学问题。我们当代人所面对的很多问题，比如社会治理问题、环境污染问题、科技伦理问题等，都属于复杂性问题。《墨子·小取》篇说的"审治乱之纪"，讲的就是在当时看

---

① 楯："循"的异体字。
② 鬭："斗（鬥）"的异体字。
③ 日：《道藏》本作"曰"，现改正。
④ 遇：《道藏》本作"愚"，据《经》校正。
⑤ 与：同"欤"。下同。
⑥ 过：《道藏》本作"愚"，依《经》校正。

墨子

来，社会管理就是一个非常复杂的问题。在那样一个时代，也就是春秋战国时代，在墨子看来，人们面临的最重要的问题，也就是最复杂的问题，就是人的生活和生存。所以，《墨子·小取》篇说要"处利害、决嫌疑"。可以说，解决社会治理中存在的大量复杂问题，是墨辩逻辑最重要的任务或者最根本性的目标或者目的。

那么，怎么来处理这些复杂问题？处理方法又是什么呢？墨子提出了"两而勿偏"的辩证思维方法，处理方式是"权"即权衡。这种方法是怎样的呢？《墨子·经上》篇说："欲正[①]权利，且恶正权害。"《墨子·经说上》篇说："权[②]者两而勿偏。"正当的权利可以用来衡量利益，即对于有好处的事情是所得越多越好、多多益善。"恶正权害"说的是对于那些不好的事情、自己觉得厌恶的事情的处理，则是哪一件事情害处小就选择它，害处大就不会选择它。坚持"两而勿偏"的思维方法，说的就是在做决策的时候，必须兼顾事物的两个方面和多个方面。也就是说，当我们在处理现实问题的时候，必须兼顾事物矛盾的两个方面或多个方面，不要只顾一面，而忽视别的方面。"两"就是全面、整体，"偏"则是片面、部分。

那么，在权衡利害得失的过程中，人们最应该注意的问题是什么呢？《墨子·大取》篇说："于所体之中而权轻重之谓权。权非为是也，亦[③]非为非也。权，正也。"从自己所体认的方面来权衡利害关系，这就是权。而"权非为是，亦非为非也。权，正也"。这个"权"并不仅仅限于处理单纯的"是"或者单纯的"非"，而是要超越单纯

[①] 正：《道藏》本作"缶"，据毕沅校改。下同。
[②] 权：《道藏》本作"仗"，据孙诒让校改。
[③] 亦：《道藏》本中作"非"，据孙诒让校改。

的"是"和"非",是要处理"是"与"非"之上的复杂性问题的大方法、大背景。所以,它不是简单地区分是与非,而是强调全面地、完满地来把握问题。

具体怎么样来全面完满地把握和处理这些复杂的大问题呢?《墨子·大取》篇说:"断指以存掔①,利之中取大,害之中取小也。"墨子在这里所强调的,就是一个整体把握的问题。为什么取害也就是取利,为什么害会转化为利呢?这是因为此时自己所面对的利害关系完全是由别人所掌握着所把控着的,自己属于劣势的一方,所以由不得自己不在其中进行选择。所以,墨子指出,遇盗人,即使断掉一个手指头,但如果能够保全自己的整个身体,那也是一种"利"。墨子的这一思想对我们来说,有什么样的指导意义呢?墨子所主张的做法是,虽然选取小害但却避免了大害,我们通常把这称为明智的选择、不幸中的万幸。通常说"小不忍则乱大谋",其实也可以看成是从墨子的利害权衡智慧中引申出来的道理。

那么,在逻辑上何以说清楚上述这个问题呢?《墨子·经说上》篇说:"取此择彼,问故观宜。'以人之有黑者有不黑者,止黑人'",与"以有爱于人,有不爱于人,止②爱人","是孰宜?"在我们的现实生活中,因为有一些人是黑的而且有一些人不是黑的,所以说"所有人都是黑的"这个判断不能成立。这里的"是非之分"十分清楚。有些人是黑的并且有些人不是黑的,这就是一种事实,这就是"是",这个"是"完全可以用来反驳"所有人都是黑的"这个"非"。问题

---

① 掔:《道藏》本中作"瞈",据孙诒让校改,"腕"的正字。
② 止:《道藏》本作"心",据张惠言校改。

是：现实中有些人被人爱而且有些人并不被人爱，那么，是不是因此可以用这种情况来反驳"应该爱所有的人"这个命题呢？"应该爱所有的人"这个命题是不是就不能成立呢？墨子认为"并非应该爱所有的人"肯定是不对的命题，不兼爱肯定不对，人们肯定是要兼爱的，肯定还需要兼爱。这是为什么呢？这就是因为"我们应该爱所有的人"，这个命题是一个道义命题或者道德伦理命题。即要不要爱所有的人是一个道德伦理上的判断，而根据事实判断并不能直接决定价值判断道义判断的真假。所以，必须区分两类性质完全不同的命题或者判断，因为这两种命题或者判断所属的类型不一样，衡量它们的"法"也就不同，即推理之法不同。因此，在做推论的时候，我就得看所用的是什么样的法，该用什么样的法，是事实之法还是理念之法。具体来说，如果我们要用的是"处利害、决嫌疑"之法，则属于审治乱之纪的法，这个时候我们就不能说"不应该兼爱"。因为即使现实中存在一些不好的事情和问题，难道我们就不应该很好地治理社会了吗？现实中还存在犯罪，那么是不是罪犯就不需要惩治了？不是的，罪犯还得惩治，如果不惩治则这个社会就会更乱。所以，人们必须要分清问题，要看所讲的是什么样的问题，如果是要处理社会治理的大问题，就必然涉及对"异法"的把握，就必然需要运用"两而勿偏"的辩证思维方法。

上述所讲的异法问题，也可以从《墨子·小取》篇来看。《墨子·小取》篇怎么来讲这个问题的呢？《墨子·小取》篇所说的"是而不然，不是而然"等问题就涉及了异法问题。"白马，马也，乘白马，乘马也。"属于"是而然"问题，所依据的"法"相同。但是"盗人，人也，多盗，非多人也，无盗，非无人也"。当强盗多的时候就能说人多吗？不能那么讲，因为所说的基数不一样。如果没有强盗，就能说没有人吗？不能这么说，因为它们属于法异的问题。"盗人，人也，爱盗，非爱人也，不爱盗，非不爱人也。杀盗，非杀人也，无难矣。"不是因为盗是人因而杀他，而是因为他是盗和他在犯罪才杀他，墨子在这里对现今的法律合理性提出了肯定之意。关于"法"的思想，不是只有法家那里才得到讨论，实际上墨子也十分重视这个问题。墨子讲，人必须靠自己的力量改变自己的现实状态，即尚力，就是要靠人自身的能力来改变自己的命运。这个能力是什么样的能力呢？其实，就是人有能力通过制定法律法规等来保证社会的良性运作。墨子说，兼爱的实行还需要发挥领导者的宣传和带头作用，需要领导者来提倡。在墨子看来，政策的实施最好通过上升到法，然后才能更好地加以实行。

二、"三物"逻辑思想

究竟需要通过怎样的逻辑论证才能够充分地达成明是非之分的目的呢？墨子提出了"故""理""类"的"三物"逻辑思想，这是墨辩逻辑思想中最为核心、最为精彩的部分。

墨子指出，如果我们要保证结论是符合逻辑地推出来的，那就必须要保证具备故、理、类这"三物"作为必要条件。首先，"类"这个概念是墨辩逻辑体系的核心概念。"故""理""类"这三个概念，通常在《墨子·大取》篇中可以看到："夫辞[①]以故生，以理长，

[①] 夫辞：《道藏》本无此二字，据孙诒让校增。

墨子

以类行者也。"也就是说，当我们要区分是非判断，明确哪个为是、哪个为非的时候，我们就需要用"故、理、类"三物来加以把握。《墨子·大取》篇说："三物必具，然后辞①足以生。"如果我们在具体论证时，能够把这"三物"都抓住的话，那我们的结论就是合乎逻辑的，就是有充足理由的。在墨子看来，"故、理、类"这"三物"离开哪一个都不行。

《墨子·大取》篇说道："立辞而不明于其所生，忘②也。"没有理由怎么行？那就是"妄"说，就是乱做判断。有的人就喜欢乱下判断，在没有任何理由的情况下就在那里乱说鬼话，道听途说的结果就会造成虚假。《墨子·大取》篇说："今人非道无所行，唯③有强股肱而不明于其道，其困也，可立而待也。""非道"说的就是没有根据，说话没有依据，知道一小点消息，但是又不知道具体的根据是什么，然后就在那里随便乱发议论，显然这样的结论是很难说可靠的。就是说，这样所做的结论是没有根据的，是存在问题的。《墨子·大取》篇说："夫辞以类行者也④，立辞而不明于其类，则必困矣。"在前面我们讲"明是非之分"时，就讲到过墨子特别强调"同类相推、异类不比"的原则，由此可见，"类"在推论的过程中是多么的重要。

关于"类"的问题，我们在前面已经做了详细分析，下面我们着重来看看墨子所强调的关于推论的另外两个重要方面。一个是

---

① 辞：《道藏》本无此字，现校增。
② 忘：通"妄"，虚妄、荒诞。
③ 唯：通"虽（雖）"。
④ 者也：《道藏》本作"也者"，据孙诒让校乙。

"理",也就是上面所说的"道"。理、道、方、法、仪、表等,在《墨子》一书中都是可以互相解释的。在墨子看来,道、理、方、法等,也就是我们进行推理时的方法和原则。

那么,什么可以作为论证的根据,即论证的逻辑依据呢?它们为何可以作为论证的逻辑根据?《墨子·小取》篇说:"以说出故",讲"故"、讲"类",然后就讲"法"。《墨子·小取》篇里,究竟是怎么来讲"法"即"理"的呢?《墨子·小取》篇说:"效者,为之法也。""法"就是根据,就是我们可以仿照它去实行的、去执行的、去行动的东西。比如,我们为什么要实行改革开放,为什么首先要做试点,深圳就是试点,因为我们通过试点进行典型分析,就可以得到一般性的实践经验或者实验根据,其实就是墨子的"三表法"之一,即"发以为行政,观其中国家百姓人民之用"。通过这些实践根据,我们就可以进行推广、推演,也就可以"效法"它们。用《墨子·小取》篇的话来讲就是:已经得到实践证明的经验(相当于公共经验)是可以进行推广的。事实上,我们后来的实践,或者全国其他城市、其他省份、其他地方的建设,都可以按照先前的经验去实施,我们的行动或者实践行为是完全可以"效法"过去的实践经验或者公共经验的,完全可以以之为"法",以之为"方",以之为"道",以之为"理"。《墨子·小取》篇说:"所效者,所以为之法也。故中效,则是也。不中效,则非也。"通过效"法"来明是非之分,通过据"理"来明是非之分。所以,在墨子看来,"理"或者"法"在推理中是非常重要的根据,可以说,理或者法是衡量一切推论是否有效的根本性标准。荀子说"言之成理"(《荀子·非十二子》)的"理",与墨子所说的"理"或"法"是相同的、相通的、一致的。

墨子

那么，墨子的这个"理"，如果从现代逻辑的角度看，它会有什么样的意义和价值呢？如所周知，从现代逻辑来看，我们要衡量一个推理是否有效，有两个基本方法：

要看"这个推理的方式有没有可能从真前提推导出错误的结论"[①]。如果一个推理方式能够将错误的结论推导出来，就说明该推导是有问题的。如果是实践经验，我们尚需作进一步改进。如果没有导致错误的可能，那么这个推理的方式就具有普适性，或者在某个范围内是可以推广的，比如，后面我们将看到，墨子提出的"推"式论证模式就是这样的一种方法。

要看"它的推理形式是否有效的存在。也就是说如果推理具有这样的有效的推理形式，那么它就是有效的"[②]。这里，墨子的"理"或"法"实际上就类似于上面的第二种方法。这是什么意思呢？"理"或"法"就相当于那么一个模子，我们仿照这个模子，所得出来的结论就是能够成立的，而符合这个模子的断言就是"是"，就是真的，否则就是"非"，就是假的。这个模子，实际上也包括了现代逻辑所讲的各种有效推理形式。墨子所讲的"譬"式推论，以及我们可以看到的墨子所实际应用到的正反对照论证法等，都具有普遍性或者普适性，都是逻辑上的有效推论形式。另外，墨子从"小故"到"大故"的论证模式，也具有普适性，后面会进一步讲到这个问题。

关于墨子的"故""理""类"三物，前面我们已经讨论了"类"，也讨论了"理"，接下来我们就来探讨一下"故"是什么样的东西，

[①] 董毓：《批判性思维：原理与方法》，北京：高等教育出版社2010年版，第235页。
[②] 同上书，第237页。

第八讲 逻辑思想

它在实际推理论证过程中究竟处于一个什么样的地位？《墨子·经上》篇开篇就说："故，所得而后成也。"故，就是推理的前提、理由或依据，有了这个"故"，我们就可以得到结论。墨子认为，推论的任务就是要通过分析事物间的条件关系和因果关系，从而列出一论断成立的充足理由。如果能做到这一点，一个论断的成立就无庸置疑、具有充分的说服力了。所以，《墨子·经说上》篇说："必也者可勿疑。"推理的必然性是不容怀疑的。《墨子·大取》篇："辞以故生"讲的就是理由必须充分。《墨子·经下》篇说："擢①虑不疑，说在有无。"《墨子·经说下》说："疑无谓也。臧也今死，而春也得之②，之③死也可。"《说文解字》说："擢。引也。"④"引"即引申、推论；"虑"即探讨。"擢虑"就是要通过探讨来获得某种知识，这种知识是不能怀疑的。总起来说，通过推论得来的知识不必怀疑，理由在于事实上是否可以这样说。值得怀疑是因为事实上不能那么说。比如，臧现在患某种病死了，而春也患了同样的病，所以，春会死是必然的。

墨子认为，"故"可区分为"小故"和"大故"。《墨子·经说上》篇说："小故，有之不必然，无之必不然。""有之不必然""无之必不然"究竟是什么意思呢？说的是必要但却并不充分的条件，就是说，即使有了这个"小故"，结论也不一定就能够推导出来。墨子举例道，"小故"相当于"体也，若尺⑤有端"。"小故"只是部分的

---

① 擢（zhuó）：[注]抽引。
② 之：《道藏》本作"文"，据孙诒让校改。
③ 之：《道藏》本作"文"，据沈有鼎校改。
④ [汉]许慎撰：《说文解字》，[宋]徐铉校定，王宏源新勘，北京：社会科学文献出版社2006年版，第678页。
⑤ 尺：《道藏》本无此字，据伍非百校增。

故，"端"就是几何学上的点。没有点就没有线，墨子在这里是通过科学上的原理来总结、说明逻辑学的基本规律。我们知道，画线首先需要画点，然后才可能画出线来，点是形成线的必要条件。但是，如果只有点，只停留在点上的话，则永远都画不出线来。所以，点对线来说，是"有之不必然，无之必不然"的关系，也就是"小故"的关系。因此，类似地，我们的论证也不能只停留在点上，而是必须上升到线上、面上、体上。所以，我们的论证还必须要从"小故"上升到"大故"。

那么，什么是"大故"呢？《墨子·经说上》篇说："大故：有之必然，无之必不然[①]。若见之成见也。"比如，我们要看到某个事物对象，首先这个事物对象它必须要存在。如果这个事物对象本身就不存在，你让我看什么呢。而且事物如果只存在的话也还不行，它必须要在我可视的范围之内，如果事物对象不在我可视的范围内，我就没法去看这个事物对象。所以，如果只具备这些条件中的某一个条件，即"小故"，而要看见一定距离的事物对象，还是不够的、不足的。这就还需要别的条件。比方说，一定的光线、一定的距离、适当的视力等。假如我是近视眼的话，那么我就还得配戴眼镜，才能看到事物对象。当然，如果上述所列的这些条件都具备了，这就相当于具有了"大故"，则就是充足的条件了。也就是说，在推理论证的过程中，首先我们必须要寻找大量的必要条件，而在这些条件全都具备以后，我们就必然能够得出结论来，在实践中我们所要做的事情就一定能够获得成功。

---

① 有之必然，无之必不然：《道藏》本作"有之必无然"，据孙诒让校改。

墨子关于"小故"和"大故"的基本思想，可列表分析如下：

	小故	大故
文本表述	有之不必然，无之必不然	有之必然，无之必不然
现代表达	有A不一定有B，但没有A一定没有B	有A一定有B，且没有A一定没有B
举例说明	有点不一定有线，没有点一定没有线	具备见物的各种条件一定能见物，没有见物的各种条件一定不能见物
得出观点	即使有了理由也不一定能推出结论但没有理由一定不能推出结论	有了理由就一定能推出结论，而没有理由就一定不能推出结论

事实上，从"小故"到"大故"的论证模式，在墨子的《兼爱》《尚贤》《尚同》《非命》诸篇中，都得到了全面系统的运用，体现出墨子的思想学说具有强大的逻辑力量。具体来说，当我们要实际论证一个问题的时候，首先，就是要针对这个问题寻找其"小故"，就是通常讲的必要性或重要性，然后，从必要性得出充分性，最后得到关于论题的充足的论证。可以说，从"小故"到"大故"的论证模式，是墨子给我们留下的逻辑论证的重要理论和方法，它将永远具有十分重要的理论意义和实际应用价值。

三、"说"和"辩"的具体形式

墨子所讲的推理或论证的具体方式或方法怎么样呢？其具体论式又是怎样来进行的呢？

193

墨子

关于逻辑的研究对象存在各种各样的说法。根据皮尔士的观点，他说：关于逻辑到底是研究什么的？迄今为止有一百多种不同的说法，但从根本上来说，逻辑要研究的是推理或论证。[①]墨子把推理论证叫作"说"，墨子认为，通过推理可以把我们不明白的东西变得明白。通常来说，眼前的东西、现在的东西我们明白，而长远的东西我们不明白，将来的东西我们不明白；小的东西、近处的东西我们明白，而远处的东西我们看不见、看不清、不明白。墨子告诉我们，通过推理，可以达到以往知来，从已知得到未知和新知，所以，推理非常重要。

《墨子·经说上》篇说："方不障[②]，说也。"方就是空间的区域、时间的区域，不能成为我们进行推理的障碍，即推理可以超越时间和空间的障碍，使我们从已知得出新知和未知。那么，墨子是怎么说的呢？墨子是怎样来阐述这个问题的呢？《墨子·经下》篇说："闻所不知若所知，则两知之，说在告。"听到所不知道的东西，就会使不知道的变成我们所知道的。为什么我们原来不知道的东西，后来却变得知道了呢？不知道的东西变得知道了就是新知。就是说，有人告诉了我们一些东西以后，我们就可以通过这些已知的东西推导出新的东西来了。那么，我们是怎么样从已知推导新知的呢？

《墨子·经说下》篇说："在外者所知也，在室者所不知也[③]。"倘若我们在室外，看不见的东西却在室内。室外的东西我们看得见，室内的东西我们看不见。但是，如果有人告诉我们说："在室之色若

---

① Irving M. Copi, *Symbolic Logic*. New York: Macmillan Publishing Co.. Inc.1979.p1.
② 障：《道藏》本作"廓"，据毕沅校改。
③ 在外者所知也，在室者所不知也：《道藏》本作"在外者所不知也"，据梁启超校改。

是其色。"室内的颜色和室外的颜色是一样的,这时,我们就可以由我们所看到的室外物体的颜色如何,推论出我们所看不到的室内物体的颜色如何。所以,"犹白若黑也,谁胜?"如果我们所看到的室外物体的颜色是白的,就可以推论出我们没有看到的室内物体的颜色也是白的,反之则是黑的。"外,亲知[①]也。室中,说知也。"其实,我们的认知屏障隔离之外都可以叫作"室",每个人都有"室",我们读书越多、所知道的东西越多,我们的"室"就会缩小。如果读书少,认知少,我们的实践经验就少,我们的"室"就大。所以,通过推理,就能够让我们逐渐扩大知识的范围,从而更好地来应对我们所要遇到的各种各样的新鲜事物。

《墨子·小取》篇说:"以说出故。"这里的"出故"是什么意思?就是将所断定的、下断言的理由说出来。判断是非常重要的,但是如何将其中的是非曲直说清楚、道明白,就需要用理由来进行论证和说明。在墨子看来,究竟应该怎样来进行推理呢?应该怎样"以说出故"呢?事实上,我们通过考察墨子所提出的"譬(辟)、侔、援、推"等论式,就可以明白墨子关于推理或论证的具体方式和方法如何了。

首先,我们来看看墨子关于"譬"式推论的理论和具体做法。《墨子·小取》篇说:"辟也者,举他[②]物而以明之也。""譬"就是用同类的他物来说明此物的推理。当然,所列举的他物情况必须与所要说明的此物同类。这里,特别需要注意的是,"譬"不是一般的比

[①] 知:《道藏》本作"智",现改正。下同。
[②] 他:《道藏》本作"也",据毕沅校改。

墨子

喻，而是一种论证或推理。一个"譬"的方式到底仅仅是一般的比喻，还是一个推理或论证呢？我们得看它究竟是不是着重用来证明某个论断的成立。如果确实是为了论证某一个论断为是或为非，那它就是一种论证或证明。

比如，墨子曾经说："圣人以治天下为事者，必知乱之所自起，焉能治之。不知乱之所自起，则不能治。譬之如医之攻①人之疾者然。必知疾之所自起，焉能攻之。不知疾之所自起，则弗能攻。"（《墨子·兼爱上》）统治者必须知道产生祸乱的原因是什么，才能平息祸乱，从而实现天下大治。这就像医生医治病人的疾病一样，必须知道导致疾病的原因是什么，才能治愈病人。

这里，"治理天下"和"治病救人"虽然是两类对象，但它们所揭示出的道理是一样的，因此，可以进行有效的类比推论。该推理的结构式，可以表示如下：

对象 B 具有必要条件 C；
对象 A 与对象 B 的情况类似；
所以，对象 A 也具有必要条件 C。

其次，我们来看"侔"式推论。《说文解字》中说："侔。齐等也。"②侔是齐等的意思。《墨子·小取》篇说："侔也者，比辞而俱行也。""侔"式推论是在原有命题的主项和谓项前，分别附加上意义

---

① 攻：治疗。
② ［汉］许慎撰：《说文解字》，［宋］徐铉校定，王宏源新勘，北京：社会科学文献出版社 2006 年版，第 430 页。

相同的成分，从而构成新命题做结论的推理形式。"侔"式推论可用公式表示为"如果 A 是 B，那么，CA 是 CB。"其中，A、B 分别表示主项和谓项，C 表示给主项和谓项附加上的同一成分或属性。[①] 这里，"A 是 B"中的"是"（"……者，……也"句）在不同情况下有不同的含义。

当"是"在前提和结论中所表达的，都是一种"重同"即等同关系时，墨子认为这时的"侔"式推论成立。[②]《墨子·经下》篇说："狗，犬也，而杀狗非杀犬也，不[③]可，说在重。"《墨子·经说下》篇说："狗，犬也，谓之杀犬，可。"《墨子·经下》篇说："知狗而自谓不知犬，过也，说在重。"《墨子·经说下》篇说："知[④]狗重知犬，则过，不重则不过。""狗，犬也；杀狗，杀犬也。"其中的两个语句是可以同时成立的；"狗是犬；知道狗是知道犬"，其中的两个语句也是可以同时成立的。因为"狗"和"犬"是二名一实的"重同"，前提"狗，犬也"是对的，所以，在它们前边附加上"杀"或"知"之后，所得结论"杀狗，杀犬也"仍然可以是对的，结论"知道狗就是知道犬"也是对的，即"狗是犬，故杀狗是杀犬"这个推论能够成立，"狗是犬，所以知道狗是知道犬"这个推论也能够成立。

上述"侔"式推论所说的情况，其前提陈述中主项和谓项之间是"重同"关系，在主项和谓项同时附加上同一属性之后，所得结

[①] 孙中原：《中国逻辑史》（先秦），北京：中国人民大学出版社1987年版，第247—248页。
[②] 杨武金：《作辩经以立名本——墨家辩学与逻辑学》，杨国荣主编：《思想与文化》（第17辑），上海：华东师范大学出版社2015年版，第116页。
[③] 不：《道藏》本无此字，据张纯一校增。
[④] 知：《道藏》本作"智"，现改正。下同。

论中主项和谓项之间仍然为"重同"关系。用公式来表示应该是："A=B，所以，CA=CB"。其中，等号"="表示两个概念或项之间为重同关系。①

"侔"式推论在真包含于关系或属于关系下，也是成立的。《墨子·小取》篇说："白马，马也；乘白马，乘马也。骊马，马也；乘骊马，乘马也。获，人也；爱获，爱人也。臧，人也；爱臧，爱人也。此乃是而然也。"臧、获，指的都是奴隶。

墨子在这里，共列举了四种可以进行"侔"式推论的情况：

（1）白马是马，所以，乘白马就是乘马；
（2）黑马是马，所以，乘黑马就是乘马；
（3）获是人，所以，爱获就是爱人；
（4）臧是人，所以，爱臧就是爱人。

上述这四个关于"是而然"的情况，都是"侔"式推论有效，即能够成立的情况。"是而然"的意思是说，肯定的前提是正确的，肯定的结论也是正确的。"是"就相当于肯定的前提，"然"就相当于肯定的结论。事物"是而然"的情况，可以使"侔"式推论成为正确的推理。②具体来说，在上述情况（1）和（2）的推论中，前提中主项和谓项之间，为子类和类之间的真包含于关系"⊂"，附加上"乘"这个成分或属性后，结论中的主项和谓项之间仍然存在这种关系。用

---

① 杨武金：《作辩经以立名本——墨家辩学与逻辑学》，杨国荣主编：《思想与文化》（第17辑），上海：华东师范大学出版社2015年版，第116页。
② 《沈有鼎文集》，北京：人民出版社1992年版，第350页。

公式可以表示为:"如果 A⊂B,而且附加属性 C 后不改变 A 与 B 之间的关系,那么 CA⊂CB。"其中,⊂ 表示"两个概念或对象之间为真包含于关系"。在情况(3)和(4)的推论中,前提中主项和谓项之间为个体和类之间的属于关系"∈",在附加上"爱"这个成分或属性后,主项和谓项之间仍然存在同样的关系。用公式表示就是:"如果 A ∈ B,并且在附加属性 C 后不改变 A 与 B 之间的关系,那么 CA ∈ CB。"其中,A 表示"臧""获"这样的个体,∈ 表示"个体与类之间的属于关系"。①

《墨子·小取》篇说:"获之亲②,人也;获事其亲,非事人③也;其弟,美人也;爱弟,非爱美人也。车,木也;乘车,非乘木也。船,木也;入船,非入木也④。盗人,人也;多盗,非多人也;无盗,非无人也。奚以明之,恶多盗,非恶多人;欲无盗,非欲无人也。世相与共是之。若若是,则虽盗人,人也;爱盗,非爱人也;不爱盗,非不爱人也;杀盗人,非杀人也,无难⑤矣。此与彼同类,世有彼而不自非也,墨者有此而非之,无他故⑥焉,所谓内胶外闭⑦,与心毋空乎内,胶而不解也。此乃是而不然者也。"

墨子在这里,列出了九种"是而不然"的情况:

---

① 杨武金:《作辩经以立名本——墨家辩学与逻辑学》,杨国荣主编:《思想与文化》(第17辑),上海:华东师范大学出版社 2015 年版,第 117 页。
② 亲(䣙):《道藏》本作"视(䙾)",据王引之校改。
③ 事人:指做别人的奴仆。
④ 入船,非入木也:两个"入"字,《道藏》本都作"人"字,据苏时学、孙诒让校改。
⑤ 难:《道藏》本中此字后有"盗无难"三字,据孙诒让校删。
⑥ 他故:《道藏》本作"故也",据王引之、孙诒让校改。
⑦ 胶:固执。闭:闭塞。

墨子

（1）获的父母亲是人，但是，获事奉（孝敬）他的父母亲，并不就是事奉（伺候）人；

（2）获的弟弟是美人，但是，获爱（爱护）他的弟弟并不就是爱（爱慕）美人；

（3）车是木（木头造的），但是，乘车并不就是乘木头；

（4）船是木（木头造的），但是，入船（上船）并不就是入木（进入木头）；

（5）盗是人，但是，盗多并不就是人多，因为，厌恶盗多并不就是厌恶人多；

（6）盗是人，但是，无盗并不就是无人，因为，希望无盗并不就是希望无人；

（7）盗是人，但是，爱盗并不就是爱人；

（8）盗是人，但是，不爱盗并不就是不爱人；

盗是人，但是，杀盗并不就是杀人。

"是而不然"是说，肯定的前提是正确的，但肯定的结论则是错误的，即所进行的侔式推论都是错误的。所以，墨子在结论的主项和谓项之间，插入了一个"非"字，这样就把原来错误的肯定结论，改成了正确的否定判断，同时把原来错误的"侔"式推论关系给取消了。[①] 这就是说，在前提中主项和谓项之间为类同关系，但附加上某种属性之后，在结论中主项和谓项之间不再是类同关系的时候，则侔式推论关系不能成立，但在否定了这个侔式推论的结论之后的推论则

---

① 《沈有鼎文集》，北京：人民出版社1992年版，第352—353页。

是成立的。用公式来表示就是："如果 A⊂B，但附加属性 C 后改变了 A 与 B 之间的关系，那么并非 CA⊂CB。"其中，⊂ 表示"两个概念或对象之间为类同关系"。[①]

具体来说，在上述情况（1）和（2）中，"获的父母亲"与"人"之间，是子类和类的关系，"获的弟弟"和"美人"之间，也是子类和类的关系，但对子类和类所附加上的语词"事"或"爱"，它们在含义上却并不相同，所以，如果做出肯定的结论，则都是错误的。在情况（3）和（4）中，车是木头造的，但车和木头却已经是属于不同的类了，所以，乘车当然也并不是"乘木头"了。船是木头造的，但船和木头却是不同的类了，当然"入船"和"入木头"也并不是一回事了，所以，如果做出肯定的结论，也都是错误的。在情况（5）（6）（7）（8）和（9）中，强盗和人之间是子类和类的关系，但是，对子类和类所附加上的语词在含义上却并不相同（出现了歧义），比如，"盗多"和"人多"中的"多"字的含义就不同（判断某地的盗是多还是少，与判断当地的人是多还是少所用的尺度不同，即相对概率不同），"无盗"和"无人"中的"无"的含义不同，"爱盗"和"爱人"中的"爱"的含义不同，"杀盗"和"杀人"中的"杀"的含义也不同（杀盗不是杀在"人"上而是杀在"盗"上），所以，如果我们在结论中做出肯定性的判定，只能是错误的。

如果要对上述推论的有效性有比较彻底的把握，还要进一步深入到道义推论或道义逻辑等的层次作分析。比如，我们可以单独将上

[①] 杨武金：《作辩经以立名本——墨家辩学与逻辑学》，杨国荣主编：《思想与文化》（第17辑），上海：华东师范大学出版社 2015 年版，第 118 页。

述情况（9）做一些讨论。先将这个推理转化成西方最经典的亚氏三段论，如下：

（1）所有的盗贼都是人；
（2）被杀死的是盗贼；
（3）所以，被杀死的不是人。

转换成西方亚氏三段论以后，我们很轻易就可以看出这些话的矛盾之所在，即结论和大前提是矛盾的。那么，如果要让这个三段论得以成立，则结论应该替换为："（3）被杀死的是人"。为什么会出现这样的矛盾呢？这是因为墨辩逻辑在逻辑认识之中更加注重逻辑的内涵："盗"虽然在外延上属于人，但在内涵上却不只是生物学意义上的人，即"盗"还具有"非生物学意义上的人"的本质属性。[①] 在此基础之上，我们从墨子的道德语境来看，就会发现这正是墨辩逻辑中"取"的体现，墨子在其思想中所提倡的是"不应该杀人"，而对于偷盗则是"不允许偷盗"，从言语效力上来说，不允许的程度远远高于不应该，也就是说，犯了不允许做的事情所生成的"恶"应当远远高于做了不应该做的事情，此为一"取"；"杀盗"虽然是杀了一个人，但是与"盗人"不被杀对国家法律和社会安定带来的破坏相比，却算是"小恶"了，此为二"取"；此外，"盗人"之"人"与"非杀人"之"人"在语用程度上存在内涵上的不同，"盗人"之"人"所指应该更类似于广义范围上的人，而"非杀人"的人应该主要指公

[①] 杨武金：《墨家逻辑产生的历史文化背景》，《职大学报》2015年第5期。

民层面的人，所以在这层意思上可能存在一定的误差；从道德层面上看，"盗"不论在任何国家的道德体系中都不是作为一个道德行为而存在的，我们也可以这样来认为，"盗"是作为一个不道德的事实而存在的，而墨辩逻辑通过"取"的实际运用成功地将"盗"作为非道德行为与正常的、符合道德式的"人"区分开来，正是墨辩逻辑通过"取"对道德事实的正确认识，才使得墨辩逻辑得出了"杀盗非杀人"的结论。

《墨子·大取》篇说："知是世①之有盗也，尽爱是世；知是室之有盗也，不尽恶②是室也。知其一人之盗也，不尽恶是二人③；虽其一人之盗，苟不知其所在，不尽恶其弱也④。"这是说，虽然知道世界上有盗，还是要尽爱世人；知道房间里有盗，不能厌恶房间里所有人。知道两个人中有一个是盗，也不能同时厌恶两个人；知道其中一个人是盗，但不知道是谁，也不能厌恶他们的家人。

这一段话初看起来，与《墨子·小取》篇所说"杀盗非杀人"中蕴含的对"盗人"的厌恶相互矛盾，又要厌恶他，又要尽爱他，但实际上还是墨辩逻辑中的"取"的问题，在"世之有盗也"这个前提之下，"盗"其实是作为广义的"人"的集合中的一员，正是符合了墨子"兼相爱"的政治目的，同时，墨子思想中所提倡的是应该兼爱世人，同时又并非不允许爱盗人，所以，在并不冲突的情况下，不爱世人所带来的害，远远大于兼爱少量的盗人所带来的害，所以"取"

---

① 知是世：《道藏》本作"智是之世"，据孙诒让校改。
② 恶：《道藏》本无此字，据孙诒让校增。
③ 知：《道藏》本作"智"，现改正。下同。恶：《道藏》本无此字，据孙诒让校增。二：《道藏》本无此字，据孙诒让校增。
④ 不：《道藏》本无此字，据上下文意校增。弱：孩童。

墨子

害之小者，应当兼爱世人；这也正是墨子的"取"符合道德实在性的体现，由于道德事实本身并不是一个先验的概念，而是通过探求和辩论在人类群体中不断变化而形成后验道德概念的一个过程，具有跨越种族和文化的实体性，基于这些特点，墨子得出"尽爱是世"的道德判断结论，恰恰是符合道德事实的，因为在这里出现了两个道德观念的冲突，即"尽爱是世"和"恶盗人"，但符合道德事实的道德判断却始终只有一个，所以墨子经过"取"这一过程，将两种看似矛盾的道德观念进行讨论分析，最后得出了一个"尽爱世人"的道德事实，反观整个世界，无论是西方的"博爱"还是墨子的"兼爱"，都体现了对所有人的"爱"这一道德事实，也从侧面证明了墨辩逻辑"取"的结果最终是符合道德事实的。①

另外，如果将上述情况（1）（2）（3）（4）（5）（6）作为前提，而把情况（7）（8）（9）作为结论来考虑论证，墨子在这里又使用了"援"式反驳。如果再考虑"此与彼同类，世有彼而不自非也，墨者有此而非之，无他故焉，所谓内胶外闭，与心毋空乎内，胶而不解也"这句话，则墨子在上述论证中同时也使用了"推"式反驳。

《墨子·小取》篇说："夫且读书，非读书也；好读书，好书也②。且斗鸡，非斗③鸡也；好斗鸡，好鸡也。且入井，非入井也；止且入井，止入井也。且出门，非出门也；止且出门，止出门也。

---

① 何新宇：《墨家逻辑的道义取向》，《职大学报》2018年第6期。
② 夫且读书，非读书也；好读书，好书也：《道藏》本作"且夫读书，非好书也"，据孙诒让校改。
③ 斗：《道藏》本无此字，据李渔叔校增。

世相与共是之①。若若是，且夭，非夭也；寿且夭②，寿夭也。执③有命，非命也；非执有命，非命也，无难矣。此与彼同类④，世有彼而不自非也，墨者有此而非⑤之，无也⑥故焉，所谓内胶外闭，与心无空乎内，胶而不解也。此乃不⑦是而然者也。"

墨子在这里，列举了"不是而然"的六种情况：

（1）"将读书"并不是就"在读书"，但是，"好读书"却是"好书"；

（2）"将斗鸡"并不是就"在斗鸡"，但是，"好斗鸡"却是"好鸡"；

（3）"将要入井"并不是就"入井"，但是，"阻止将要入井"却是"阻止入井"；

（4）"将要出门"并不是就"出门"，但是，"阻止将要出门"却是"阻止出门"；

（5）"将要夭折"并不是就"夭折"，但是，"阻止将要夭折"（救命）却是"阻止夭折"；

（6）主张"有命"并不是真的"有命这东西存在"，但是，"反对主张有命"却是反对"有命这东西存在"。

---

① 世相与共是之：《道藏》本无此六字，据上下文意校增。
② 寿且夭：《道藏》本无此三字，据吴毓江、沈有鼎校增。
③ 执：《道藏》本无此字，据吴毓江校增。
④ 类：《道藏》本无此字，据吴毓江校增。
⑤ 非：《道藏》本在此字前有"罪"字，据毕沅校删，通"诽"，非议。
⑥ 也：通"他"。
⑦ 不：《道藏》本无此字，据胡适校增。

墨子

沈有鼎认为,"不是而然"的意思是:否定的前提是正确的,否定的结论则是错误的。所以,墨子在结论的主项和谓项中间,删掉了一个"非"字,这样就把原来错误的否定结论,改为了正确的肯定判断,同时也把原来错误的"侔"式推理关系给取消掉了。[①]

具体地说,在上述情况(1)(2)(3)(4)(5)中,"且"是"将要"的意思,是指向未来的模态词。现实是将来的实现,但将来不一定就是实然的现实。例如,"且读书"是将要读书,但现在并没有读书,而"好读书"表示的是一种兴趣爱好,与"且"不同,是不同类的问题),不是指向未来的模态词。类似地,"且出门"是将要出门,但现在还没有出门,而"阻止出门"却是阻止了任何出门的可能性,当然也就阻止了出门的现实性,因为没有将来的可能性,也就谈不上有任何的现实性。在情况(6)中,主张"有命"是一种主观上的认识,并不一定就是客观的存在,但是,反对主张有命这种做法,却一定是反对了"命"这种东西在客观上的存在,也就是它的现实性的存在,因为一种观点,虽然只是一个可能性,但是如果没有这种可能性,其客观的现实性也就不存在。基于上述理由,如果我们从否定性的前提出发,在结论中就做出否定性的判断,这只能是错误的。另外,从上述(1)(2)(3)(4)作为前提,到(5)(6)作为结论的论证中,墨子使用了"援"式推论来进行反驳。如果再考虑"此与彼同类,世有彼而不自非也,墨者有此而非之,无他故焉,所谓内胶外闭,与心无空乎内,胶而不解也"这句话,墨子在上述论证中同时也使用了"推"式反驳。

[①] 《沈有鼎文集》,北京:人民出版社1992年版,第354页。

第八讲　逻辑思想

《墨子·小取》篇说:"爱人,待周爱人,而后为①爱人;不爱人,不待周不爱人,不②周爱,因为不爱人矣。乘马,不③待周乘马,然后为乘马也。有乘于马,因为乘马矣。逮至不乘马,待周不乘马,而后为不乘马④。此一周而一不周者也。"

这段话,区分了两种不同类型的推论:

(1)爱人,只有爱所有的人,才能称为是爱人。但是,不爱人,并不需要不爱所有的人,只要有一个人不爱,就可以称为是"不爱人"。

(2)乘马,不需要乘所有的马,才能称为是乘马,只需要乘一匹马就可以称为是乘马。但是,不乘马,需要所有的马都不乘,才能称为是"不乘马"。

在墨子看来,"爱人"需要遍及所有的人,"乘马"却不需要遍及所有的马,因为它们属于不同类的问题,"爱人"涉及的是人与人之间的关系问题,"乘马"涉及的却是人与物之间的关系问题。这里,涉及了墨子的社会政治伦理思想。墨子提倡兼爱,强调人和人之间要普遍地、平等地相爱互助,应该无差别地爱所有的人才是真正的"爱人",因此,反映到墨子的逻辑思想上,就很自然地认为:只有爱所有的人,才能称为是"爱人"。从这一点来

---

① 为:通"谓",称为。
② 不:《道藏》本作"不失",据俞樾、孙诒让校改。
③ 不:《道藏》本无此字,据孙诒让校增。
④ 为:《道藏》本无此字,据王引之校增。马:《道藏》本在此字后有"而后不乘马"五字,据孙诒让校删。

墨子

说,我们可以认为,墨辩逻辑并不是纯形式的,不是从纯粹形式逻辑的意义上来推论问题的,而是需要涉及其社会政治伦理思想等内涵问题。

《墨子·小取》篇说:"居于国,则为居国;有一宅于国,而不为有国。桃之实,桃也;棘之实,非棘也。问人之病,问人也;恶[①]人之病,非恶人也。人之鬼,非人也;兄之鬼,兄也。祭人[②]之鬼,非祭人也;祭兄之鬼,乃祭兄也。之马之目眇[③],则为之马眇;之马之目大,而不谓之马大。之牛之毛黄,则谓之牛黄;之牛之毛众,而不谓之牛众。一马,马也;二马,马也。马四足者,一马而四足也,非两马而四足也。一马,马也;二马,马也[④]。马或白[⑤]者,二马而或白也,非一马而或白。此乃一是而一非者也。"

墨子在这里,列举了九种"一是而一非"的情况:

(1)居住在某一国内,可以说是住在某一国;但是,有一住宅在某一国内,却不能说有某一国;

(2)桃树的果实称为桃,但是,棘树的果实却不称为棘(应该称为枣);

(3)探问别人的病,可以说是探问人;但是,讨厌别人的病,却不能说是讨厌人;

(4)人的鬼魂并不能叫人,但是,兄长的鬼魂却可以叫兄长;

---

① 恶(wù):厌恶。下同。
② 人:《道藏》本无此字,据王引之校增。
③ 眇:《道藏》本作"盼",据顾千里、孙诒让校改。下同。
④ 二马,马也:《道藏》本无此四字,据胡适、吴毓江、沈有鼎校增。
⑤ 白:《道藏》本作"自",据毕沅、孙诒让校改。

（5）祭人的鬼魂不能说是祭人，但是，祭兄长的鬼魂却可以说是祭兄长；

（6）这匹马的眼睛瞎，可以说是这匹马瞎；但是，这匹马的眼睛大，却不能说这匹马大；

（7）这头牛的毛是黄色的，可以说这头牛黄；但是，这头牛的毛是多的，却不能说这头牛多；

（8）一匹马是马，两匹马也是马；但是，一匹马有四只脚，却不能说是两匹马有四只脚；

（9）一匹马是马，两匹马也是马；但是，"有的"马是白色的，是说两匹马中，其中有一匹是白色的，而不是说一匹马有白色的。

沈有鼎认为，"一是而一非"的意思就是，肯定的前提是正确的，但肯定的结论却是错误的；或者否定的前提是正确的，但否定的结论却是错误的。所以，墨子就在结论的主词和谓词之间，插入了一个"非"字，这样就把原来错误的结论改成了正确的判断，同时把原来错误的推理关系给取消了。①

具体地说，上述情况可以分为两类，一类是（4）和（5），情况为否定的前提是正确的，而否定的结论却是错误的。另一类是（1）（2）（3）（6）（7）（8）和（9），它们的情况都是肯定的前提是正确的，而肯定的结论却是错误的。

就（1）来说，《庄子·天下》篇载，辩者有"郢有天下"的论题。"郢"仅仅是当时楚国的一个县城而已，怎么会"有天下"呢？

---

① 《沈有鼎文集》，北京：人民出版社1992年版，第356—357页。

上述的（1），就是针对这样一个论题来进行驳斥的，"居于国"可以叫作"居国"（住在一个国家里），但是"有一宅于国"却不能叫作"有国"（领有一个国家）。再就（6）和（7）来说，《庄子·天下》篇载，辩者有"白狗黑"的论题。沈有鼎认为，辩者的说法，在逻辑上也是正确的，他说："称此狗为白狗，是因为它的毛是白的。它的眼球却确切是黑的，为什么不因此称它为黑狗呢？两种叫法，显然在逻辑上有同等理由，所以同等正确。"[1]沈有鼎的这个看法，可能来自司马彪关于这个问题的解释。[2]《经典释文》引司马彪注"白狗黑"说："狗之目眇，谓之眇狗。狗之目大，不曰大狗。此乃一是一非。然则白狗黑目，亦可为黑狗。"狗的眼睛瞎了，称之为狗瞎；但狗的眼睛大，却不能说是大狗。这就是"一是而一非"的情况。然而，一条白狗但眼睛却是黑色的，也可以称之为"黑狗"。

此解释道出了辩者"白狗黑"这一悖论的由来。不过，日常语言的用法，并不是只考虑逻辑上的理由，还需要考虑有关的用法是否简单、是否方便等因素。[3]上述（6）和（7），就是针对这个论题加以驳斥的，即马瞎不瞎是根据马的眼睛来判断的，但马大不大却不是根据马的眼睛来判断的；牛黄不黄是根据牛的毛色来判断的，但牛多不多却不是根据毛的数量来判断的，因此，狗白不白，当然也不是根据狗的眼睛的颜色来判断的，而是根据狗的毛色来加以判断的。

---

[1] 《沈有鼎文集》，北京：人民出版社1992年版，第209页。
[2] ［清］郭庆藩撰：《庄子集释》，王孝鱼点校，北京：中华书局1961年版，第1111页。
[3] 中国社会科学院哲学研究所逻辑室编：《摹物求比：沈有鼎及其治学之路》，北京：社会科学文献出版社2000年版，第303页。

第八讲　逻辑思想

《墨子·大取》篇中，也有多处论述了"一是而一非"的情况。《墨子·大取》篇说："以臧为其亲也而爱之，爱①其亲也；以臧为其亲也而利之，非利其亲也。"因为误认臧为父亲而爱他，这还是爱父亲的表现，但误认臧为父亲而给他实际利益，那所利的就只是臧而不是父亲了。这属于沈有鼎所说的"肯定的前提是正确的，但肯定的结论却是错误的"的"一是而一非"的情况。《墨子·大取》篇说："故一人指，非一人也，是一人之指，乃是一人也。方之一面，非方也，方木之面，方木也。"一个人的手指头并不就是一个人；这里有一个人的手指头，是可以说这里有一个人的。看到方形物的一面，不能确定是方形物；看到方形木的一面，却知道是方形木。这属于沈有鼎所说的"否定的前提是正确的，但否定的结论却是错误的"的"一是而一非"的情况。

"援"式推论是一种什么样的情况呢？这种推论主要用于反驳的情况，即在辩论的时候对方先说话，我方通常该怎么样来应对呢？一般来说，如果觉得对方正确，我方就认可他、同意他，就说我同意、没有问题。但是，假如对方说的话存在问题，则我方的论证该如何来进行呢？对此，墨子就提出了"援"这样一种反驳方式。

《墨子·小取》篇说："援也者，曰：'子然，我奚独不可以然也？'""援"就是通过援引对方的主张，作为所进行的类比推论的前提，从而引申出己方同样的主张，即"你可以那样，我为什么偏偏不能那样呢？"即我方也可以根据你方思考问题的方式，来进行和你方同样方式的论证。

---

① 爱：《道藏》本中此字前有"非"字，据孙诒让校删。

墨子

"援"式推论可用下列公式来表示：

被反驳的论题为：非 A

证明：

（1）设 B 是成立的；
（2）A 与 B 为同类；
（3）所以，A 成立；
（4）所以，非 A 不成立。

我方的观点是 A，对方否定我方的观点也就是"非 A"。对方赞成的观点是 B，既然 A 和 B 属于同类，所以，如果 B 真则 A 也真，即如果赞成 B，那么也应该赞成 A。这样，对方就陷入了"非 A 且 A"的自相矛盾的状况。这样的推论方式为什么是可以的呢？因为你方说要这么做，你方是有理由的，即你方是因为什么要这样做的；那么，我方也可以说因为什么要这样做，即如果我方也可以这样考虑，我方就可以说服你。实际上，也就是要坚持《墨子·小取》篇所说的，"有诸己不非诸人"的"同类相推"原则，自己赞成某种观点，不能因此反对别人可以赞成同样的观点。

关于"援"式推论，墨子曾经在论证自己思想的过程中有过很多运用。《墨子·鲁问》篇讲了一个故事，见图 8-1。当时，鲁阳文君即将攻打郑国，墨子听说后立马就前去阻止，并对鲁阳文君说："今使鲁四境之内，大都攻其小都，大家伐其小家，杀其人民，取其牛羊、狗豕、布帛、米粟、货财，则若何？"假如说，在你鲁阳文君的国内出现让大家互相不兼爱、互相攻伐的做法，你觉得应该怎么办？鲁阳文君当然是不能容忍这种做法的，所以他说："鲁四境之内，皆寡人之臣也。今大都攻其小都，大家攻其小家，夺之货财，则寡人必将厚罚之。"在墨子看来，既然你鲁阳文君可以这样说话，那么我墨子也就可以在范围虽然更大但却是同类的事情上来说话："夫天之兼有天下，亦犹君之兼有四境之内也。今举兵将以攻郑，天诛其不至乎？"

墨子用鲁阳文君自己所同意的观点，和鲁阳文君所不同意的观点进行对比，即既然你鲁阳文君同意那个，那么你鲁阳文君也得同意这个。这里，我们可以从中看到：墨子的论证，揭露了鲁阳文君的错误做法，充分地说服了鲁阳文君。所以，"援"式论式在人们的反驳过程中具有非常重要的作用。

"推"式论证比"援"式论证要复杂一些。虽然它们都是在反驳，但"推"式论证，还要求将对方的观点明确地摆出来。在做"援"式论证的时候，自己赞成的观点不必明确地表达出来，只要就对方的意思来说同样的话就可以了。总的来讲，"譬"和"侔"两种论式都主要用于证明，而"援"和"推"两种论式则主要用于反驳。"推"式论证，在整个墨子论式里是最为全面、最有说服力的。

那么，《墨子·小取》篇是怎么样来定义"推"的呢？《墨子·小取》篇说："推也者，以其所不取之，同于其所取者，予之也。""推"这种论式，是我方为了反驳对方的命题，先是选择一个与对方的命题属于同类，但却又是荒谬的、连对方也不可能接受的命题，从而证明对方的命题是不能成立的。"推式"推论可用下列公式来表示：

墨子

图 8-1 鲁阳文君欲攻郑，墨子劝阻。选自滕州市墨子纪念馆大型壁画《墨子圣迹图志》（1994 年 8 月）

第八讲 逻辑思想

被反驳的论题为：A

证明：

（1）设A成立；

（2）A与B为同类；

（3）非B真；

（4）所以，A不成立。

对方"所取"的是A，对方"所不取"的是B，也就是取"非B"。既然B与A是同类的东西，因此，如果A成立则B也应该成立，即如果取A则也应该取B。但是，B却是对方"所不取"的，这样就使得对方陷入了"应该取而不能取"的自相矛盾状况，从而反驳了对方。

墨子曾经在实际论证过程中多次应用"推"式论式。《墨子·非攻上》篇说："今有一人，入人园圃，窃其桃李。"[1]这里所列举的行为，只是偷别人的水果，统治者知道这是一种侵犯人家的行为。然后又列举"攘人犬豕鸡豚者，其不义又甚入人园圃窃桃李。是何故也？以亏人愈多，其不仁兹甚，罪益厚。"[2]偷鸡摸猪的事情，偷窃别人驯养的动物，统治者也还是知道这是一种侵犯别人的行为。然后又列举"入人栏厩，取人马牛者，其不仁义又甚攘人犬豕鸡豚。"[3]牛马却是劳动工具，偷窃人家的牛马就属于更严重的侵害他人的行为了。然后再列举"杀不辜人也，扡其衣裘，取戈剑者，其不义又甚入人栏厩取人马牛"[4]。人命关天，取人性命已经构成犯罪。墨子在此总结

---

[1][2][3][4] 孙诒让：《墨子间诂》，北京：中华书局2001年版，第128页。

墨子

道："当此，天下之君子皆知而非之，谓之不义。"[①] 即统治者在上面的情况下都还能头脑清醒，能够认识到这些行为都是不义的，因而都知道要将相关的责任人抓起来，并谴责这些行为，同时给相应的责任人定罪。由此可以推出：发动侵略战争，属于更大的不义，更是罪大恶极。可是，"今至大为攻国，则弗知非，从而誉之，谓之义"[②]。即到了国家与国家之间的攻伐之战，这时统治者就不能认识到这些攻伐战争的非正义性了。

上述论证过程中，应用了归纳推理和演绎推理于其中。整个"推"式论证过程，可以用符号表达如下：

S_1 是 P

S_2 是 P

S_3 是 P

S_4 是 P

……

S_n 是 P（所有考察的 $S_1...S_n$ 是 P）

所以，所有 S 都是 P

a 是 S

所以，a 是 P

其中，S_1 表示"入人园圃窃桃李"，S_2 表示"攘人犬豕鸡豚"，S_3 表示

---

①② 孙诒让：《墨子间诂》，北京：中华书局2001年版，第129页。

"入人栏厩取人马牛"，S_4表示"杀不辜人"，a表示"大为攻国"，P表示"不义而当定罪"。先是运用归纳推理，从个别性的前提推出一般性的结论，再以这个一般性的结论作为大前提，运用演绎推理得出具体的结论。

墨子还具体探讨了关于"推"式论证用于反驳（"止"）的基本情况。在《墨经》文本中，"止"主要有两种含义。一种含义是指，在物理学意义上的"停止"，如《墨子·经上》篇所说："止，以久也。"物体的静止可以用时间来衡量。另一种含义则是指，在逻辑学意义上的反驳，即止住、不许他那样说的意思。墨子主要总结了两种重要的反驳方式"止"。

《墨子·经上》篇说："止，因以别道。""因以"就是用来的意思，"别"就是指分别、限制的意思，"道"指的是一般性的道或理。《墨子·经说上》篇说："彼举然者，以为此其然也，则举不然者而问之。若'圣人有非而不非'。""止"就是用来驳斥那些一般性陈述的"道"或"理"的推论。在论辩过程中，如果对方通过列举一些事物情况是这样（正面事例），就想当然地推出这一类事物情况都是这样，这时，我方就可以通过列举不是这样的事物情况（反面事例）来加以质疑。例如，当对方通过列举一些圣人不批评别人的错误的事例，就得出结论说："所有圣人都不批评别人的错误"，这时，我方就可以通过列举另外一些圣人却是批评别人错误的事例来质疑对方。墨子这里所阐述的反驳方式"止"，是当对方在进行归纳推理时，我方所应该采取的反驳方式。

与上述情况不同的是，如果对方是在进行演绎论证时，我方却应该采取如下的反驳方式。《墨子·经下》篇说："止，类以行

墨子

之①,说在同。"墨子认为,反驳应该根据"类"的原则来进行,理由就在于"同类"可以相推。《墨子·经说下》篇说:"彼以此其然也,说是其然也;我以此其不然也,疑是其然也。"如果对方通过指出这一类事物情况都是这样,就必然地推导出了某一个具体事物的情况是这样。这时,我方就可以通过指出这一类事物情况并不是这样,从而怀疑对方所推出的结论。比如说,《墨子·公输》篇记载,墨子先是要求公输般帮助自己去杀死一个人,公输般通过表明自己因为讲义气绝对不杀任何人,从而推出(意味着)自己不会去杀墨子所要求去杀的那个人。这时,墨子就通过指出公输般并不会因为讲义气绝对不杀任何人,从而使得公输般推论的大前提受到了质疑,进而使得公输般在论战中遭到毁灭性的失败。

---

① 之:《道藏》本作"人",据孙诒让校改。

第九讲　科技思想

通常认为，墨子是一位具有人文精神的思想家，是兼爱非攻的提倡者。其实，墨子在中国思想史上更是一位科技圣人，是具有崇高科学精神的巨人，是中国古代具有实验和实践精神的杰出科学家。《墨子·小取》篇说："摹略万物之然"，强调探求外部事物及其规律性。墨子自己就发明过许多对于农业和手工业生产非常重要的技术。据大量资料记载，墨子熟悉木工和其他手工业技术，他的木工技艺可以和古代名匠公输般（鲁班）媲美。同时，墨子对科学理论进行了系统研究和总结。墨子所著《墨经》，是一部包含了几何学、力学、光学、心理学、生理学、语言学、逻辑学等诸多学科内容的"微型百科全书"。

一、几何学

在几何学上，墨子对点、线、面、体、方、圆、相交、相切等概念进行了定义。《墨子·经上》篇说："端，体之无序[①]而最前者

[①] 无序：无可取代，从姜宝昌说。

也。""端"即点,端点就是处于线段最前面而其他任何情况均无可取而代之的部分。《墨子·经上》篇说:"体,分于兼也。"《墨子·经说上》篇说:"若二之一,尺之端也。"其中,"兼"即整体,"体"即部分。比如,"二"是兼,是整体,"二"中的"一"是部分。"尺"即线,"尺"是整体,其中所包含的"端"是部分。墨子在这里认为,整体被分解为许许多多的部分。在这些部分中,那种处于物体最前面的部分,就叫作"端"。①墨子关于"点"的定义,与欧几里得在《几何原本》中所说"点是没有部分的"相一致。

《墨子·经说上》篇说:"尺前于区而后于端。""区"即面。墨子认为,由"点"组成"线",再由"线"组成"面","点"是构成"线"的必要条件,同时,"线"又是构成"面"的必要条件,所以,没有点就没有线,没有线就没有面。《墨子·经上》篇说:"厚,有所大也。""厚"就是体积,它是占有一定大小的空间。《墨子·经说上》篇说:"惟无厚②无所大。"只有没有体积的东西才无所大,才不会占有空间。惠施曾经说:"无厚不可积也,其大千里。"(《庄子·天下》)认为没有体积的东西也有所大,也可以占有空间,惠施这是在做哲学思辨,与墨子讨论问题的角度不同。

《墨子·经上》篇说:"方,柱隅四讙③也。"长方形就是四边相等且四角也相等的平面几何图形。《墨子·经说上》篇说:"[方]矩见交④也。"用矩尺画相交线就可以得到矩形。《墨子·经上》篇

---

① 孙中原:《墨学通论》,沈阳:辽宁教育出版社1993年版,第202—203页。
② 无厚:《道藏》本无此二字,据高亨校增。
③ 讙:通"权",相等,据栾调甫、高亨说。
④ 交:《道藏》本作"攴",据高亨校改。

说:"圜①,一中同长也。"圆就是从同一个圆心到圆周上的任意一点的距离都相等的平面几何图形。《墨子·经说上》篇说:"[圜]规写交②也。"用圆规画相交曲线就可以得到圆。《墨子·经上》篇说:"中,同长也。"《墨子·经说上》篇说:"中心③,自是往相若也。"圆心到圆周上的每一点都具有相同的长度,从圆心出发到圆周上的每一

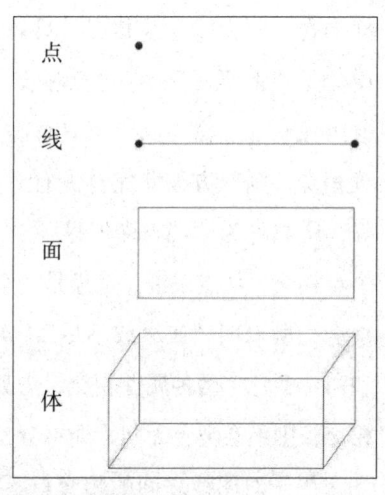

图 9-1　点线面体图

点的距离都相等。墨子关于方和圆的定义,是对当时人们关于"方"和"圆"的大量实际经验应用所进行的理论概括和总结,也是对中国古代辩者学派关于"矩不方""规不可以为圆"(《庄子·天下》)等观点的回应。

　　墨子对点与点相交、点与线相交做了考察。《墨子·经上》篇说:"撄,相得也。""撄"就是两物相交。《墨子·经说上》篇说:"尺与尺俱不尽,端与端俱尽④,尺与端⑤或尽或不尽。坚白之撄相尽。体撄不相尽。"线与线相交,无论相交点在哪里,彼此都不会全

---

① 圜:同"圆"。
② 交:《道藏》本作"支",据高亨校改。
③ 中心:《道藏》本作"心中",据谭戒甫、詹剑峰乙正。
④ 与(俱):《道藏》本作"无(無)",现改正。俱:《道藏》本作"但",据吴毓江校改。
⑤ 端:《道藏》本中"端"字窜入句末,据孙诒让校移。

墨子

部契合。因为线与线相交，只是交于某一个点，所以，对两条线来说，是"俱不尽"。点与点相交，则是完全重合。因为"点"被想象为没有长、宽、高，而只有确定位置的几何单位，所以，两点一旦相交，则双方彼此完全占有对方，没有剩余的部分，两者契合无间，所以称为"端与端俱尽"。[①]线与点相交，无论这个点与线上哪个点相交，从点来说，已经是完全重合了，但从线来说，则是不完全重合，所以叫"或尽或不尽"，实际上就是点尽线不尽。坚（硬度）和白（颜色）两种属性相交，为契合无间，即重合在一起。两个物体相交，则不会契合无间，即不会完全重合。

墨子对两线之间的相交与不相交，也给予了非常合理的解释。《墨子·经上》篇说："仳[②]，有以相撄，有不相撄也。""仳"即比，比较的意思，两条线之间的比较，有相交和不相交两种不同情况。《墨子·经说上》篇说："［仳］两有端而后可。"无论是相交还是不相交的两条线之间的比较，都必须以其一端作为基准，才可以进行比较。

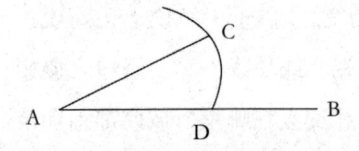

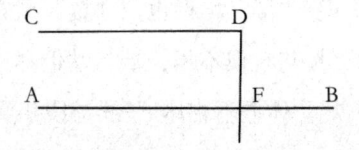

图 9-2 两条线的相交与不相交

---

① 孙中原：《墨学通论》，沈阳：辽宁教育出版社1993年版，第204页。
② 仳：《道藏》本作"似"，据王引之、孙诒让校改。

第九讲　科技思想

如上图所示，左边为两线相交的情况。AB 比较长，AC 比较短。以它们的相交点 A 为圆心，以 AC 为半径作圆与 AB 相交于 D，则 AC=AD，而 DB 为 AB 长于 AC 的部分。右边为两线不相交（平行）的情况。AB 比较长，CD 比较短。以 A、C 两端对齐，又从 D 引垂线与 AB 相交于 F，则 CD=AF，而 FB 为 AB 长于 CD 的部分。①

墨子对图形的相切问题有了非常清楚的认识。《墨子·经上》篇说："次，无间而不相②撄也。"《墨子·经说上》篇说："[次]无厚而厚③可。""次"即相切，两形相切是指：它们之间没有空隙并且不相交，而且无厚的图形和有厚的物体都是可以相切的。"间"即空隙，"无间"就是没有空隙。"不相撄"即不相交。"厚"即体积，"无厚"就是没有体积的图形，"有厚"就是有体积的物体。几何学上的相切，如图 9-3，通常是指直线与圆相切（左图），还有圆与圆相切（右图）。

总之，墨子既有关于"点""线""面""体""方""圆"等几何概念的定义，又有关于"方""圆"等几何概念的正确认识，还有关

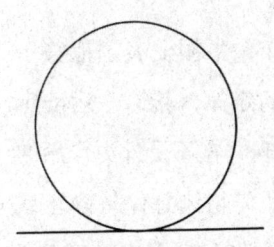

图 9-3　直线与圆相切，圆与圆相切

---

① 参见孙中原：《墨学通论》，沈阳：辽宁教育出版社 1993 年版，第 205 页。
② 相：《道藏》本作"撄"，据孙诒让校改。
③ 厚：毕沅改为"后"，张惠言、孙诒让等从之，均误。据杨俊光改正。

223

墨子

于物体之间或者图形之间的相交和相切的解释。可以说，墨子关于几何学的研究对象，已经基本具备了。

二、力学

在力学上，墨子给"力"下了定义，认识到了杠杆原理。《墨子·经上》篇说："力，刑之所以奋也。"《墨子·经说上》篇说："[力]重之谓，下举①重，奋②也。"这里的"刑"通"形"，指的是物体，奋即运动。力就是物体运动的原因，例如从下往上举起某个物体，就是力在起作用。这里，墨子把"力"与"重"联系起来，认为重也是力的一种，力加之于物而后物动，但是力却不可见，必由物之重而后见。③

墨子关于力和物质运动及其关系的认识，与近代英国物理学家牛顿（Isaac Newton, 1643—1727）的观点近似。

1687年，牛顿发表了他关于物体运动的定律，其第一运动定律这样写道："在不受外力作用的情况下，任何物体总保持静止或匀速直线运动状态。"这一定律意

图9-4 牛顿

---

① 举（舉）：《道藏》本作"与（與）"，据高亨校改。
② 奋（奮）：《道藏》本作"旧（舊）"，据《经》校改。
③ 参见谭家健：《墨子研究》，贵阳：贵州教育出版社1995年版，第283—284页。

味着，任何物体如果要保持（非匀速的）运动状态，都必须接受外力的作用，所以，力是任何物体发生运动的根本性原因。

如所周知，牛顿第二定律的内容是：力这个物理量所表示的，是一个物体对另一个物体的作用，它使物体的运动状态发生变化，这种运动状态的变化所表示的，是物体离开静止状态或匀速直线运动状态。与牛顿关于"力"的定义相对照，墨子对"力"的定义，虽然显得有些粗糙，但毕竟已经比牛顿早了两千多年。

对此，李约瑟（Joseph Needham, 1900—1995）甚为感叹地说："然而最令人惊讶的是，我们在公元前4世纪到前3世纪的《墨经》中也发现了一些论述，其观点和牛顿的运动定律极为相近。"[1]

公元前3世纪的时候，古希腊的科学家阿基米德（Archimedes, BC287-BC212）曾经说："给我一个支点，我就能撬起整个地球！"阿氏所说的这句话，讲的就是杠杆原理。

阿基米德曾经在《论平面图形的平衡》一书中，将一系列的经验知识，当作是不证自明的公理，由

图9-5 李约瑟。选自田松：《科学史的起跳板》，北京：生活·读书·新知三联书店2020年版

---

[1] ［英］李约瑟原著，［英］柯林·罗南改编：《中华科学文明史》，江晓原主持，上海交通大学科学史系译，上海：上海人民出版社2014年版，第502页。

墨子

图 9-6 给我一个支点,我就能撬起整个地球!

此推论出杠杆原理。这一系列不证自明的公理如下:

(1)在无重量的杆的两端离支点相等的距离处,挂上相等的重量,它们将保持平衡。

(2)在无重量的杆的两端离支点相等的距离处,挂上不相等的重量,重的一端将会下垂。

(3)在无重量的杆的两端离支点不相等距离处,挂上相等的重量,距离远的一端将会下垂。

(4)一个重物的作用,可以用几个均匀分布的重物的作用来代替,只要重心的位置保持不变。相反,几个均匀分布的重物,可以用一个悬挂在它们的重心处的重物来代替。

(5)相似图形的重心以相似的方式来分布。

……………

阿基米德从上述公理出发,并在"重心"理论的基础上,发现了杠杆原理,也就是"当二重物平衡时,它们离支点的距离与重量成反比"。

墨子是从桔槔机起重的力学原理中，揭示出"举之则轻，废之则重"的力学规律性。《墨子·经下》篇说："举之则轻，废①之则重，若石、羽，非有力也。"当使用桔槔机举起重物的时候，似乎显得很轻，就像举起一根羽毛似的，毫不费力，而当把重物放下时，反而显得非常沉重，就像放下一块大石头一样。墨子认为，这并不是因为驾驭桔槔机的人的力气有多大，而是因为机械的作用与力学的功能所导致的。桔槔机的构造原理如下：

用一横杆 AB 系在一立柱上端（支点为 O）。墨子通过反复实验，知道用桔槔机起重之所以省力，是因为负重（P）的 AO 端（本）与作用力（F）的 BO 端（标）相比要短。如图 9-7 所示：

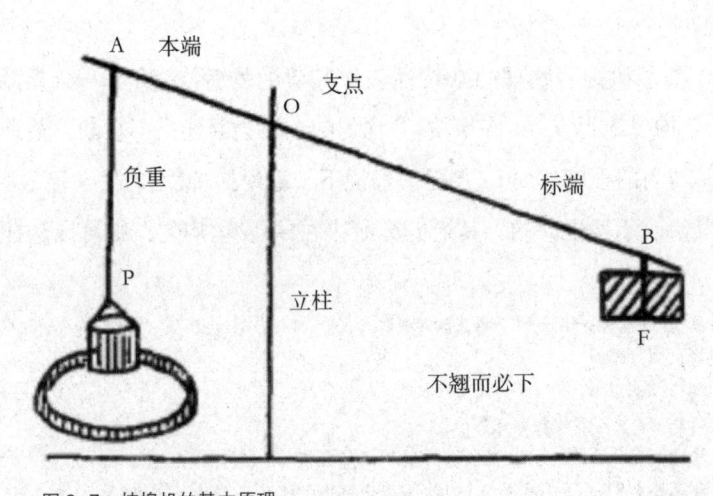

图 9-7 桔槔机的基本原理

---
① 废：置。《小尔雅·广言》："废，置也。"

墨子

《墨子·经下》篇对此总结说:"负①而不挠②,说在胜。"物体负重而能够不倾斜,是因为它可以胜任重量。《墨子·经说下》篇说:"衡木加③重焉而不挠,极胜重④也。右校交绳⑤,无加焉而挠,极不胜重也。衡,加重于其一旁,必捶,权重相若也。相衡则本短标长,两加焉重相若,则标必下,标得权也。"横木增加重量之所以不倾斜,是因为它可以胜任重量。如果在横木上方左右移动支点,没有加重但却倾斜了,那是因为失去了重心从而不能胜任重量了。如果在横木的一边加上重量,则这一边必定下垂,因为权和称物的重量是成正比的。如果横木平衡,则本方(AO)短而标方(BO)长,也就是动力臂将大于阻力臂,这时如果在横木的两边同时加上相等的重量,则标方必定下垂,这是因为标方得到了秤锤加重的力。⑥墨子关于秤杆平衡原理的探究结果,与阿基米德所阐述的杠杆原理,可以说是异曲同工。

墨子认为,物理的必然性在于其势的均等。《墨子·经下》篇说:"均之绝否⑦,说在所均。"均匀的东西会断还是不会断,关键在于其均匀的程度如何。《墨子·经说下》篇说:"发均,县⑧轻重⑨。而发绝,不均也。均,其绝也莫绝。"如果发丝均匀,则可以悬挂或

---

① 负:《道藏》本作"贞",据吴汝纶校改。
② 挠:曲,倾倒。
③ 加:《道藏》本作"如",据毕沅校改。
④ 极胜重:重心稳定能胜任负担。
⑤ 校:调节、校正。交绳:支点,指立杆与横杆相交错捆绑之处。
⑥ 参见孙中原:《墨学通论》,沈阳:辽宁教育出版社1993年版,第216页。
⑦ 否:《道藏》本作"不",吴抄本作"否",据高亨校改。
⑧ 县:同"悬"。
⑨ 重:《道藏》本无此字,据毕沅、孙诒让校增。

第九讲 科技思想

轻或重的物体；如果发丝断绝了，那是由于发丝在结构上不均匀，因为如果发丝结构均匀，那它是不会断绝的。《列子·仲尼》篇曾引辩者的话说："发引千钧。"又引公子牟的话说："发引千钧，势至等也。"即一根头发丝居然能够牵引三万斤的重量，那是因为其各个部分的受力状况都完全相等。这一违反常识的论题，在今天看来应该属于弹性力学或分子物理学的奇想。乍看违反常识，仔细思考却存在着某种道理，并非完全胡说。墨子关于这一问题的思考，曾受辩者们的影响，并为辩者的论题作出新的论证，这是中国古代思想家在百家争鸣中不同学派之间相反相成、相互渗透的一个典型例证。[①]对此，李约瑟指出，墨子关于点和时间瞬间的定义，把绳索在拉力作用下断裂的现象归结为连续性的不完善，"在中国，他们，也只有他们，才能从抽象的角度来考虑物体的运动"[②]。充分肯定了墨子及其学派关于科学概念的抽象把握。

墨子发现了滑轮与轮轴的规律性。《墨子·经下》篇说："挈[③]与收[④]反[⑤]，说在薄[⑥]。"《墨子·经说下》篇说："挈有力也，引无力也。不必[⑦]所挈之止于施[⑧]也，绳制挈之也，若以锥刺之。挈，长

[①] 参见孙中原：《墨学通论》，沈阳：辽宁教育出版社1993年版，第226页。
[②] ［英］李约瑟原著，［英］柯林·罗南改编：《中华科学文明史》，江晓原主持，上海交通大学科学史系译，上海：上海人民出版社2014年版，第503页。
[③] 挈：《道藏》本作"契"，据张惠言校改，提升。
[④] 收：《道藏》本作"枝"，据张惠言校改，收取。
[⑤] 反：《道藏》本作"板"，据孙诒让校改，形近而误，反。
[⑥] 薄：迫使。《小尔雅·广言》："薄，迫也。"
[⑦] 必：《道藏》本作"心"，据谭戒甫校改。王闿运、张之锐校为"止"，不确。
[⑧] 施：同"迤"，邪，斜，据孙诒让说。

墨子

重者下，短轻者上；上者愈得，下[1]者愈亡。绳直权重相若，则止[2]矣。收，上者愈丧，下者愈得，上者权重尽则遂[3]。"用滑轮升降物体，提挈与收取的动作是相反的，因为系权绳端与系物绳端相互牵制迫使重物升降。"挈"是用力提升物体，引是不用力提升物体。要提升重物，不必限于只用斜面，也可以用绳子在滑轮的牵挈作用下提升它，这就像用锥刺物般的省力，见图9-8。

使用滑轮提升重物，权端较重则逐渐下降，悬绳愈增愈长，物端较轻缓缓上升，悬绳愈缩短，物体愈升愈接近目的地，权锤愈降愈失去迫使作用，使重物一直升到设定高处，达成任务。如果系权与系物的绳等长，权物重量也相等，这时权物静止不动，既不上升也不下

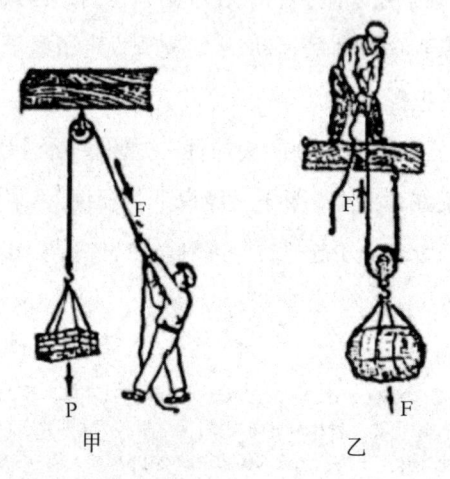

图 9-8　定滑轮和动滑轮

---

① 下：《道藏》本作"下下"，据张惠言校删。
② 止：《道藏》本作"心"，据王闿运、张之锐校改。
③ 遂：成，完成。

230

第九讲 科技思想

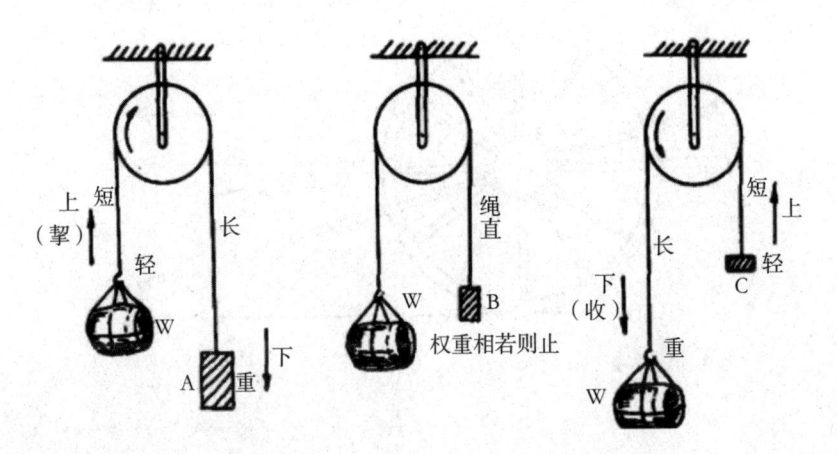

图 9-9 挈与收

降，形成引的状态。"收"就是下降重物，较轻的权愈升愈失去迫使重物下降的作用，较重的物体愈下降愈接近目的地，使物体一直下降到设定的低处，这时升到高处的权重作用已尽，那么就完成了下降重物的任务，见图 9-9。

墨子发现了斜面原理。《墨子·经下》篇说："倚者不可正，说在梯①。"斜面活动不能像垂直那样，比如，车梯就是一种斜面活动的情况，见图 9-10。

《墨子·经说下》篇说："倍、拒、坚、射，倚焉则不正②。挈，两轮高，两轮为輇③，车梯也。重其前，弦其前，载弦其前，载弦其

---

① 梯：《道藏》本作"剃"，据孙诒让校改。
② 倍、拒、坚、射，倚焉则不正：此十字原在此段文末"引横也"之下，据曹耀湘、梁启超校移。倍：同"背"。坚：与"挈""牵"通，据孙诒让说。射：《道藏》本作"舳"，据谭戒甫校改。
③ 輇（轻 chuán）：无辐的低矮车轮。

231

墨子

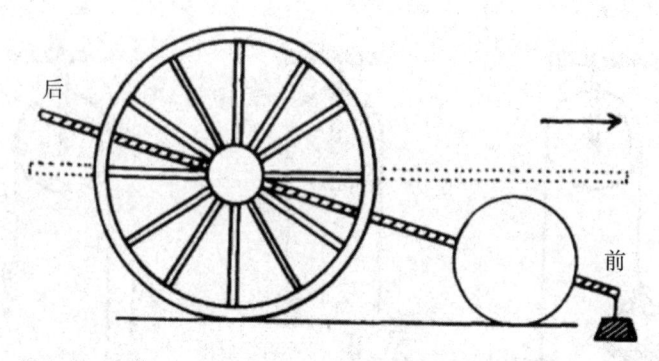

图 9-10 车梯

轱，而县重于其前。是梯①挈，且挈则行。凡重，上弗挈，下弗收，旁弗劫②，则下直。柂③，或害之也。流④梯者不得流，直也。今也废石⑤于平地，重不下，无旁⑥也。若夫绳之引轱也，是犹自舟中引横也。"人在作背负、抵拒、牵引、射箭等活动时，身体都处于偏斜不直的状态。提升重物的车梯也是应用的斜面原理，其构造是：后面的两个轮子高，前面是两个无辐的低轮，并在轮轴上铺装长板，重心摆在前面，用一条绳子的两端系在车的前端，再用一条绳子的两端系在车轱，都像弓弦一般，以便牵引，而把重物悬挂在前头。这种车梯提挈重物，一边提拉绳子，一边重物逐渐升高。凡是重物，上面不用力提拉，下面不用力扯收，旁边不用力胁迫，则物体一定垂直落下。如果物体斜向下落，则一定有外力阻碍，使下落方向改

---

① 梯：《道藏》本作"埞"，据毕沅、孙诒让校改。下同。
② 劫：强力胁迫。
③ 柂：同"迤"，邪，斜，据孙诒让说。
④ 流：《道藏》本作"沭"，流转，滑动。下同。
⑤ 废：放置。石：《道藏》本作"尺"，据孙诒让校改。
⑥ 旁：《道藏》本作"踌"，据孙诒让校改。

232

第九讲 科技思想

变。车梯上的重物下滑时，沿着斜板直下，不会转变方向，因为木板是直的。现在放一块石头在平地上，就是重也不会流动，因为没有旁力影响。至于用绳子拉着车牯，使车梯移动，就像用绳子拉着横木，使舟船前行一样。

墨子还阐述了堆砌土石方的基本原理。《墨子·经下》篇说："堆①之必柱②，说在废③材。""废材"即置材，也就是摆放建筑材料。这里是说，堆砌一定要有所支撑，理由在于放置建筑材料需要遵循一定的原则。《墨子·经说下》篇说："［堆④］骈石絫石耳，夹寴者法也⑤。方石去地尺，关⑥石于其下，县⑦丝于其上，使适至方石。不下，柱也。胶⑧丝去石，挈也。丝绝，引也。未变而石⑨易，收也。"堆砌就是排列石块和叠置石块。东西夹室和中间居室都是利用这一方法营造出来的。选一块方形石头，用绳索将它悬挂在离地面一尺的高度处，砌另一石头联贯在它的下面，使它们上下相靠。绳索的长度正好是从悬挂点到方形石头上表面的距离。这时，上面的方形石头不下落，是受到下面石头的支撑力。如果系紧上面的方形石头以后，抽去下面的石头，上面的方形石头即被悬挂空中，这是绳索的提挈力所致；如果抽去下面的石头，绳索断绝而方形石头落地，这是地心引力

---

① 堆：《道藏》本作"推"，据谭戒甫校改，堆砌。
② 柱：《道藏》本作"往"，支撑，据徐克明校改。
③ 废：放置。
④ 堆：《道藏》本作"谁"，据谭戒甫校改。
⑤ 骈："并"的异文，并列，排列。絫：积累。夹：夹室。寴："寝"的初文，居室。
⑥ 关：通"贯"，关联、联贯。
⑦ 县：通"悬"。
⑧ 胶：粘接、固结。
⑨ 石：《道藏》本作"名"，据曹耀湘、梁启超校改。

墨子

所致。同样的绳索系紧上面的方形石头而抽去下面的石头的情况，后者方形石头落地而改变位置，显然是因为受到下方收扯力的结果。

三、光学

墨子在光学研究上做出了巨大的贡献。首先，墨子发现光是沿直线传播的。关于单影生成的原因，《墨子·经下》篇说："景不徙①，说在改为。"《墨子·经说下》篇说："光至景亡。若在，尽古息。"墨子认为，我们通常所看到的影子迁徙，是因为光源和物体的相对位置发生改变的缘故。影子是由于物体遮蔽光线才形成的。所以，如果物体不动而光源移动，或者光源不动而物体移动，则光线就会照到原先物体蔽光成影的地方，这时影子就会消失。如果光源、物体和影屏的相对位置永久不变，则影子也就永久不变。中国古代的辩者曾说："飞鸟之景未尝动也。"（《庄子·天下》）认为飞鸟的影子是从来不动的。辩者在这里，是取运动的一个瞬间，认为这一瞬间里曾经"在一个地方"，连它的影子也静止在那里，从未动过。辩者命题的合理性，在于表达了运动的间断性，但是辩者却做出了一个违反常识的判断："飞鸟的影子是从来不动的。"在墨子看来，影子本身虽然不会移动，但因为影子受光和物体的移动而发生连续改变，已经从旧影不断变换为新影了。辩者的错误在于歪曲了"影动"的通常含义。②

---

① 景：同"影"。徙：《道藏》本作"从（從）"，据王引之校改。
② 中国社会科学院哲学研究所逻辑室编：《摹物求比：沈有鼎及其治学之路》，北京：社会科学文献出版社 2000 年版，第 308 页。

墨子对光的反射现象作了解释。《墨子·经下》篇说:"景迎日,说在抟[①]。"《墨子·经说下》篇说:"日之光反烛[②]人,则景在日与人之间。""景"即"影",人的影子迎着太阳,是因为光线被反射,当太阳的光线通过平面镜反射到人的身上时,则影子就形成于太阳和人之间。

墨子发现了光的本影和副影之间的关系。《墨子·经下》篇说:"景二,说在重。"《墨子·经说下》篇说:"二光夹一光,一光者景也。""景"即影,如果一个光体发出的光线被不透光的物体遮住了,则会形成本影和副影,原因就在于影子的重复。这说明,由于发光体包含着许多发光点,光线又是沿着直线传播的,自然就生成了多重物影。这些物影的相重和相差,便形成了浓黑的本影和模糊的副影,这就是所谓的"影二",见图9-12。李约瑟指出,墨子关于光与影的关系,关于光的本影和副影的关系的发现,说明墨子已

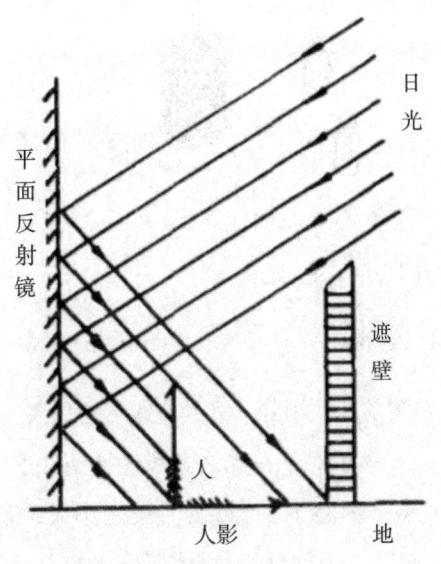

图 9-11 光的反射规律

---

① 日:《道藏》本作"曰",现改正。抟(tuán):《道藏》本作"𫝊",据顾实校改,反射。
② 烛:同"照"。《玉篇》:"烛,照也。"

墨子

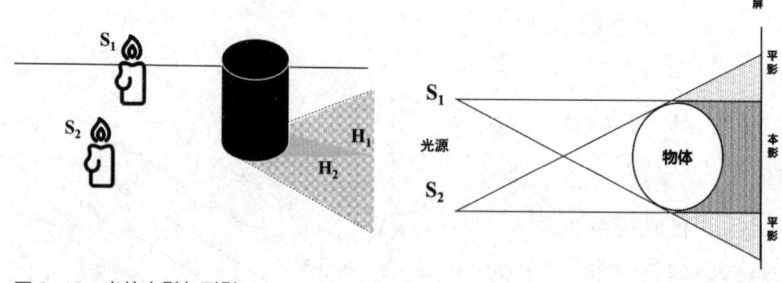

图 9-12 光的本影与副影

经清楚地认识到了光的直线传播现象。[1]

墨子对于在光之直线传播条件下物影变化的规律进行了探究。《墨子·经下》篇说:"景之小大,说在杝缶[2]、远近。""景"即"影",光源照射到物体所形成的影子,有大小的不同,因为物体的斜正、光线的远近不同。《墨子·经说下》篇说:"木杝[3],景短大;木正,景长小。光[4]小于木,则景大于木。非独小也,远近。""景"即"影",木头斜放,则影子就短且大。木头正放,则影子就长而且小。光源小于木头,则影子大于木头。反之,光源大于木头,则影子小于木头。而且,当光源距离木头远时,影子就小;当光源距离木头近时,影子就大。

其次,墨子发现了小孔成像原理。《墨子·经下》篇说:"景

---

[1] [英]李约瑟原著,[英]柯林·罗南改编:《中华科学文明史》,江晓原主持,上海交通大学科学史系译,上海:上海人民出版社 2014 年版,第 509 页。
[2] 杝:《道藏》本作"地",同"迤",邪,斜,据孙诒让校改。《广韵》:"邪,不正也。"《玉篇》:"斜,不正也。"缶:同"正"。
[3] 杝:同"迤",邪,斜,据孙诒让说。
[4] 光:《道藏》本作"大",据孙诒让校改。

236

第九讲 科技思想

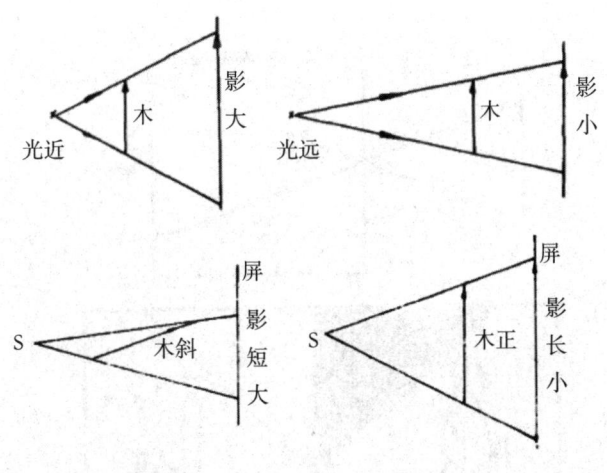

图 9-13 光的直射规律

倒①，在午②有端与景长③，说在端。"《墨子·经说下》篇说："光之人，煦④若射。下者之人也高，高者之人也下。足蔽下光，故成景于上。首蔽上光，故成景于下。在远近有端与于光，故景库⑤内也。""景"即"影"，墨子认为，要形成倒影，就必须在光线交叉点处有一个小孔与受像的帐幔，理由就在于光线穿过小孔而形成光束。光线照到人身上如阳光四射，直行似箭。从下面照到人身上，成像在人的上部；从高处照到人身上，成像在人的下部。脚遮住了下面的光，所以成像就在上方，头遮住了上面的光，所以成像就在下方。人

---

① 倒：《道藏》本作"到"，形近而误。
② 午：交错，即光线的焦点。
③ 景长：即影帐，也就是受影的帐幔。
④ 光之人，煦（xù）若射：光线照到人身若蒸发状煦然四射。孙诒让说："《说文》火部云：'煦，蒸也。'又日部云：'昫（xù），日出温也。'盖谓如日出时之光四射也。"
⑤ 库：《道藏》本作"庳"，现改正。景库：暗箱。内：指内在影幕。

237

墨子

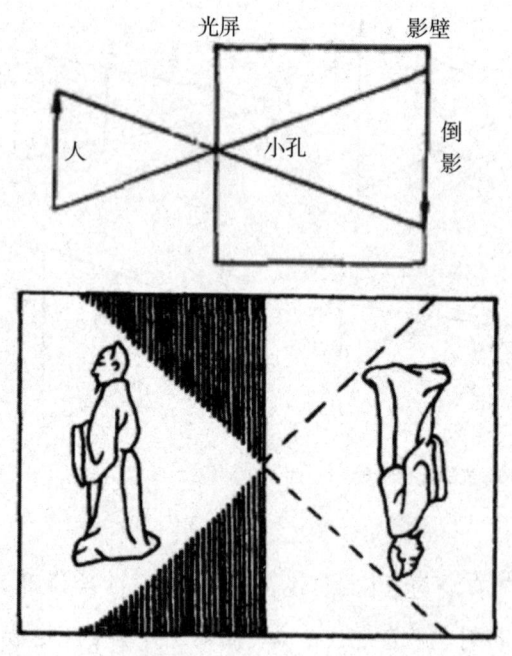

图 9-14 小孔成像

站在适当的远近处时,由人身上反射的光线都集中穿过交叉点,因此,光线射入帐幔上而形成倒影,见图 9-14。

墨子通过应用物影生成、小孔成像等例子,说明光是沿直线传播的。"光沿直线传播"的这种规律性,在西方是由古希腊时代的欧几里得所记述的,但欧氏的记载只是一种理论上的叙述,并没有通过科学实验来加以验证,而且也比墨子的发现至少晚了一百多年,这充分说明墨子在光学上的成就是巨大的。李约瑟曾经指出:"和他的几何原理一样,欧几里得的光学包括五十八条定理,以四个定义为基础。而事实上,这四个定义早已为墨子所认识……公元 100 年左右亚历山大里亚城的赫伦发表了他的光学著作,这是欧洲最早的光学专著。因此,我们所掌握的墨家的光学研究著作远比希腊人的早。"[1]李约瑟在这里,充分肯定了墨子在光学上的成就。

墨子还研究了各种各样的镜子,从平面镜到多个平面镜的组合,以及由此而产生的物像反演现象,同时还做了凹面镜和凸面镜的实验,并对实验作出了比较合理的解释。[2]

墨子探究了球面镜成像的规律性。《墨子·经下》篇说:"临鉴而立,景倒[3]。多而若少,说在寡区。"《墨子·经说下》篇说:"正鉴,景多[4]寡、貌能[5]、白黑、远近、柂[6]正,异于光。鉴景当俱,就、去亦[7]当俱,俱用北[8]。鉴者之臭,于鉴无所不鉴。景之臭无数,而必过正[9]。故同处,其体俱然鉴分。""景"即"影",当人站在一个球面镜前面形成倒立的像,这是凹透镜成像的特殊规律。而形成缩小的像,这是凸透镜成像的特殊规律,因为镜面是一个不大的区域。当人正立在一个球面镜前面,球面镜成像的范围大小、状貌形态、明暗程度、距离远近、位置正倒等,都会同物体有所区别。如果在镜中成像,镜和像同时存在,则物体和像接近或离开镜面的运动也

---

[1] [英]李约瑟原著,[英]柯林·罗南改编:《中华科学文明史》,江晓原主持,上海交通大学科学史系译,上海:上海人民出版社,2014年,第510页。
[2] 同上书,第509页。
[3] 鉴:镜子。倒:《道藏》本作"到",形近而误。
[4] 多:《道藏》本无此字,据孙诒让校增。
[5] 能:同"态(態)"。
[6] 柂:同"迤",邪,斜,据孙诒让说。
[7] 亦:有作"亦",《道藏》本作"亦",现改正。
[8] 北:通"背"。
[9] 过正:失去原形。

墨子

会同时发生,并且物体和像的运动方向总是相反的。物体的容貌在镜中都会有所反映。镜像的容貌多种多样,而且跟原物总有所区别。所以,物体与镜面同在一处,物体在镜面的不同部分会形成不同的像,就像物体被镜面分开了一样。

关于凹透镜成像的规律性,墨子作出了系统的探讨。《墨子·经下》篇说:"鉴洼①,景②一小而易③,一大而缶④,说在中之外内。"《墨子·经说下》篇说:"中之内,鉴者近中,则所鉴大,景亦大;远中,则所鉴小,景亦小,而必正⑤;起于中缘正而长其直也。中之外,鉴者近中,则所鉴大,景亦大;远中,则所鉴小,景亦小,而必易⑥;合于中缘易⑦而长其直也。""景"即"影",凹面镜成像分两种情形:一为物体置于焦点以外,生成比物体小而倒立的实像;二为物体置于焦点以内,生成比物体大而正立的虚像。关键在于物体置于焦点以外还是焦点以内。若物体(5或6)置于凹面镜焦点 F 以内:如果物体(如5)靠近焦点 F,则物体大,成像(5′)也大;如果物体(如6)远离焦点,则物体小,成像(6′)也小;而且无论是靠近焦点还是远离焦点,都一定生成正立虚像,因为光线从焦点出发,于镜面正交,并向镜后延长相交而成像。若物体(1、2或3)置于凹面镜的焦点 F 以外:如果物体(如3)靠近焦点 F,则物体大,成像(3′)

---

① 洼:《道藏》本作"位",据张之锐校改,通"凹"。
② 景:《道藏》本作"量",据王引之校改,影。
③ 易:倒像。
④ 缶:同"正"。
⑤ 必正:一定生成正立虚像。
⑥ 必易:一定生成倒立实像。易:倒像。
⑦ 中缘易:《道藏》本无此三字,据杨保彝校增。

第九讲 科技思想

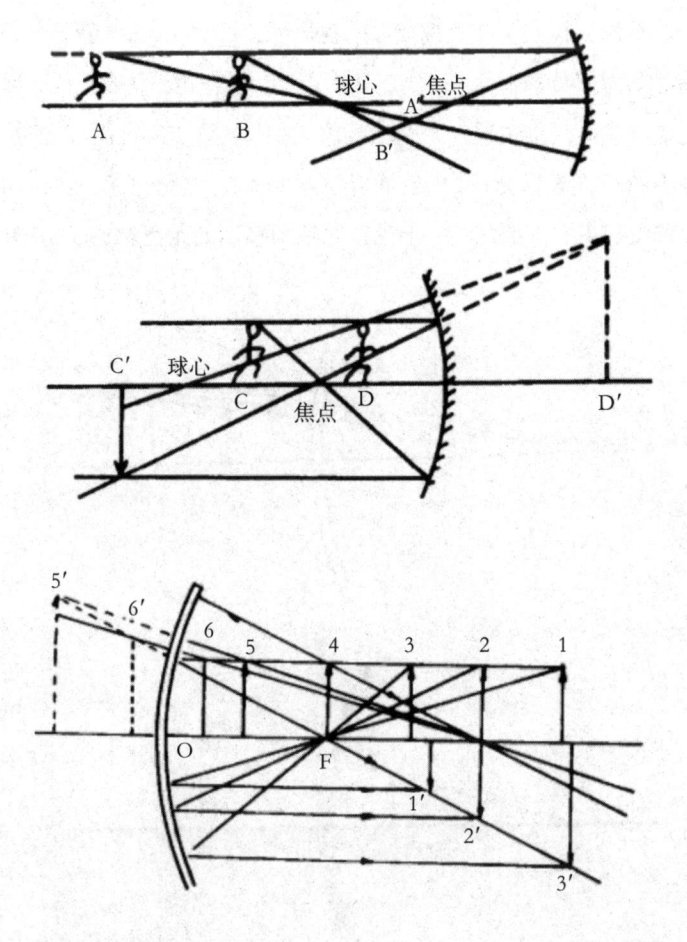

图 9-15 凹透镜成像规律

也大;如果物体(如1)远离焦点F,则物体小,成像(1′)也小;而且无论靠近还是远离焦点,都一定生成倒立实像,因为光线会合于焦点,并延长相交而成像,见图9-15。

墨子

墨子深入探究了凸透镜成像的规律性,见图9-16。《墨子·经下》篇说:"鉴团[1],景一小一大[2],而必缶[3],说在得。""景"即"影",凸面镜成像有两种情况:一是当物体(如1)置于离镜面较远时,生成较小的正立虚像(1′);二是当物体(如3)置于离镜面较近时,生成较大的正立虚像(3′)。但无论物体与镜面的距离较远还是较近,

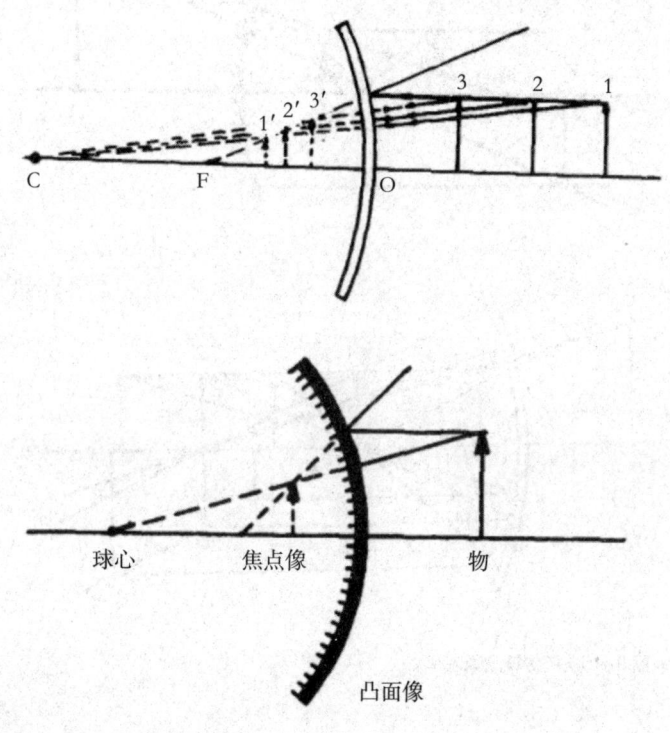

图9-16 凸透镜成像规律

---

[1] 鉴团:凸镜。
[2] 一小一大:《道藏》本作"一天",据高亨校改。
[3] 缶:同"正"。

都一定生成正立的虚像，关键在于物体与镜面的距离必须得当。《墨子·经说下》篇说："鉴者近，则所鉴大，景亦大；其[①]远，所鉴小，景亦小，而必正。景过正，故招[②]。""景"即"影"，当物体（如3）距镜面近，镜面所受物体发射或反射光线的面积就较大，生成的虚像（3′）也较大；当物体（如1）距镜面远时，镜面所受物体发射或反射光线的面积较小，生成的虚像（1′）也较小；但无论物体与镜面的距离远还是近，都一定生成正立虚像。当物像从正立变为倒立时，像就会动摇恍惚看不清楚。

2016年8月16日，中国首颗量子卫星"墨子号"成功发射，在世界上首次实现了卫星与地面之间的量子通信，见图9-17。

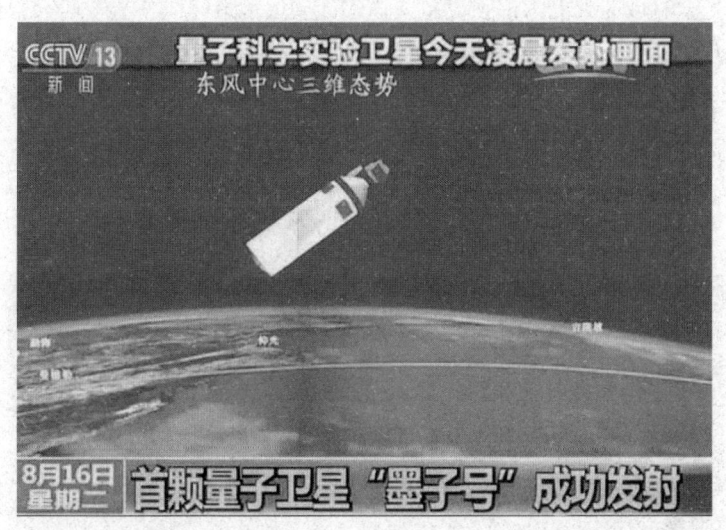

图9-17 首颗量子卫星"墨子号"

---

① 其：《道藏》本作"亓"，现改正。
② 招：摇动，模糊不清。

墨子

在谈到为什么要将这颗卫星命名为墨子号时，首席科学家潘建伟院士解释说："墨子最早提出了光线沿直线传播，设计了小孔成像实验，为光通信和量子通信奠定了基础。"潘院士说得很好，两千年前的墨子就发现了光线是沿直线传播的，我们今天又能在世界上首次成功发射量子卫星，这说明中国人有志气、有能力，在科学上是能够勇攀高峰的。

2023年9月17日，墨子巡天望远镜在青海冷湖观测基地正式投入观测，使我国在多项关键技术上实现了自主创新和重要突破，见图9-18。

墨子巡天望远镜通光面积大、杂散光少、系统探测灵敏度高，具备强大的巡天能力，能够每三个晚上巡测整个北半球一次，为北半球光学时域巡天能力最强设备。该巡天望远镜最终以"墨子巡天望远镜"命名，与哈勃巡天望远镜以美国天文学家哈勃命名类似，墨子在两千多年前即已发现了光沿直线传播原理、小孔成像原理和光的反射原理等光学原理。墨子伟大的科学发现、科学思想和科学精神，是我们今天开展科学研究活动和科学探索的不竭的动力源泉。

图9-18 墨子巡天望远镜

第十讲　军事思想

如前所述，墨子思想中最核心的部分，就是要建设一个兼爱的社会与和谐的世界。而要实现这个理想，首先需要国与国之间不要发动战争，而应该和平相处。但人类毕竟是从动物进化而来的，动物界通行的是弱肉强食的丛林法则，所以，要实现一个兼爱非攻的和谐社会与和谐世界又谈何容易？如前所述，墨子主张，在未有国家或行政之前，人类几乎处在你死我活的战争状态。人类成立了国家或行政之后，仍然处在战争连连的环境之中，所以，如何在战争中取得胜利，历来是兵家们所研究的主要论题。所以，在中国先秦，产生了如《孙子兵法》那样精辟全面的军事理论著作。《汉书·艺文志》将兵家分为四大类，即兵权谋、兵形势、兵阴阳、兵技巧，并且把墨家归入"兵技巧"一类，其实，墨子的军事思想也包括防御性的军事战略理论。进攻与防御是军事学上的一对基本矛盾，有进攻也就有防御，有进攻理论就有防御理论。[1] 因此，中国古代也出现了如《墨子》这样的集军事战略与战术于一体的关于积极防御的军事著作。

---

[1] 李广星：《墨子论》，济南：齐鲁书社2022年版，第402页。

墨子

一、积极防御的军事战略思想

墨子思想的核心和目标就是要建设一个"兼爱""非攻"的和谐社会与和谐世界,其实也就是要建立一个非零和博弈的社会,即一个"兼相爱交相利"的社会。在这个社会中,人们"视人之国若视其国,视人之家若视其家,视人之身若视其身。是故诸侯相爱则不野战,家主相爱则不相篡,人与人相爱则不相贼,君臣相爱则惠忠,父子相爱则慈孝,兄弟相爱则和调。天下之人皆相爱,强不执弱,众不劫寡,富不侮贫,贵不敖贱,诈不欺愚。凡天下祸篡怨恨,可使毋起者,以相爱生也,是以仁者誉之"(《墨子·兼爱中》)。墨子指出,人类众多冲突与混乱,皆起因于"不相爱","诸侯各爱其国,不爱异国,故攻异国以利其国,天下之乱具此而已矣"(《墨子·兼爱上》)。因此,君臣、父子、兄弟都应该从"自爱""自利"向"兼爱""互利"转变,"视人国若其国,谁攻?故大夫之相乱家、诸侯之相攻国者亡有。若使天下兼相爱,国与国不相攻,家与家不相乱,盗贼无有,君臣父子皆能孝慈,若此则天下治"(《墨子·兼爱上》)。关于如何解决"不相爱"问题,墨子提出"以兼相爱交相利之法易之"(《墨子·兼爱中》)。墨子主张,在倡导人类博爱、加强互利合作的基础上可以消除战争,达到永久和平。汤因比在评价墨子这一思想时说:"把普遍的爱作为义务的墨子学说,对现代世界来说,更是恰当的主张。"[①]

[①] 《展望二十一世纪——汤因比、池田大作对话录》,北京:国际文化出版公司 1985 年版,第 425 页。

第十讲 军事思想

墨子的"非攻"思想就是要反对或谴责非正义战争或侵略战争。《墨子·非攻下》篇中,将为人民兴利除害的战争称之为"诛",将不正义的战争称之为"攻"。墨子非"攻"扬"诛",认为"诛"与"攻"的区别,就在于战争的出发点及归宿是否是为天下兴利除害。比如,大禹讨伐有苗、商汤讨伐夏桀、周武王讨伐殷纣等战争,都是为民除害的正义之战,而大国攻打小国、强国欺凌弱国的战争,则属于不正义的"攻",因为这种战争不能给老百姓带来任何好处,而只能造成"春则废民耕稼树艺,秋则废民获敛",进而造成"百姓饥寒冻馁而死者,不可胜数"(《墨子·非攻中》)。

如前所述,在《墨子·天志》上、中、下三篇中,墨子面对当时诸侯纷争、战祸频仍、民不聊生的社会现实,提出了"天志"说,确定"天"是至高无上的权威,具有约束人的行为意志,以确保兼爱和谐社会的实现。墨子的"天志"学说反映了广大人民群众要求和平、平等和反对残暴专制的愿望,实则是墨子之志。墨子说,顺天意就叫作"兼",反天意就叫作"别"。以"兼"为道,就是义政,以"别"为道就是力政,就是暴政。墨子认为,每一个人都是天的臣民,都应该听从于天的意志,而天的意志也就是天的目的,就是要实现兼相爱,交相利。《墨子·天志上》篇说:"天欲义而恶不义。"天喜欢仁义而不喜欢不义,即天的意志就是兼相爱交相利。墨子说:"顺天意者,兼相爱,交相利,则得赏;反天意者,别相恶,交相贼,必得罚。"(《墨子·天志上》)天有天的意志,人有人的意志,人的意志要服从于天的意志和天的目的,即要兼相爱交相利,才能实现人的合理的和善的欲望。所以,墨子置立天志以为法仪,就好像制作车轮的师傅有了圆规,做木匠的师傅有了方尺。就像《诗经》里的

墨子

《大雅》所言，天帝告诉文王："我想有光明德行的人，他不大显露声色，不崇尚奢侈与变革，不逞能弄巧而自作聪明，而是顺从天帝的法则。"这是在告诫周文王要以天志作为法仪，去顺从天帝的法则。所以，士大夫君子们，如果内心确实想要实行仁义，就要顺从天志，按照天帝的法则办事，也就是要兼爱、非攻。

墨子这种从"天志"论的角度来反对战争的观点，体现了墨子的一种终极关怀的宗教情结。墨子这种体恤民情、爱惜生命、爱民利民的理论依据就在于，作为"天"之"邑人"，在它的面前个体生命具有同等的价值，也就是说，在天志面前逻辑推理的结论必然是人人平等，这种人人平等的权利是绝不容许践踏的。墨子的这一原则使他们的反战观跳出了当时盛行的国家自利的狭小圈子，超越了儒家赞同的"征伐自天子出"的所谓合理战争理论。这种思想实际上是站在"国际伦理观"的立场，超越了当时普遍奉行的国家自私自利的观念，成为"攻战有理"论的强有力批判。墨子这种与道家理论一致的理念，不但在古代是一种重要的创设，就是在今天依然具有重大意义，对当代和平主义者仍然具有深刻的启示，同时这也和犹太教、基督教、伊斯兰教等世界主要宗教的和平理念具有根本的相通性。而这正是当代人类可以取得和平共识的理论基础。

《墨子·鲁问》篇记载了墨子与鲁君、齐太公、鲁阳文君等人的对话，主要内容是以"义"为核心，阐述"兼爱""非攻"的思想主张。如鲁国国君问墨子说："我担心齐国攻打我国，可以解救吗？"墨子回答说："可以。从前三代的圣王禹、汤、文、武，都是只有百里领地的诸侯，他们爱忠厚，行仁义，取得了天下，而暴王桀、纣、幽、厉，他们不爱忠厚，而是行暴政，最终失掉了天下。所以如果能够做到上尊天、中事鬼、下爱人，预备丰厚的礼品，用谦卑的外交辞令，积极对相邻诸侯国施礼结交，并动员全国人民团结起来对付齐国，那么灾难就可以得到解救。"《墨子·耕柱》篇记载，墨子对鲁阳文君说："大国之攻小国，譬犹童子之为马也。童子之为马，足用而劳。今大国之攻小国也，攻者，农夫不得耕，妇人不得织，以守为事；攻人者，亦农夫不得耕，妇人不得织。"大国攻打小国，就像小孩两手着地学马跑一样，手脚并用弄得疲敝不堪，战争对进攻国和被攻打的国家来说都不会有什么好的结果，所以，只有"兼爱""非攻"才是国与国之间的相处之道。

墨子在强调"兼爱""非攻"的同时，指出必须做好战争防御的重要性，主张小国或弱国，要防止侵略行为的发生，必须做好战争防备，不给敌人以任何可乘之机。《墨子·七患》篇中，特别列举了造成国家危亡的七种祸患，指出统治阶级搜刮民脂民膏、浪费民力、荒淫无度、不重视国防是国家所面临祸患的主要原因，并从战略高度阐述了加强国防、外交、选贤任能、增产节用，才是防止国家处于祸患之中的根本方法。墨子所指出的国家有可能面临的七种祸患是：第一，城郭和护城河不足以防守，却去大修宫殿；第二，敌军压境，而邻国却不来相救；第三，滥用民力来做一些无用的事情，耗尽国库民财招待宾客、赏赐无用的人；第四，当官的只顾保官，游说者只爱结交，国君制定严酷法律来惩治大臣，大臣又畏惧君主而不敢进谏；第五，国君自认为圣明却不勤政，自认为国家安定强大却不防备，四面邻国图谋进攻却不知道；第六，国君信任的人却不忠不贤，而忠贤的人却得不到重用；第七，国家贮藏的牲口和粮食不够食用，大臣不足以为国君所用，赏赐不足以使人高兴，惩罚不能使人畏惧。

墨子

《墨子·七患》篇特别强调指出，粮食是国家的宝贝、武器是国家的爪牙、城郭是国家防御的屏障，这三者是一个国家首先必须具备的，强调一个国家必须做好充足的军事准备，才能做到有备无患，一个国家必须有强大的军事实力做后盾才能长治久安。也就是说，一个国家，如果没有在粮食、武器和防守等方面做好充分的准备，即使是正义的防御战争也很难取得胜利。在这里，墨子强调，即使在没有战争的时候，也要做好战争的防备工作，决不能掉以轻心，而应该做到仓有备粟，库有备兵，城有备守，心有备虑，时刻做好应战防守的准备工作。

总之，《墨子》一书中的《非攻》《天志》《鲁问》《七患》等篇均表明，墨子已经充分认识到了一个国家，特别是小国或弱国，做好防御战争准备的重要性。也就是说，墨子在一个国家如何居安思危这个问题上，已经形成了一整套关于积极防御的军事战略思想。

二、积极防御的守城技术

《墨子》一书中的《备城门》《备高临》《备梯》《备水》《备突》《备穴》《备蚁附》《迎敌祠》《旗帜》《号令》《杂守》等十一篇，记载了墨子关于充分的战备思想和系列防御体系，即全面动员、坚壁清野、城防建设、武器配备、后勤保障以及战后抚恤等全方位的战略防御体系。

《墨子·备城门》阐述了在敌人进攻城门时，我方该如何防备和抵御敌方攻城的战术和技术，从人员组织、防御器械的配置到各种防御器械的规格尺寸等，都做了具体阐述。关于守备人数，《墨子·备

第十讲 军事思想

城门》说:"五十步丈夫十人,丁女二十人……城下楼卒,率一步一人,二十步二十人,城小大以此率之",人员组织"城上十人一什长,属一吏士"。关于防御器械的配置,墨子主张,为了防止敌人用火箭射烧城门,应该在城门上凿孔置门丁,门上涂以厚厚的泥巴,准备好盛水的麻斗、革盆等,以泼水灭火。关于守城设施器械,《墨子·备城门》列出了楼、堞、暗沟、闺门、隧道及弩、锥、梃、藉车、沈机等,而且对每种战具都规定了尺寸,并且对生活必需品如井、灶、米、薪等的供给都做了细致考虑。

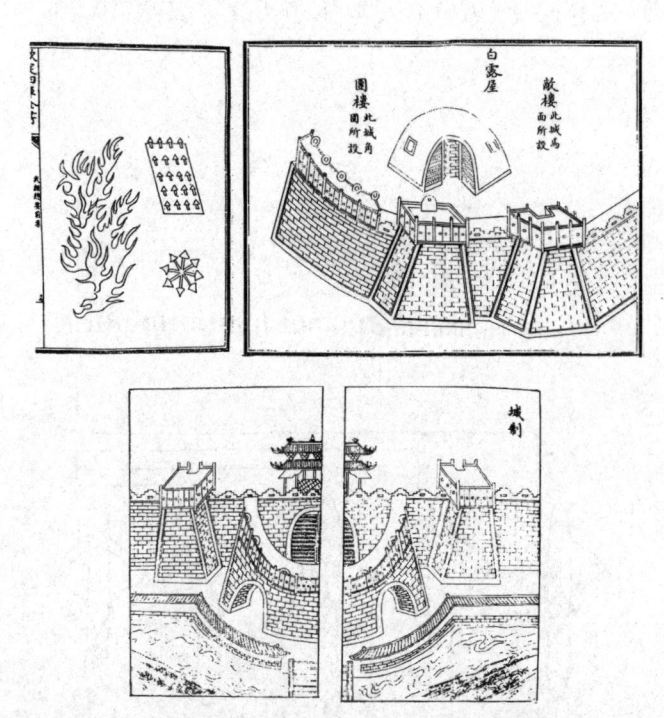

图 10-1 城防图。选自秦彦士:《古代防御军事与墨家和平主义——〈墨子·备城门〉综合研究》,北京:人民出版社 2008 年版

墨子

《墨子·备高临》主要阐述如何防备和抵御敌人采用筑高台、居高临下攻城方法的战术。墨子提出了两种防御方法：一是以高制高，在城墙上修筑土台，居高临下防御进攻的方法；二是在城墙上装置连弩车，使用密集的箭来射杀敌人等。还专门介绍了连弩车的制作、各个部件的尺寸及其功能等。

《墨子·备梯》主要阐述如何防备和抵御敌方用云梯攻城的战术方法。墨子阐述了各种战具的具体使用方法，如临时修筑高于城墙的拒梯"行城"和"杂楼"，修藩篱，用技机、冲撞机、持剑器、投掷火把等。强调既要沉着镇定，要"以静为故"，又要"从之以急"，兵

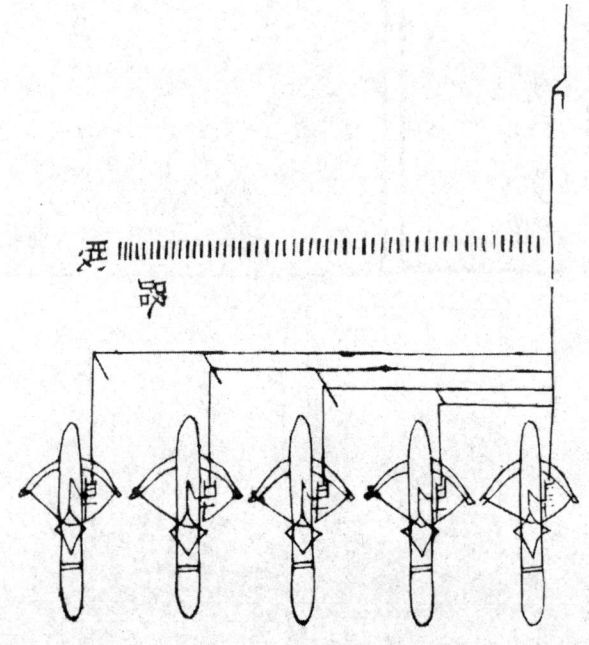

图 10-2　连弩车。选自秦彦士：《古代防御军事与墨家和平主义——〈墨子·备城门〉综合研究》，北京：人民出版社 2008 年版

贵神速，箭矢、砂石、开水等多管并用，势如雨下，稳、准、狠打击来犯之敌。墨子指出，对于敌人展开的攻势，必须以对等的力量进行防卫，不给敌人以任何可乘之机。

《墨子·备水》主要叙述如何防备和抵御敌人以水攻城的战术方法。如果城内地势比城外低，则容易积水。所以，当敌人采用筑堤引水灌城的方式来进攻时，一是要在城内开水渠泄水，二是要"决外堤"，即利用晚上，在城上射机的协助下，令士卒衣甲戴盔出城，持锄挖堤，用船冲撞堤坝，以破敌人水淹之围困。

《墨子·备突》主要叙述如何防备和抵御敌人从城墙"突门"攻入的战术方法。"突"即突门，就是在突门内安置窑灶、柴艾、橐等，用木头捆住车轮悬于突门上。当敌人攻入突门时，即放下车轮阻塞通道，同时点燃灶火，用橐吹烟熏之，以击退来犯之敌人。

《墨子·备穴》主要阐述如何防备和抵御敌人用打隧道来攻城的战术方法。首先要查出敌人穴攻的方向，方法是先在城上建高楼以观之，在城下凿井置罂以听之，然后直对敌穴方向掘穴迎敌。墨子具体阐述了穴的掘法及其设置，所掘之穴隐伏曲折，穴中有穴，环索牵引，神出鬼没，使敌人摸不清方向，以便于从不同的角度打击敌人。其次，可以用烟熏之法制敌。在穴中置备窑灶、橐、窦、燃烧物，发现敌人即施放浓烟熏之。同时要预防与敌人在穴中相遇，要准备好连版、铁钩锯等工具以阻敌前进，还要配备好作战用的短矛、短戟、短弩、斧头等武器，随时准备与敌人短兵相接。再次，在穴中与敌人相遇，要采取诱敌深入的战术，以便更好地歼灭来犯之敌。其中的"罂听（地听）"是用声呐原理来探测敌人挖地道的方法，见图10-3。

墨子

图 10-3 地听图。选自秦彦士:《古代防御军事与墨家和平主义——〈墨子·备城门〉综合研究》,北京:人民出版社 2008 年版

《墨子·备蚁附》主要阐明如何对付敌军凭借人多势众,驱赶兵士像蚂蚁般强行爬城进行硬攻的战术防守方法。如居高临下抛射投掷、用开水浇、用火帘烧等。

《墨子·迎敌祠》主要阐述迎敌前的各种祭祀规则,对巫师卜师的态度、誓师形式以及各级官吏、将士的职守和有关布防等问题。

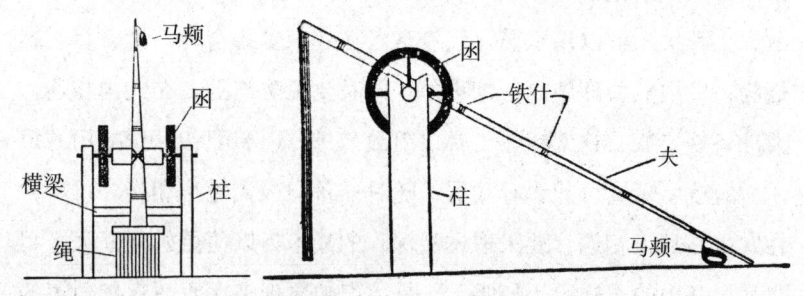

图 10-4 抛石机。选自秦彦士:《古代防御军事与墨家和平主义——〈墨子·备城门〉综合研究》,北京:人民出版社 2008 年版

第十讲 军事思想

《墨子·旗帜》主要阐述守城时用旗帜联络的种种方法。针对不同的情形如何使用不同的旗标，各个级别的将领的旗帜大小不同、颜色各异，各类人员都以旗徽为标识，将领在城楼上如何以举旗为号令，指挥防御，如何做到军纪严明，号令通达，才能够克敌制胜。

《墨子·号令》主要阐述了各种军纪、法规、禁令、人员布防和处置的种种具体原则和方法。比如，论述了如何因地制宜进行备战，从而说明严明军纪、执行命令是战争中能够取得胜利的根本保证。强调克敌制胜首先必须参照当地地理条件和人事情况，制定出应敌措施。还分别介绍了如何实行战时紧急状态，如城上守备，分岗设防，军法从事；城内划片管辖，实行连保，层层负责；严格出入制度，提高警惕，加强保卫，制定防奸、除奸等措施，对通敌投敌者严惩不贷；重视收集情报信息，加强巡逻侦察，立标记、举烽火、击战鼓，常备不懈；坚壁清野，防火防盗，征粮购物，战备充足；密切军民关系、上下关系，安抚百姓，优待烈属，协调人心；军规军令张榜公布，立功受奖，违令严惩，赏罚分明，上下齐心等。

《墨子·杂守》叙述防备和抵御敌人筑土台攻城的方法，关于烽火、徽帜的管理办法，征集民财的具体措施，处于围城危机时的节食方法，关于城防工程设施，以及关于广纳人才，充分发挥人力在守城战斗中的作用等。

第十一讲　历史地位

墨子的思想对中国先秦及秦汉的思想家产生了巨大的影响。不过，由于中国社会发展的特殊性，墨子的学说并不适应当时封建统治阶级的需要，所以，墨子的思想学说在秦汉以后基本处于衰微和埋没状态，著作无人阅读研究，直到明清时期，乾嘉学派开始注释《墨子》，近代之后，随着西学的输入，主张兼爱非攻、注重逻辑和科学的墨学，才开始引起人们重视，并逐渐走上复兴的道路。墨子的思想具有重要的世界意义和当代价值。

一、对先秦思想家的巨大影响

墨子思想对中国先秦诸子百家产生了全面而深刻的影响。可以说，没有墨学，就不可能引发诸子百家对诸多理论问题的深入讨论，墨子思想直接影响了各家的思维路径和思考方式。

晋鲁胜（约250—320）[①]曾在《墨辩注叙》中说："墨子著书，

[①] 鲁胜生卒年据孙中原编著：《诡辩和逻辑名篇赏析》，北京：中国人民大学出版社1992年版，第230页。

作《辩经》以立名本。惠施、公孙龙祖述其学,以正形名显于世。孟子非墨子,其辩言正辞则与墨同。荀卿、庄周等皆非毁名家,而不能易其论也。"①

近代,胡适(1891—1962)强调指出:"从此以后,无论哪一派的哲学,都受这种方法论的影响。荀子的《正名篇》虽攻击当时的辩者,其实全是墨学的影响。孟子虽诋毁墨家,但他书中论方法的各条,无一不显出墨学的影响。庄子的名学,也是墨家辩者的反动。至于惠施、公孙龙一般人,都是直接的墨者,更不用说了。"②

虽然上述二位学者认为惠施、公孙龙是墨者的主张不能成立,鲁胜认为《墨经》为墨子所著也未必正确,但他们都真实地道出了墨子思想对先秦各派思想家的巨大影响。

首先,受墨子思想影响最大的是儒家学派。如前所述,墨子本来就是在学习儒家思想的同时,从中发现存在很多问题,于是才建立起与儒家学派相抗衡的墨家学派。墨子在许多思想主张上都与儒家表现为对立的关系:无差别的兼爱与有分别的仁爱;亲亲用贤与平等尚贤;宿命论与非命观;厚葬与节葬等。历史发展进入战国时期,儒家学说首先面临的问题就是如何来回应墨子所提出来的"兼爱"平等、非命尚力、节葬节用等与之对立的思想主张,这一项历史使命自然就落在了孟子和荀子的身上。③

孟子曾经将距斥杨、墨作为自己的重要使命。《孟子·滕文公下》记载:孟子的弟子公都子对他说:"外人皆称夫子好辩,敢问何也?"

---

① [唐]房玄龄等:《晋书》,北京:商务印书馆1974年版,第2433页。
② 胡适:《中国哲学史大纲》,北京:中华书局2018年版,第169页。
③ 参见薛柏成:《墨家思想新探》,哈尔滨:黑龙江人民出版社2007年版,第87页。

墨子

孟子说:"予岂好辩哉?予不得已也……圣王不作,诸侯放恣,处士横①议,杨朱、墨翟之言盈天下。天下之言不归杨,则归墨。杨氏为我,是无君也;墨氏兼爱,是无父也。无父无君,是禽兽也……杨墨之道不息,孔子之道不著,是邪说诬民,充塞仁义也。仁义充塞,则率兽食人,人将相食……我亦欲正人心,息邪说,距诐行②,放淫辞,以承三圣者,岂好辩哉?予不得已也。能言距杨墨者,圣人之徒也。"从这整段话来看,孟子并不完全否定墨子思想的合理性,而是为了维护以孔子为代表的儒学而不得不采取"距斥"的态度。所以,钱穆说:"孟子辟墨,而其罪战、民贵诸说,实亦渊源墨氏。"③墨子主张"非攻",孟子主张非战,反对"强战",思想一脉相承。

《孟子·离娄上》说:"君不行仁政而富之,皆弃于孔子者也。况于为之强战?争地以战,杀人盈野;争城以战,杀人盈城。此所谓率土地而食人肉,罪不容于死。故善战者服上刑,连诸侯者次之,辟草莱、任土地④者次之。"孟子坚决反对非正义的战争,主张"善战者服上刑",和墨子的非攻思想如出一辙。墨子认为,凡一切从事都必须有利于天下百姓,《墨子·贵义》篇说:"凡言凡动,利于天鬼百姓者为之;凡言凡动,害于天鬼百姓者舍之。"《墨子·非命上》篇说:"发以为刑政,观其中国家百姓人民之利。"孟子也强调要贵民、重民、利民,《孟子·尽心下》说:"民为贵,社稷次之,君为轻。"《孟子·尽心上》说:"诸侯之宝三:土地、人民、政事。宝珠玉者,殃

---

① 处士:谓不在朝廷做官而居家者,言贫贱之士也。横:放纵。
② 诐行:偏激的行为。
③ 钱穆:《国学概论》,北京:商务印书馆1997年版,第55—56页。
④ 辟草莱、任土地:开辟荒地、分配土地。

必及身。"孟子的社会政治思想从根本上吸收了墨子思想的精华。

特别值得注意的是,孟子虽然在政治上出于维护儒家的立场竭力排斥和反对墨子的思想学说,但在辩论时所运用的逻辑思维、辩论方法和表达方式都符合墨子的基本思想主张。孟子广泛而熟练地应用了墨子所提出的"譬""援"等重要推论方式。比如,《墨子·兼爱中》篇说:"虽然,不可行之物也,辟若挈泰山越河济也。"《孟子·梁惠王上》说:"挟泰山以超北海,语人曰我不能,是诚不能也。"在思想的表达方式上,孟子也直接借用了墨子。比如,《墨子·非命上》篇说:"古者汤封于亳,绝长继短,方地百里",《孟子·滕文公上》说:"今滕,绝长补短,将五十里也"。对于墨子提出的"故""理""类"三物逻辑思想,孟子给予了充分的重视。孟子说:"至于心,独无所同然乎?心之所同然者何也?谓理也,义也。圣人先得我心之所同然耳。故理义之悦我心,犹刍豢之悦我口。"(《孟子·告子上》)[1] 人心的共同功能是把握事物的规律性,即理。孟子说"故凡同类者,举相似也"(《孟子·告子上》)[2]。这与墨子所强调的"知类""察类"的思想是一致的。诚如《荀子·儒效》篇中所指出的那样,孟子"其言议谈说已无以异于墨子矣"[3]。也正如胡适所言:"孟子虽诋骂墨家,但他书中论方法的各条(如《离娄》篇首章及'博学而详说之''天下之言性也,则故而已矣'诸章),无一不显出墨学的影响。"[4]

---

[1] [清] 焦循撰:《孟子正义》,沈文倬点校,北京:中华书局1987年版,第765页。
[2] 同上书,第763页。
[3] [清] 王先谦撰:《荀子集解》,沈啸寰、王星贤点校,北京:中华书局1988年版,第139页。
[4] 胡适:《中国哲学史大纲》,北京:中华书局2018年版,第169页。

墨子

荀子（前316—前238）曾经严肃批评墨子"杀盗非杀人"命题为"惑于用名以乱名"，但墨子的思想对荀子的积极影响却是巨大的。墨子创立"辩学"，强调"能谈辩者谈辩"；荀子也十分重视"辩"，强调"君子必辩"。不过，荀子将"辩"分为"圣人之辩""士君子之辩"和"小人之辩"，主要倡导的是"君子之辩"，认为"辩"必须以"仁"政思想作为出发点（《荀子·非相》）。[1]《墨子·大取》篇说："辞以故生、以理长、以类行。"荀子也说"辨其故"（《荀子·臣道》）[2]、"辩则尽故"（《荀子·正名》）[3]、"其持之有故，其言之成理"（《荀子·非十二子》）[4]、"其言有类"（《荀子·儒效》）[5]，即要分别事物情况的原因和理由，言论必须有充分理由、有条理、有类别。荀子将"类不悖，虽久同理"[6]作为出发点，将"类"与"礼""法"相提并论，将"类"概念作为明贵贱、辨同异、决是非、判正乱、别智愚的工具。

在社会政治思想方面，荀子充分借鉴了墨子思想来发展自己的思想。

首先，荀子借用墨子"兴天下之利"的思想来发展自己"兼利天下"的主张。《墨子·兼爱中》篇说："仁人之所以为事者，必兴天下之利，除去天下之害，以此为事者也。"《荀子·王霸》篇说："汤

---

[1] ［清］王先谦撰：《荀子集解》，沈啸寰、王星贤点校，北京：中华书局1988年版，第87页。
[2] 同上书，第253页。
[3] 同上书，第423页。
[4] 同上书，第91页。
[5] 同上书，第138页。
[6] 同上书，第88页。

武者，修其道，行其文，兴天下同利，除天下同害，天下归之。"

其次，荀子借鉴墨子"非命"思想来发展自己的"制天命而用之"的主张。《墨子·非命上》篇说："盖尝尚观于圣王之事，古者桀之所乱，汤受而治之；纣之所乱，武王受而治之。此世未易民未渝，在于桀、纣则天下乱；在于汤、武则天下治。岂可谓有命哉！"《荀子·天论》篇说："天行有常，不为尧存，不为桀亡。应之以治则吉，应之以乱则凶……大天而思之，孰与物畜而制之！从天而颂之，孰与制天命而用之！望时而待之，孰与应时而使之！因物而多之，孰与骋能而化之！思物而物之，孰与理物而勿失之也！愿于物之所以生，孰与有物之所以成！故错人而思天，则失万物之情。"荀子的思想是在继承墨子思想的基础上发展而来的。

再次，荀子借鉴墨子"强本节用"的思想来发展自己"节用以礼，裕民以政"的思想。《墨子·七患》篇说："食不可不务也，地不可不力也，用不可不节也。"粮食不可不努力生产，土地不可不耕种，用度不可不尽量节俭。司马谈在《论六家要旨》中说，墨子"强本节用，不可废也"。墨子提倡加强农业生产和提倡节约节用的做法必须给予肯定。《荀子·富国》篇说："足国之道：节用裕民，而善臧其余。用以礼，裕民以政。彼裕民，故多余。裕民则民富，民富则田肥以易，田肥以易则出实百倍。上以法取焉，而下以礼节用之，余若丘山，不时焚烧，无所臧之。夫君子奚患乎无余？故知节用裕民，则必有仁义圣良之名，而且有富厚丘山之积矣。此无他故焉，生于节用裕民也。不知节用裕民则民贫，民贫则田瘠以秽，田瘠以秽则出实不半。上虽好取侵夺，犹将寡获也。而或以无礼节用之，则必有贪利纠譑之名，而且有空虚穷乏之实矣。此无他故焉，

墨子

不知节用裕民也。"

　　墨子与名家之间相互论战，相互影响。如所周知，名家专决于刑名和名理问题的讨论。《汉书·艺文志》说："《邓析》二篇。郑人，与子产并时。《尹文子》一篇。说齐宣王，先公孙龙。《公孙龙子》十四篇。赵人。《成公生》五篇。与黄公等同时。《惠子》一篇。名施，与庄子并时。《黄公》四篇。名疵，为秦博士，作歌诗，在秦时歌诗中。《毛公》九篇。赵人，与公孙龙等并游平原君赵胜家。右名七家，三十六篇。"[①]

　　从中可以看到，邓析、尹文、惠施、公孙龙等都是名家的核心代表人物。他们可以说是中国古代最有智慧的人。他们提出了许多具有深刻意义的思想，他们所提出来的奇特论题或论断，在很大程度上刺激了中国古代思想理论学说的诞生。司马迁说："名家，使人俭而善失真。然其正名实，不可不察也。"名家擅长辩论，其重要贡献在于使人注意到复杂的名实关系。墨家和名家之间存在密切的学术互动关系，墨子的思想对于名家具有重要的学术影响。如前所述，墨子在论证过程中特别喜欢运用"辟（譬）"式推论，《墨子·小取》篇还专门给"辟（譬）"下了定义，名家的"合"派代表人物惠施（前370—前310）则特别擅长"譬"式推理。名家的"离"派代表人物公孙龙（前325—前250）所主张的著名论题"白马非马"等都是针对墨子思想的具体表现。在名实关系问题上，公孙龙主张"彼此之名"必须指称"彼此之实（《公孙龙子·名实论》）"，这与墨子的认识一致。但在实体和其性质的关系问题上，公孙龙与墨子产生了对

[①] ［汉］班固撰：《汉书》，［唐］颜师古注，北京：中华书局1962年版，第1736—1737页。

立。墨子主张，人们的认识器官可以同时把握并存于同一个事物如一块石头之中的"坚"（硬度）和"白"（白色）两种性质，而公孙龙则认为当人们认识到"坚"这种性质时就不能认识"白"这种性质，反之亦然，因为人们对这两种性质的认识器官是不同的。

道家的庄子（约前369—前286）虽然反对"辩"，但他的书中却经常能看到"辩"的影子，他并没有抛弃"辩"的用法。墨子主张"能谈辩者谈辩"，强调"察类""明故"，要认识事物的所以然；庄子则提倡"不言之辩，不道之道"（《庄子·齐物论》）。墨子主张，"辩"是围绕"这是牛"和"这不是牛"这样的矛盾命题而进行的论争，所以"辩"是必然有胜负的。《墨子·经下》篇说："谓辩无胜，必不当，说在辩。"辩论必然存在胜负。庄子则主张"辩无胜"论。《庄子·齐物论》中说："即使我与若辩矣，若胜我，我不若胜，若果是也，我果非也邪？我胜若，若不吾胜，我果是也，而果非也邪？其或是也，其或非也邪？其俱是也，其俱非也邪？我与若不能相知也，则人固受其黮暗。吾谁使正之？使同乎若者正之，既与若同矣，恶能正之？使同乎我者正之，既同乎我矣，恶能正之？使异乎我与若者正之，既异乎我与若矣，恶能正之？使同乎我与若者正之，既同乎我与若矣，恶能正之？然则我与若与人俱不能相知也，而待彼也邪？"[1]

在庄子看来，是非真假没有客观标准，所以，辩论也就没有胜负可言，与墨子的观点针锋相对。但是，庄子在他做的思想表述中，却是"辩多而情激"，直接使用墨子所创立的辩学的基本概念和论辩

---

[1] ［清］郭庆藩撰：《庄子集释》，王孝鱼点校，北京：中华书局1961年版，第107页。

墨子

方法。正如伍非百所说："《齐物论》中全是用名墨两家术语，而破诘百家之说，也多是从'名辩学术'攻入，才恍然于庄子书中所谓'儒墨之辩''杨墨之辩'，都是针对他们的'名辩'而言，并非泛论一般学术思想……因此，可以看出《齐物论》是与《公孙龙子》、墨子《辩经》彼此对立，互为论敌之名家学说。"①

其次，墨子的节俭节用精神和献身救世精神的高尚人格对庄子有深刻影响。《庄子·天下》篇说："不侈于后世，不靡于万物，不晖于数度，以绳墨自矫，而备世之急。古之道术有在于是者，墨翟、禽滑厘闻其风而说之……作为非乐，命之曰节用；生不歌，死无服……今墨子独生不歌，死不服，桐棺三寸而无椁，以为法式……其生也勤，其死也薄，其道大觳。使人忧，使人悲，其行难为也……使后世之墨者，多以裘褐为衣，以跂蹻为服，日夜不休，以自苦为极，曰：'不能如此，非禹之道也，不足谓墨。'……将使后世之墨者，必自苦以腓无胈、胫无毛相进而已矣……墨子真天下之好也，将求之不得也，虽枯槁不舍也。才士也夫！"庄子学派对墨子的思想和行为表现出十分的赞同和佩服，并影响到了他们的行为。"庄周学派在其个人修养中的那种修身方式应得到来自墨家学派的影响，庄子也同样提倡节俭的生活态度，只是不像墨者那样刻意而为，而是由经济上的节俭上升到对人对物质依赖性的'彻底解放'的高度。"②墨子对周礼采取批评的态度，认为它太烦琐，主张在丧葬问题上采取节葬的做法，反对儒家的厚葬久丧，认为这是一种极大的浪费且影响工作的错误做法。庄子在这个问题上从自然主义理论出

---

① 伍非百：《中国古名家言·序录》，北京：中国社会科学出版社1983年版，第15—16页。
② 薛柏成：《墨家思想新探》，哈尔滨：黑龙江人民出版社2007年版，第118页。

发，认为生死是一种自然变化，人死后连薄葬都没有必要，埋于地下与置于荒野没有什么根本的不同，都不过是回归自然而已。《庄子·列御寇》篇说："庄子将死，弟子欲厚葬之。庄子曰：'吾以天地为棺椁，以日月为连璧，星辰为珠玑，万物为赍送。吾葬具岂不备邪？何以加此！'弟子曰：'吾恐乌鸢之食夫子也。'庄子曰：'在上为乌鸢食，在下为蝼蚁食，夺彼与此，何其偏也！'"①

庄子在丧葬问题上比墨子的观点走得更远。不过，庄子的丧葬观与墨子存在本质不同，墨子的节葬观认为，丧葬是一种强制行为，虽然薄葬但是要通过它来保持死者的尊严，而庄子则认为死亡是一种听其自由的自然过程，不必在主观上去作为什么。但墨子和庄子都是反对儒家和周礼的做法的。

法家思想与墨子思想之间存在密切联系，在多个方面具有一致性。法家提倡以法治为核心的思想，以富国强兵为己任。《汉书·艺文志》说："法家者流，盖出于理官，信赏必罚，以辅礼制。《易》曰：'先王以明罚饬②法'，此其所长也。及刻者为之，则无教化，去仁爱，专任刑法而欲以致治，至于残害至亲，伤恩薄厚。"③

法家最早可追溯到夏商时期的理官，春秋、战国时期也称为刑名之学。通过管仲、士匄、子产、李悝、吴起、商鞅、慎到、申不害、乐毅、剧辛等人的努力，逐步发展成为一个学派。战国末期，韩非子对法家的思想学说加以总结、综合，集法家之大成。韩非子在逻辑思想上发展了墨子的思想。《韩非子·难一》说："不可陷之盾，与

---

① ［清］郭庆藩撰：《庄子集释》，王孝鱼点校，北京：中华书局1961年版，第1063页。
② 饬（chì）：整治。
③ ［汉］班固撰：《汉书》，［唐］颜师古注，北京：中华书局1982年版，第1736页。

无不陷之矛,不可同世而立。"[1]韩非子关于"矛盾"的学说,发展了墨子"或谓之牛或谓之非牛,是争彼也,是不俱当,不俱当必或不当"(《墨子·经说上》)的矛盾律思想。《韩非子》的论证,与墨子论辩使用充实确凿的证据进行周密的逻辑论证有着相似之处。如《韩非子·说难》篇以"凡说之难"[2]四字统领全篇,蝉联而下,逐层论证了游说之难,在论证过程中运用了大量的具体材料,通过充分翔实的论证,使文章层层推进,环环相扣,而且极具系统性与说服力,把论辩的逻辑性与科学性推进到一个新的高度,与墨子的论辩有异曲同工之妙。《韩非子》一书在借鉴墨子论辩的基础上有所发展,并取得了较大的成就,从而成为先秦论说文发展的最高阶段的代表。

韩非子的社会政治思想也在不同程度上受到了墨子思想的影响。在国家管理制度上,墨子强调"尚同"或上同,韩非子则在此基础上提出了他的中央集权理论,"人主以一国目视,故视莫明焉;以一国耳听,故听莫聪焉"(《韩非子·定法》)。[3]不同的是,墨子的"尚同"是自下而上的,而韩非子所提出的中央集权理论则是自上而下的,其核心是"法""术""势"的概念,所以,韩非子不可能认可墨子关于天子必须"尚同乎天"的思想。在国家管理的用人制度上,墨子主张任人唯贤,反对儒家所主张的亲亲原则,韩非子和墨子一样,也主张国家在用人制度上必须以"能"和"贤"为标准,反对宗法世袭和任人唯亲。《韩非子》说:"明主者,推功而爵禄,称能而官事,所举者必有贤,所用者必有能,贤能之士进,则私门之请止矣。

---

[1] [清]王先慎撰:《韩非子集解》,钟哲点校,北京:中华书局1998年版,第350页。
[2] 同上书,第85页。
[3] 同上书,第399页。

夫有功者受重禄，有能者处大官，则私剑之士安得无离于私勇而疾距敌，游宦之士焉得无挠于私门而务于清洁矣。此所以聚贤能之士，而散私门之属也。"(《韩非子·人主》)① 但是，韩非子的"尚贤"思想是以术用人、以功尚贤的，所说的"贤"在内涵上和墨子存在不同，所以，韩非子又提出要"防贤"的主张，因此，韩非子的"尚贤"思想中存在着矛盾。

《吕氏春秋》是战国末年杂家学派人物吕不韦（前300—前235）主编的作品，深受墨子的影响。《汉书·艺文志》说："杂家者流，盖出于议官，兼儒、墨，合名、法，知国体之有此，见王治之无不贯，此其所长也。及荡者为之，则漫羡而无所归心。"②

杂家以博采诸家之说见长，以"兼儒墨，合名法"为特点。杂家的出现是统一的封建国家在建立的过程中思想文化融合的结果。杂家的著作能够流传至今的，以战国时代商鞅的门客尸佼所著《尸子》、秦代吕不韦组织门人所著《吕氏春秋》、西汉淮南王刘安组织门人所著《淮南子》等为代表。《吕氏春秋》在逻辑思想和方法上深受墨子影响。《墨子·小取》篇说："以辞抒意。"《吕氏春秋·离谓》篇说："夫辞者，意之表也。"③ 关于"故""理""类"对于言辞的重要性，《吕氏春秋·审己》篇说："凡物之然也，必有故。而不知其故，虽当与不知同。"④《吕氏春秋·离谓》篇说："辨而不当理则伪。"⑤ 和墨子一样，《吕氏春秋》也特别强调推论前提的真实性及前提和结

---

① [清]王先慎：《韩非子集解》，钟哲点校，北京：中华书局1998年版，第470—471页。
② [汉]班固撰：《汉书》，[唐]颜师古注，北京：中华书局1982年版，第1742页。
③ 许维遹撰：《吕氏春秋集释》，梁运华整理，北京：中华书局2009年版，第489页。
④ 同上书，第208页。
⑤ 同上书，第487页。

墨子

论之间的因果联系和必然联系。墨子思想中的"兼爱""非攻""尚贤""节葬"等主张,影响了《吕氏春秋》中相应思想的形成。墨子主张"兼相爱,交相利"(《墨子·兼爱中》),《吕氏春秋》一书也包含着"爱利"的观点,《吕氏春秋·离俗》篇说:"若夫舜、汤,则苞裹覆容,缘不得已而动,因时而为,以爱利为本,以万民为义。譬之若钓者,鱼有小大,饵有宜适,羽有动静。"[1]人君不能虚谈礼教,而应该以爱利为本,以万民为义,进而达到"天下为公"。墨子主张"非攻",反对攻伐战争,但并不反对"诛杀"暴君,《吕氏春秋》则发展出"义兵"的思想,《吕氏春秋·禁塞》篇说:"兵苟义,攻伐亦可,救守亦可;兵不义,攻伐不可,救守不可。"[2]墨子主张"尚贤",认为"夫尚贤者,政之本也"(《墨子·尚贤上》)。《吕氏春秋》也主张"尚贤",认为"功无大乎进贤"(《吕氏春秋·赞能》)[3];在对待贤者的态度上,墨子主张"富之贵之,敬之誉之"(《墨子·尚贤上》),《吕氏春秋》也主张对待贤者要"足食、足车、足财",要"以礼"待之(《吕氏春秋·报更》);墨子主张"节用""节葬",《吕氏春秋》一书将之改造为"节己""安死"的思想,《吕氏春秋·有度》篇说:"圣人之不为私也,非爱费也,节乎己也。节己,虽贪汙之心犹若止,又况乎圣人?"[4]《吕氏春秋·安死》篇说:"是故先王以俭节葬死也,非爱其费也,非恶其劳也,以为死者虑也。"[5]与墨子不同的是,《吕氏春秋》所主张的"爱利""尚贤"等思想,并没有像

---

[1] 许维遹撰:《吕氏春秋集释》,梁运华整理,北京:中华书局2009年版,第512页。
[2] 同上书,第168页。
[3] 同上书,第646页。
[4] 同上书,第665页。
[5] 同上书,第227页。

墨子那样强调"爱"和"尚贤"的平等性,其"节己""安死"等思想,也主要是从养生的立场出发的。

墨子思想对黄老之学产生过一定的影响。黄老之学为黄帝之学和老子之学的合称,又称为黄老道家,包括稷下道家和魏国道家,都以黄帝和老子为创始人,以道家思想为主并且采纳了阴阳家、儒家、法家和墨家等学派的观点。《汉书·艺文志》提到黄帝的书有21种,但除了《黄帝内径》外,均已佚失。1973年长沙马王堆汉墓出土帛书《老子》乙本卷前,有《经法》《十六经》《称》和《道原》四篇古佚书,唐兰认为它们是《汉书·艺文志》中所说的《黄帝四经》,[①]应是黄老之学的主要经典之一,通常称为《黄老帛书》。[②]黄老之学从国计民生出发,以兴天下之利为是非标准,深受墨子思想的影响。黄老之学吸收了墨子的兼爱思想,形成了"兼爱无私""慈惠以爱人"的思想,"号令合于民心,则民听命;兼爱无私,则民亲上"(《黄老帛书·经法·君正》)。"(体)正信以仁,慈惠以爱人,端正勇,弗敢一先人。"(《黄老帛书·十六经·顺道》)黄老之学吸收了墨子"强本节用"的思想,《墨子·七患》篇说:"地不可不力也,用不可不节也。"黄老之学认为:"人之本在地,地之本在宜,宜之本在时,时之用在民,民之用在力,力之用在节。知地宜,须时而树,节民力以使,则财生。"(《黄老帛书·经法·君正》)黄老之学吸收了墨子的尚同思想,提出"为人主,南面而立。臣肃敬,不敢蔽其上"(《黄老帛书·经法·六分》),下级必

[①] 参见唐兰:《马王堆出土〈老子〉乙本卷前佚书的研究》,载《考古学报》1975年第1期。

[②] 马王堆汉墓帛书整理小组:《黄老帛书》,北京:文物出版社1985年版。

须绝对服从上级的领导。黄老之学吸收了墨子"非攻"的思想,将战争区分为三种:"世兵道三:有为利者,有为义者,有行忿者。"(《黄老帛书·十大经·本伐》)一是为统治者谋取利益的"利"战,二是禁乱伐暴,起贤能以废不肖的"义"战,三是统治者为发泄私愤而发动的"忿"战,认为只有"义"战才是能够得到人民拥护的战争。"所谓为义者,伐乱禁暴,起贤废不肖,所谓义也。义者,众之所死也。是故以国攻天下,万乘之主兼希不自此始,鲜能终之。非心之恒也,穷而反矣。"(《黄老帛书·十大经·本伐》)

墨子的逻辑思维方法在一定程度上影响到了《黄帝内经》。《黄帝内经》是一部综合性的医书,又称《内经》,包括《灵枢》和《素问》两个部分,相传为黄帝所作,因以为名。关于该书的成书时代,有人认为是先秦时期,也有人认为是战国时期,还有人认为最终成书于西汉。该书是在黄老道家理论上建立起来的"阴阳五行学说""脉象学说""藏象学说""经络学说""病因学说""病机学说""病症""诊法""论治"及"养生学""运气学"等学说,因此,它需要研究病因、病理,所以,墨辩逻辑思想的一些理论范畴在其中得到了应用。比如,《内经》中经常说,"愿闻其故。"[1]强调了解事物的原因是认识事物的本质所在。这与《墨子·经上》篇所说的"故,所得而后成也"的思想是一致的。在墨子看来,所有同类的事物都具有相同的本质(相同的"法"),世界万物都因为具有相同的"法"才能成为一类。而《黄帝内经》则根据"人以天地之气生,四时之法

---

[1] 《黄帝内经·素问》,北京:中医古籍出版社1997年版,第50—100页。

成"①的生命功能结构模型,把人体的各种脏腑生理、病理变化与外界自然环境的变化联系起来进行推演。比如,在《黄帝内经》中,五季"春、夏、长夏、秋、冬",五行"木、火、土、金、水",五色"青、赤、黄、白、黑",五脏"肝、心、脾、肺、肾",五气"风、火、湿、燥、寒",五味"酸、苦、甘、辛、咸"等等,分别一一对应并建立了"类"的联系。

二、对秦汉之后思想家的影响

如前所述,墨子的思想对先秦各派思想家的影响是全面而深刻的。秦汉时期,由于不适合封建统治阶级的需要,墨学逐渐衰落。但是,其影响还是存在的。

首先,墨子的思想对秦汉思想家尚存在一定程度的影响。秦王朝统一中国后,结束了先秦时期百家争鸣的诸子之学,墨学遭到摧残。但是自西汉初年文禁松弛后,墨学稍有复苏。从淮南王刘安所著《淮南子》可以看出,墨子思想对其有重要影响。东汉思想家无神论者王充继承了墨子思想的基本精神,并对墨子思想中的消极方面展开批判,东汉思想家王符也深受墨子思想的影响。

《淮南子》属于杂家学派的著作,由西汉皇族淮南王刘安(前179—前122)及其门客收集史料集体编写而成。该书在继承先秦道家思想的基础上,糅合了阴阳、墨、法和一部分儒家思想,但主要属于道家的黄老之学。不过,黄老之学主要以黄帝和老子的思想为基

---

① 《黄帝内经·素问》,北京:中医古籍出版社1997年版,第42页。

础,而《淮南子》则主要以老子、庄子和列子的思想为基础。《淮南子》在很多方面都吸收了墨子的思想,在逻辑思维方面,继承了墨子"以类取"的思想。《淮南子·说山训》说:"见窾木浮而知为舟,见飞蓬转而知为车,见鸟迹而知著书。"①认为从"窾(中空)木""飞蓬""鸟迹"的形状及性能等,通过"以类取"的原则,可以得到制舟、做车、写文章的启发。关于墨子所论"不知类"的思想,《淮南子》也作了继承发挥。《淮南子·说林训》说:"以一世之度制天下,譬犹客之乘舟,中流遗其剑,遽契其舟桅,暮薄而求之,其不知物类亦甚矣。"②推论时需要注意事物类的属性的同异。与墨子类似,《淮南子》认识到了客观事物的联系是复杂的,其中,存在着比较复杂的同异关系,所以,人们在进行推论的时候需要注意"类不可必推"。比如,"小马大目,不可谓大马",因为马的大小不是由"目"的大小决定的,但"大马之目眇(瞎),可谓之眇(瞎)马",因为"目眇(瞎)"对于马是否"眇(瞎)马"具有决定性的作用(《淮南子·说山训》)。③

在社会政治思想方面,《淮南子》部分吸收了墨子"尚贤""节用""节葬"等的思想主张。《淮南子》十分称赞墨子"死不旋踵"的救世精神。《淮南子·修务训》说:"孔子无黔突,墨子无暖席。是以圣人不高山,不广河,蒙耻辱以干世主,非以贪禄慕位,欲事起天下利而除万民之害。"④墨子认为"尚贤为政之本也"(《墨子·尚贤

---

① 何宁:《淮南子集释》,北京:中华书局1998年版,第1133页。
② 同上书,第1169页。
③ 同上书,第1155—1156页。
④ 同上书,第1319—1320页。

中》),《淮南子》也强调国君治国必须任用贤人,《淮南子·泰族训》说:"故国之所以存者,非以有法也,以有贤人也;其所以亡者,非以无法也,以无贤人也。"①墨子主张唯贤是举,《淮南子》也主张不计贫贱、亲疏,唯才是举,《淮南子·主术训》说:"是故贤主之用人也,犹巧工之制木也,大者以为舟航柱梁,小者以为楫楔,修者以为榱橑,短者以为朱儒枅栌。无小大修短,各得其所宜;规矩方圆,各有所施。天下之物,莫凶于鸡毒,然而良医橐而藏之,有所用也。是故林莽之材,犹无可弃者,而况人乎!"②墨子把"节用"看成是"圣王之道",《淮南子》则把节俭看成是国君治政的一条重要原则,《淮南子·主术训》说:"君人之道,处静以修身,俭约以率下。静则下不扰矣,俭则民不怨矣。"③与墨子不同的是,《淮南子》给节俭赋予了"清静无为"的内涵,《淮南子·主术训》说:"清静无为,则天与之时;廉俭守节,则地生之财。"④墨子主张"节葬",反对厚葬,《淮南子》也倡导"节葬",《淮南子·齐俗训》说:"礼不过实,仁不溢恩也,治世之道也。夫三年之丧,是强人所不及也,而以伪辅情也。三月之服,是绝哀而迫切之性也。"⑤

东汉思想家无神论者王充(27—97),著有《论衡》一书,其思想以道家的自然无为为立论宗旨,主张生死自然、努力倡导薄葬、同反对厚葬,并分析厚葬习气的思想根源,在墨子"节葬"思想的基础上更进了一步。《论衡·薄葬》篇指出:"世俗内持狐疑之议,外闻

---

① 何宁:《淮南子集释》,北京:中华书局1998年版,第1404页。
② 同上书,第653—654页。
③ 同上书,第649页。
④ 同上书,第634页。
⑤ 同上书,第785页。

墨子

杜伯之类，又见病且终者，墓中死人来与相见，故遂信是，谓死如生。闵死独葬，魂孤无副，丘墓闭藏，谷物乏匮，故作偶人，以侍尸柩，多藏食物，以歆精魂。积浸流至，或破家尽业，以充死棺，杀人殉葬，以快生意。"①在王充看来，因为人死而无知，所以厚葬无益。王充发展出了丰富的论证逻辑思想，其中吸收了很多墨子所创立的逻辑学的基本思想。墨子认为，辩学的根本任务就是要区分真假是非。王充则认为，论证、辩论的目的在于分清是非曲直。《论衡·物势》篇说："讼必有曲直，论必有是非。非而曲者为负，是而直者为胜。"②论辩中取胜的一方，在于所持观点正确的一方。《论衡·薄葬》篇说："事莫明于有效，论莫定于有证。空言虚语，虽得道心，人犹不信。"③强调论据（故）对于论证即言语的重要性，认为空言无用。《论衡·自纪》篇说："辩论是非，言不得巧。"④这十分类似于墨子所说的"慧者心辩而不繁说"（《墨子·修身》）的观点。对于墨子的"三表法"，王充有所批评，即"夫以耳目论，则以虚象为言，虚象效，则以实事为非"（《论衡·薄葬》）⑤。"墨议不以心而原物，苟信闻见，则虽效验章明，犹为失实。"（《论衡·薄葬》）⑥在这里，王充强调了认识必须经过理性思维对感觉经验进行加工，以获得正确的认识。王充的"效验"法，不限于感性经验，而是经过理性判断来辨证感性经验的是非，从而克服了墨子认识论中的某种局限性。

---

① 黄晖：《论衡校释》，北京：中华书局1990年版，第961页。
② 同上书，第153页。
③ 同上书，第962页。
④ 同上书，第1200页。
⑤ 同上书，第962页。
⑥ 同上书，第963页。

第十一讲　历史地位

东汉思想家王符（约85—162），著有《潜夫论》。王符的政治思想，在主流方面属于孔孟之道，但也在不同程度上受到了墨子选贤任能思想的影响。他认为，当时的选士风气存在着严重的"名实不相副，求贡不相称"（《潜夫论·考绩》），主张按"质干""材行"取士，认为各级官吏都应该重视选贤任能的问题，只要切实做到"重选举""审名实""取赏罚"，就可以"获多士"（《潜夫论·考绩》），使得贤才济济。王符在逻辑思维上充分继承了墨子的逻辑思想。关于辩论的目的，他说："予岂好辩？将以明真。"（《潜夫论·叙录》）[1]认为辩的根本目的是要明真假。关于譬式推论，他说："夫譬喻也者，生于直告之不明，故假物之然否以彰之。物之有然否也，非以其文也，必以其真也。"（《潜夫论·释难》）[2]认为譬式推论是一种在直告之不明的情况下，采取列举他物加以说明的论证方法。王符也非常善于运用譬式推论，他说："大鹏之动，非一羽之轻也；骐骥之速，非一足之力也。"（《潜夫论·释难》）[3]认为国家要"飞"得快，就得依靠全体人民的力量。

如前所述，魏晋时期，学者尚清谈，喜欢研究名理之学，形成了一股"辩名析理"的思潮，墨子的逻辑思想得到重视。晋鲁胜著《墨辩注》一书，虽然遭战乱遗失，但存下来的《墨辩注叙》提出墨子作《辩经》建构了名学的基本体系，从而将墨子的逻辑学看作是对中国古代名学最为重要的贡献，认为墨子所创立的逻辑学在整个中国

---

[1] ［汉］王符撰：《潜夫论笺校正》，［清］汪继培笺，彭铎校正，北京：中华书局1985年版，第479页。
[2] 同上书，第326页。
[3] 同上书，第325页。

古代名学中占有最为重要的位置。

其次，通过对先秦和秦汉思想家的影响，墨子的逻辑思维方法和社会政治思想已经在不同程度上渗透到了儒家和道家等各学派的思想中去发挥作用。比如，在墨子思想的影响之下，儒家或者道家的思想，都在不同程度上发生了一定的变化。

《礼记·礼运》说："大道之行也，天下为公，选贤与能，讲信修睦。故人不独亲其亲，不独子其子，使老有所终，壮有所养用，幼有所长，矜（鳏）、寡、孤、独、废疾者皆有所养。"这段话，一般认为是战国末期或秦汉之际的儒家学者托名孔子答问时所说的。其中，"天下为公""不独亲其亲""不独子其子"等，就是要讲"兼爱"平等，"选贤任能"就是要讲平等"尚贤"。这段话显然受到了墨子思想的影响，墨子思想已经差不多被吸收在其中了。

《孝经》是一部阐述孝道和孝治思想的儒家经典著作，为孔子"七十子之徒之遗言"，大概成书于秦汉之际。《孝经·三才章》说："先之以博爱，而民莫遗其亲。"这里的"博爱"，其实就是墨子"兼爱"思想的发挥。传统孝道中，提倡晚辈对长辈的无条件服从。《孝经·士章》说："故以孝事君则忠，以敬事长则顺。忠顺不失以事其上，然后能保其禄位而守其祭祀，盖士之孝也。"

墨子将"孝"中服从家长的内容，运用于其国家治理的政治实践中。《墨子·尚同下》篇说："然则欲同一天下之义，将奈何可？故子墨子言曰：'然胡不尝①使家君，试用家君发宪布令其家？'曰：'若见爱利家者，必以告，若见恶贼家者，亦必以告。若见爱利家以告，

---
① 尝：《道藏》本作"赏"，从王念孙校改。

亦犹爱利家者也，上得且赏之，众闻则誉之；若见恶贼家不以告，亦犹恶贼家者也，上得且罚之，众闻则非之。'是以遍若家之人，皆欲得其长上之赏誉，辟其毁罚。是以善言之，不善言之，家君得善人而赏之，得暴人而罚之。善人之赏，而暴人之罚，则家必治矣。然计若家之所以治者，何也？唯以尚同一义为政故也。家既已治，国之道尽此已邪？则未也……故曰：'治天下之国若治一家，使天下之民若使一夫。'意独①子墨子有此，而先王无此？其有邪？则亦然也。圣王皆以尚同为政，故天下治。"墨子从传统以"孝"治家入手，进而推广到治国之道的"尚同"，是对传统孝观念的发展。所以，《汉书·艺文志》说："墨家者流，盖出于清庙之守。茅屋采椽，是以贵俭；养三老五更，是以兼爱；选士大射，是以上贤；宗祀严父，是以右鬼；顺四时而行，是以非命；以孝视天下，是以上同：此其所长也。"②"上贤"即"尚贤"，"上同"即"尚同"。《孝经》在墨子思想的基础上，将"孝"作为圣贤之治和君子终身躬行的"至德要道"，"圣人之教不肃而成，其政不严而治，其所因者本也"（《孝经·圣治章》）。

中国民主革命的先行者孙中山（1866—1925），一生追求"天下为公"，认为妇人对子女的爱只是一种私爱，只有博爱才是一种公爱，博爱"非妇人之仁可比"。孙中山在1905年的《民报》创刊号上，高度评价"墨子是世界第一平等博爱主义大家"，而且在就任民国临时大总统不久，广东都督陈炯明提出辞职，广东军政各界纷纷推

---

① 意独：岂独。
② ［汉］班固撰：《汉书》，［唐］颜师古注，北京：中华书局1962年版，第1738页。

荐他的哥哥孙眉为新的广东都督，孙中山没有同意，并给广东军政各界人士回信，说明了不委任孙眉的原因就是要反对"任人唯亲"。可以说，孙中山的思想和为人处世，充分体现了墨子"兼爱"平等、任人唯贤的根本精神，其实也就是中华民族优秀文化传统的精神。

总之，墨子的思想学说虽然对先秦及秦汉思想家产生了巨大影响，但整个来说，墨学却是处在衰微与被埋没的状态。具体来说，墨辩逻辑思想虽然在先秦和秦汉思想家那里得到了部分继承，但整体上并没有得到发展，到鲁胜的时代名学和辩学就已经"后学莫复传习"五百多年了，都处于"亡绝"的状态。其次，墨子的自然科学和社会科学思想几乎都没有得到传承和研究，更谈不上发展和应用。再次，墨子的"兼爱""非攻""尚贤""尚同""节用""节葬"等思想，虽然在不同程度上渗透到了儒家、道家等各派的思想中发挥作用，但却并没有从根本上反映出墨子思想的应有精神，尤其是兼爱平等的精神、平等尚贤的精神等。

三、世界意义与当代价值

历史进入 20 世纪后，由于西学进一步输入中国，科学和民主的思想极大地改变了知识界的面貌，延续了两千年之久的封建制度已经步入迟暮，以儒学为核心的旧文化也遭到了前所未有的冲击，孔孟之道被公开批判，非儒学的优秀传统文化越来越受到学者们的重视。治墨学者越来越多，谈论墨学成了学术时尚。学者们不但重视探讨墨学中的逻辑思想和自然科学思想，而且越来越认识到墨子的哲学社会科学思想的重要性。

第十一讲　历史地位

当代世界，普遍联系，全球化的进程虽然遭到新冠病毒大流行等因素的影响而放慢了脚步，但这个趋势是不可阻挡的。自五四运动以来，如何对待西方文化和中国本土文化的关系问题，始终是学术界所要面对的重大问题，而墨学对于回答此问题无疑具有重要意义。

首先，墨学重视理性、逻辑和科学思维方法论的研究，这是其根本性的世界意义所在。胡适曾经深有感触地说，"近代中国哲学与科学的发展曾极大地受害于没有适当的逻辑方法"[1]，墨学自秦汉以后处于衰落和被埋没的状态，墨子的辩学没有人研究，中国文化中的逻辑理性传统没能得到继承和充分发展，因此，中国文化在逻辑论证和科学理性精神方面严重不足。胡适说："我们在哪里能找到可以有机地联系现代欧美思想体系的合适的基础，使我们能在新旧文化内在调和的新的基础上建立我们自己的科学和哲学？"[2]"中国哲学的未来，似乎大有赖于那些伟大的哲学学派的恢复"，"非儒学派的恢复是绝对需要的"。[3] 在面对如何吸收西方文化以发展中国本土文化的问题上，重视逻辑和思维理性的墨学，其重要性就在于它正好处在中国文化和西方文化的结合点上，今天依然是我们更好地吸收西方文化以发展铸造新的中国文化的根本性桥梁。

重视逻辑和思维方法的意义，不只是吸收西方文化以发展中国文化的问题。就今天来说，还有如何向西方人传播和理解中国文化的问题。爱因斯坦在谈到西方科学发展的两个基础（演绎逻辑体系和探求因果联系的方法）时曾经说："西方科学的发展是以两个伟大的成

---

[1] 胡适：《先秦名学史》，先秦名学史翻译组译，上海：学林出版社1983年版，第7页。
[2] 同上书，第8页。
[3] 同上书，第9页。

就为基础，那就是：希腊哲学家发明形式逻辑体系（在欧几里得几何学中），以及通过系统的实验发现有可能找出因果关系（在文艺复兴时期）。在我看来，中国的贤哲没有走上这两步，那是用不着惊奇的。令人惊奇的倒是这些发现［在中国］全都做出来了。"①李约瑟也曾指出："当希腊人和印度人很早就仔细考虑形式逻辑的时候，中国人则一直倾向于发展辩证逻辑。"②李约瑟在这里对中国思想中源远流长的辩证逻辑和辩证思维方法的评价是十分中肯的。墨辩逻辑既包括类似西方的形式逻辑思想，又包含丰富的非形式逻辑思想，尤其是包含着"同异交得""两而勿篇"的辩证思维和科学思维方法，值得我们很好地去研究和弘扬。

西方人普遍来说强于形式逻辑思维，但同时也弱于辩证思维。中国人普遍强于辩证思维而弱于形式逻辑思维。如何才能更好达成中国人和西方人的相互理解，实现不同文明的交流互鉴与融通，是我们今天面临的一个重大问题。墨辩逻辑中同时包含着形式逻辑和非形式逻辑及辩证思维方法的理论，因此，宣传和发展墨辩逻辑学说，有助于西方人在把握墨子的形式逻辑思想的同时更好地理解墨子思想的辩证思维方法，从而更好地实现中西方文明的相互理解和协同发展。比如，英国汉学家格瑞汉（A.C.Graham）著《后期墨家的逻辑学、伦理学和科学》（*Later Mohist Logic, Ethics and Science*）③、《墨家"小取"

---

① 《爱因斯坦文集》（第1卷），许良英、李宝恒、赵中立、范岱年编译，北京：商务印书馆1976年版，第574页。
② ［英］李约瑟：《中国科学技术史》（第3卷），北京：科学出版社1978年版，第545页。
③ A.C.Graham, *Later Mohist Logic, Ethics and Science*, Hongkong: The Chinese University Press, 1978.

的逻辑》(*The Logic of the Mohist "Hsiao-chu"*)[①]等,认识到了在墨辩逻辑中事物及言辞之间的"类同""类异"关系在推理论式中具有重要作用,看到了墨辩逻辑思想的某种特殊性质。墨子的逻辑思想或中国古代逻辑的研究,必须要形式逻辑与非形式逻辑并重,必须要加强辩证法和形式逻辑在其中的综合作用研究。

其次,墨子的"兼爱""非攻"思想,强调人与人之间无论远近亲疏,不同的国家、不同的民族之间,都要互相关爱,尤其强调富人首先要关心穷人,强者要关心弱者,而不是打压他们、迫害他们、凌辱他们。当今世界,还有很多人吃不上饭,吃不饱饭,饥寒交迫,比比皆是。即使在一些老牌的资本主义国家,人民之间、民族之间的矛盾都非常激烈,多数族裔打压、欺辱少数族裔的现象十分激烈,富裕的人越来越富裕,贫穷的人则更加贫穷。梁启超说,墨子是小基督,同时又是个大马克思[②],墨子的"兼爱"平等思想值得大力发扬。因此,我们今天必须加强研究,大力宣传墨子的"兼爱"精神和"非攻"思想,发挥出其应该具有的作用。

当今世界,国家之间恃强凌弱的现象更加普遍。强国压迫弱国,剑拔弩张时有发生。俄乌冲突、巴以冲突等,国家与国家之间的冲突和矛盾愈益严重。究其原因,总根源即在于以美国为首的西方列强依然盛行着的资本主义制度的弱肉强食的丛林法则,热衷于零和博弈的手段和做法,发达国家打压非发达国家,强国欺侮弱国的现象层

[①] A.C.Graham, "The Logic of the Mohist Hsiao- ch'u", *T'oung Pao, Second Series*, Vol.51, Livr.1, 1964.
[②] 参见梁启超:《墨子学案》,任继愈、李广星主编:《墨子大全》(第 26 册),北京:北京图书馆出版社 2004 年版,第 51 页。

出不穷。零和博弈是一种非合作博弈，是一种非胜即败的博弈，通常所说的下棋、赌博、桥牌、球类比赛等都属于零和博弈。零和博弈是指在严格竞争的情况下，一方的收益必然意味着另一方的损失，而且博弈各方的收益和损失的总和永远为零。墨子则主张仁者做事，要以"兴天下之利，除天下之害"为根本目标。天下之害，其实就是指在社会政治伦理中出现了非常严重的零和博弈的状况。

墨子的社会理想是要建立一个和谐的非零和博弈的和谐社会，也就是要建立一个"兼相爱，交相利"的社会。在这个社会中，人们"视人之国若视其国，视人之家若视其家，视人之身若视其身。是故诸侯相爱则不野战，家主相爱则不相篡，人与人相爱则不相贼，君臣相爱则惠忠，父子相爱则慈孝，兄弟相爱则和调"（《墨子·兼爱中》）。非零和博弈是一种合作下的博弈，博弈者各方之间并不是完全对立的关系，一方的收益并不一定就意味着另一方或他方的损失。在墨子看来，人与人之间，爱人利人是相互的，一个人做了利人的事情同时也有利于他自己。墨子在这里所提出的兼爱交利思想，事实上就是要建立一个非零和博弈的理想社会。这也就是说，博弈参与者之间总是存在着某种共同利益，即博弈参与者之间很可能存在着"双赢"或"共赢"的情况。

所以，作为人来说，最需要追问的一个问题就是，人们应该如何做，才能够真正实现人与人之间、国与国之间的和谐相处？这是我们当今人类所面临的最为尖锐的问题。就中国今天所采取的和平崛起战略来说，也正好体现了墨子所主张的积极防御的军事战略思想，这也就是说，我们所主张的正是一种非零和博弈战略。总之，加强研究和努力宣传墨子的"兼爱""非攻"思想，对于实现我们国家的和平崛起战略，从而实现人类和平发展具有重要意义。

再次，墨子的"天志""明鬼"思想强调上尊天、中事鬼、下爱人，对于各个国家各个民族来说都具有非常重要的意义。墨子提出"天志""明鬼"的思想，其实就是中国哲学传统中"借天道以明人事"的做法，也就是说，借助天和鬼的作用来实现墨子的"兼爱"理想，其实也就是要"兴天下之利，除去天下之害"，《墨子·兼爱下》篇说："仁人之事者，必务求兴天下之利，除天下之害。"那么，应该怎么样来兴利除害呢？在墨子看来，其实就是要上尊天、中事鬼、下爱人。上尊天，就是不要胡作非为，凡事"人在做，天在看"。我们要看到，墨子虽然主张人们必须"非命""尚力"，但是，同时也强调必须"尊天"，否则必然遭到各种祸祟。

《墨子·尚同中》篇说："夫既尚同乎天子，而未上同乎天者，则天灾将犹未止也。故当若天降寒热不节，雪霜雨露不时，五谷不孰，六畜不遂，疾灾戾疫，飘风苦雨，荐臻而至者，此天之降罚也，将以罚下人之不尚同乎天者也。故古者圣王，明天鬼之所欲，而避天鬼之所憎，以求兴天下之利，除天下之害。"违背天的意志，最终将受到上天的惩罚。一直以来，以美国为首的一些西方国家，肆意干涉他国政治，无恶不作，悍然发动对一个主权国家的侵犯，比如越南战争、朝鲜战争、伊拉克战争等，最终都必然会遭到报应。通常说，举头三尺有神明，每一个国家、每一个人，在做事情的时候，都应该有所顾忌，有所收敛，有所警惕，这样才能建设出一个美好而和谐的社会与世界。

墨子的思想在现今时代具有重要的理论意义与实践价值。

首先，墨子的节用节俭思想，在当代人如何处理人与物的关系方面开出了最为合理的方子。如前所述，墨子对儒家和周代礼制的巨大不满，就在于儒家对于物的处理过于浪费，所以，提倡节用、节葬。这里，墨子其实提出了一个人类应该如何正确地处理好人与物的关系问题。司马迁说："盖墨翟，宋之大夫，善守御，为节用。"[①]其中的"为节用"，说的就是墨子是如何来处理人与物的关系问题的。现存《墨子》一书中的《节用上》《节用中》《节葬下》《非乐上》《非儒下》《辞过》《三辩》《公孟》诸篇，谈论的都是如何处理人与物关系问题的一般原则和具体方法。墨子本人一生提倡勤俭节约，反对奢侈浪费。墨子认为，一个国家要长治久安，必须要强本节用。强本从根本上说就是要发展生产，重视物质财富的增长。节用强调的则是要适度消费，即反对浪费。这也就是说，要求生产和消费要构成适当的比例，对社会需求和供给必须要有一个比较好的把控。在墨子看来，适度消费也就是要以人的实际需要为限度，超出限度就是奢侈浪费。《墨子·节用中》篇说：物质生产必须以满足百姓的基本物质生活需要为根本，凡是增加费用但却不能给老百姓带来实际好处的事情都不要做。

墨子所提出的节用节俭思想，对于后来的中国和世界都具有重要意义。《墨子·辞过》篇说："俭节则昌，淫佚则亡。"回顾中国历史，几乎每个朝代都是在国家兴盛以后，在物质文明和精神文明达到一定程度之后，就迅速由盛转衰。唐王朝在玄宗中期曾出现过"开元盛世"，但又很快转向衰落。主要原因就是统治者过于追求享乐，

---

① 参见［汉］司马迁撰：《史记》，［宋］裴骃集解，［唐］司马贞索隐，［唐］张守节正义，北京：中华书局1959年版，第2350页。

过度消费，造成贫富分化十分严重，于是导致唐朝迅速由盛转衰。所以，杜甫才发出了"朱门酒肉臭，路有冻死骨"的哀叹。清朝乾隆皇帝还算是很有作为的了，但由于他过分贪图享乐，花费巨资修建圆明园、颐和园等浩大工程，加上当时的官员贪污腐败严重，到乾隆中后期，国家就不断走向衰落。唐朝、清朝如此，其他朝代也大体这样。

当今时代，由于科学技术不断被广泛应用于人们的生产和日常，人类的物质文化生活水平比以往时代有了翻天覆地的变化。在生活获得极大改善的同时，人们并没有变得更加快乐、更加幸福，身体也没有变得更加健康。相反，人类所面对的疾病、怪病却越来越多，肥胖症、营养过剩、三高食物摄入等所导致的各种疾病，致死比例越来越高。随着物质生活的越来越富足，人们的各种浪费现象也越来越令人吃惊，过度消费、不必要消费、不健康消费，正越来越成为人们生活中的普遍现象和惯常行为。其实，自然界所赋予人类的资源是非常有限的，而不是无限的，如果我们无节制地向自然界索取，最终将不得不承受大自然对我们的报复。地震、海啸、台风、飓风等自然灾害越来越频繁，水污染、空气污染、环境污染等越来越严重，地球变得越来越不适应人类的生存。因此，只有墨子的节用思想才是解决当今人类面临的环境问题之道。

有人可能会问，墨子只是因为当时衣食住行的缺乏从而提倡节用的，并不是为了考虑如今天的环境破坏问题而提倡节用。但是，我们也应该认识到，如果墨子生活在今天，他会怎么说呢？我认为墨子的回答依然是要提倡节用。

其次，墨子的兼爱思想，为当代人如何处理人与人之间的关系指明了方向。司马迁说墨子"善守御"，意味着墨子在军事上所主张的是防御性的军事战略,实际上指出了墨子思想根本性的核心主张,即兼爱。这就意味着国家与国家之间不要发动攻伐性的侵略战争(非攻),即在军事上必须实行防守性的战略。

兼爱是墨子思想学说的核心。在墨子看来,人应该快乐地生活着。如果人要过上快乐的生活,就需要有一个得到治理的社会。而在一个社会中,如果人与人之间不兼爱,不是兼相爱、交相利,而是别相恶、交相贼,就会导致社会动乱,国家就得不到治理,人民就得不到安宁,而这又何谈快乐呢?《墨子·兼爱上》篇说:"天下兼相爱则治,交相恶则乱。"国家或社会是治还是乱的根本原因,在于人们是兼相爱(相互尊重、相互关爱),还是交相恶、交相非(相互憎恶、相互攻伐)。墨子的政治梦想,就是要建立一个"兼相爱,交相利"的理性社会,从而结束各种乱象,建立一个和谐的理想社会。墨子的兼爱思想所主张的,就是如何才能处理好人和人之间,包括国与国之间、社会集团和社会集团之间的关系问题。

人和人之间,国与国之间,社会集团与社会集团之间,到底应该兼相爱还是交相恶?这是一个根本性的问题。单就人与人之间的关系来说,生活实践中的每一个人究竟应该怎么做人,如何对待他人,这不是每一个人都能真正处理好的事情,事实上绝大多数人都没能处理好。所以,墨子给我们提出了如何处理人与人关系的基本原则和方法,那就是"兼相爱则治,交相恶则乱",我们在和他人相处或打交道的过程中,首先就应该想好,当下正在发生的事情究竟是兼相爱,还是交相恶呢?墨子谈兼爱,常常也称"为义"。所以,兼相爱,就是要做对对方、对他人有好处的事情。

和平与发展是现时代之主题。我们今天提出建设和谐社会、构建人类命运共同体，一个根本原因就是当今的世界、今天的社会极端不和谐。和谐世界、和谐社会，要求国家与国家之间，必须要能够求同存异，化解矛盾，而不是你死我活地斗争。因为你死并不就能造出我活，一方面你死必然会不断地产生出那个你来，另一方面到底是谁死还说不定。在人与人之间，在组织与组织之间，也应该是人我共存，实现共赢、多赢这样的局面，社会才能和谐发展。因此，和谐社会不是要消灭异己，而是要在尽可能的范围内包容他者及各种可能的方面，以求得到共同完善与发展。

实现人与人之间的和谐相处，关键在于如何处理强对弱、富对贫、贵对贱、上对下之间的关系问题。《墨子·兼爱中》篇说："是故诸侯相爱则不野战，家主相爱则不相篡，人与人相爱则不相贼，君臣相爱则惠忠，父子相爱则慈孝，兄弟相爱则和调。天下之人皆相爱，强不执弱，众不劫寡，富不侮贫，贵不敖贱，诈不欺愚。凡天下祸篡怨恨可使毋起者，以相爱生也，是[①]以仁者誉之。""强不执弱，众不劫寡，富不侮贫，贵不敖贱，诈不欺愚"，这才是实现人与人之间关系和谐、社会和谐的最基本保障。强势的一方往往容易造成对弱势一方的凌辱和压榨，通常的表现就是发脾气，甚至有时是整人、害人。所以，墨子强调，既要有下对上的"敬"，也需要有上对下的"爱"。

总之，墨子的兼爱思想，表明了实现和谐社会与和谐世界的基本框图，对于未来人类文明发展进程中应该如何处理人与人的关系具有重要的向导性作用。

---

① 是：《道藏》本无此字，从孙诒让校增。